논리적 사고와 의사소통을 돕는

유아들의 철학적 탐구공동체 활동

정대련 · 김주희 · 어은정 · 이춘희 · 이현주

창지사

국립중앙도서관 출판예정도서목록(CIP)

(논리적 사고와 의사소통을 돕는) 유아들의 철학적 탐구공동체 활동 / 지은이: 정대련, 김주희, 어은정, 이춘희, 이현주. -- 서울 : 창지사, 2014
p. ; cm

ISBN 978-89-426-0782-2 93370 : ₩17000

유아 교육[幼兒敎育]
철학(사상)[哲學]

375.1-KDC5
372.21-DDC21 CIP2014023323

✎ 머리말

이 책은 유아들과 함께하는 철학적 탐구공동체 활동의 실제 모습을 펼쳐 보이려는 목적에서 집필되었습니다. 우리들 삶 속에 철학이라는 영역은 아직까지도 까다롭고 다가가기 힘든 대상으로 여겨지고 있습니다. 그럼에도 불구하고 세상에 태어난 지 세 돌부터 다섯 돌 남짓한 유아들이 교사-또래 친구들과 함께 탐구공동체를 이루어 철학과 만나고 있음을 알리려는 것입니다.

사실 우리 집필진이 유아와 철학의 만남을 시도한 지는 꽤나 오래되었습니다. 1990년, 지금부터 24년 전 동덕여대 아동학과는 〈아동철학〉 과목을 개설하고 유아를 대상으로 철학교육을 실시할 가능성과 계획을 처음으로 세상에 알렸습니다. 미국 IAPC의 어린이철학교육(Philosophy for Children)이 1980년대 중반 우리나라에 소개된 이후 대학 학부의 정규 교과로 처음 채택된 것입니다.

초기 〈아동철학〉을 수강한 졸업생들과 함께 집필진은 유아들과의 철학적 탐구공동체 활동 가능성을 검증하면서, 초등학생을 위한 어린이철학 캠프를 열어 교사훈련과 어린이 사고실험의 기회를 동시에 확보하고자 하였습니다. 유아를 대상으로 한 철학적 탐구공동체 활동과 교사 연수 등, 점차 집필진의 경험과 know-how가 축적되면서 철학적 탐구공동체 활동은 유아교육 현장에 필수적으로 도입되어야 하리라는 소신이 굳어졌습니다. 집필진의 교육능력에 대한 자신감이기보다는, 유아철학교육 내지 유아를 위한 철학적 탐구공동체 활동이 지니는 교육적 가치를 인식하고, 현장 적용의 필요성과 중요성을 깨달았기 때문입니다. 유아들의 사고능력을 진작시키는 경험도 보람 있지만, 유아 한 명 한 명을 하나의 인격체로 만나고 소통하며 새로움을 발견하는 기쁨을 나누기 위해서는 교사들 먼저 철학적으로 사고하며 철학적 탐구공동체를 구성하여 유아들을 초대하고 함께 탐구할 수 있는 관심과 역량을 갖추어야 함을 확신하게 된 까닭이기도 합니다.

우리 집필진은 어린이철학을 직접 교육하며 관련 연구를 병행해 온 팀입니다. 집필진은 유치원이나 어린이집에서 유아들을 대상으로 직접 철학적 탐구공동체 활동을 지도하는 한편, 대학에서 유아교육 관련 강의를 하며, 학술 활동을 통해 탐구공동체 활동 결과를 발표하기도 하였습니다. 유아교사 직무연수 프로그램, 유아교육/보육 현장의 교사 장학, 또는 아동철학에 관심을 가진 부모 대상의 부모교육 프로그램 등을 진행하면서, 집필진은 국내학술대회와 국제학술대회 등을 통하여 현장 적용 사례와 이론적-경험적 연구 결과를 보고하기도 하였습니다.

한편 유아를 위한 철학적 탐구공동체 활동을 보다 생생하게 보여 주며 현장 교사나 예비교사들에게 실질적인 지침이 될 수 있는 안내서가 필요하다는 인식과 함께, 우리 집필진의 경험을 책으로 구성해 보자는 오랜 숙원이 남아 있었습니다. 이제 동덕아동철학연구소는 보다 체계적인 연구를 진행하게 되면서, 가장 먼저 이 책을 구성하여 세상에 펼치려 합니다.

이 책의 구성은 크게 3 PART, 13 Chapter, 그리고 부록으로 이루어져 있습니다.

PART 01은 〈이론편〉으로서, 유아와 함께하는 철학적 탐구공동체 활동의 기원과 특징을 간략하게 소개하고 있습니다. 특히 2013년부터 3, 4, 5세 유아들에게 전면적으로 실시되고 있는 누리과정과 유아를 위한 철학적 탐구공동체 활동의 관련성을 요목별로 제시함으로써, 현장교육에서 충분히 채택 가능함을 밝히고 있습니다.

PART 02는 〈실제편 I〉로서, 철학그림책 『오월은 푸르구나』를 교육 자료로 하여 실시한 탐구공동체 활동의 5단계 운영절차를 소개하고, 다양한 'Tip'과 더불어 현장에서 활용 가능한 '또 다른 질문'을 예시해 보이고 있습니다. 실제로 집필진이 교사가 되어 D여대 부속유치원에서 방과 후 활동으로 진행한 철학적 탐구공동체 활동의 내용을 전사한 자료를 제시하고 교사의 역할이나 토의 중 제기된 질문의 특징 등 실제 장면을 분석하고 있습니다.

PART 03은 〈실제편 II〉로서 철학그림책 『야! 여름이다』를 자료로 하여 운영한 철학적 탐구공동체 활동의 구조를 나타내 보이고 있습니다. 앞서 제시한 『오월은 푸르구나』와 동일한 구성으로 유아들과 함께 실시한 탐구공동체 활동을 다양한 'Tip'과 여러 가능한 '또 다른 질문'으로 예시해 보이고 있습니다. 앞선 〈실제편 I〉과 같이 집필진이 교사가 되어 D여대 부속유치원에서 방과 후 활동으로 진행했던 내용을 활동 단계에 맞추어 분석하여 진술해 보이고 있습니다.

〈부록〉 부분에서는 창작그림책 『룰루』를 교재로 하여 철학적 탐구공동체 활동의 5단계 절차를 구성해 예시하였습니다. 〈실제편 I, II〉에 제시된 사례에서는 유아들의 토의 자료로 활용 목적이 분명한 철학그림책을 사용하고 있습니다. 그러나 현장교사들에게 탐구공동체 활동을 보다 넓고 용이하게 적용할 수 있음을 보이기 위해, 유아들에게 익숙하면서 재미있고 다양한 창작동화그림책을 교재로 활용할 수 있음을 예시로 구성해 보인 것입니다.

우리 집필진은 유아들을 대상으로 하는 철학적 탐구공동체 활동을 위해, 전래동화 등 아동문학 작품과 플라톤의 대화편 등 철학 서적 속에서 토의주제를 얻는 한편, 철학동화그림책, 창작동화그림책, 동영상 또는 사진과 그림 등을 징검다리 삼아, 유아들 스스로의 숙고 및 대화와 토의를 지원하고 있습니다. 이제 이상의 읽기 자료와 토의 자료, 그리고 질문하고 토의하는 방법들이 지니는 의미를 하나하나 따져 분석·설명하고 차후 활용 예시를 추가 제공함으로써, 집필진은 이 책이 현장-예비교사들의 활용지침서로서 역할할 수 있기를 기대합니다. 또한 이 책을 통하여 수많은 유아들과 여러 교사들이 논리적이고 비판적인 사고로 밝은 눈을 뜨고, 도덕적이고 배려하는 마음으로 나눔의 손을 내밀며, 더 새로운 관점을 찾아 창조적이고 열린 세계로 나아갈 수 있기를 소망합니다.

마지막으로 그동안 반짝반짝 빛나는 수많은 생각들을 나누어 준 D여대 부속유치원 유아들, 그리고 아동철학에 대한 깊은 이해로 우리 탐구공동체 활동을 지원해 주신 유치원 원장님과 모든 선생님들께 진심으로 감사드립니다. 또한 유아철학교육의 실제적인 모습을 책으로 엮어 보려는 집필진의 이상을 보다 구체적인 방향 제시와 함께 읽기 좋은 책으로 모습 갖추도록 도와주신 창지사의 나기영 전무이사님, 그리고 더운 날 번다한 글의 편집 작업을 맡아 예쁜 책으로 엮어 주신 최명인 선생님과 편집부에도 깊은 감사의 마음을 전합니다.

2014년 8월

집필진을 대표하여 **정 대 련**

✎ 차 례

[PART 01]

이론편

C/H/A/P/T/E/R/ 01

유아철학교육의 개념과 필요성

언제부터인가 사람들은 정보들에 둘러싸여 살아가고 있다. 손 안의 스마트 폰에서, 엘리베이터 안의 모니터에서, 건물 벽면의 텔레비전에서, 집 안의 텔레비전에서 숱한 정보들이 끊임없이 흘러나온다. 엄청난 정보의 홍수 속에는 하나의 사건에 대한 상반된 정보들, 왜곡되거나 날조된 정보들도 쏟아지고 있다. 도대체 무엇을 믿고, 무엇을 믿지 말아야 하는지, 무엇이 옳은 것인지, 어떤 판단을 해야 하는지 어느 누구도 가르쳐 주지 않는다.

누구의 가르침도 기대할 수 없는 상황 속에서 우리는 스스로 생각해야 한다. 그 생각이 보다 나은 생각인지 아닌지 또한 생각해야 한다. 더 나은 생각은 더 나은 선택과 판단으로 우리를 이끌어 줄 것이며, 더 나은 선택과 판단은 더 나은 우리들의 삶을 약속할 것이기 때문이다.

교육은 인간이 인간으로서 보다 나은 삶을 살아가도록 돕는 것을 목적으로 한다. 스스로 생각하는 것이 더 나은 삶을 보장하는 데 필수적이라면, 교육의 본질은 우리를 스스로 생각하는 사람이 되도록 도와주는 것이라고 할 수 있다. 그러나 안타깝게도 오늘날 초, 중, 고등학교를 막론하고 학교 교육현장에서는 사고력, 나아가 고등사고력의 신장을 위한 적극적 교육이 이루어지지 않고 있다

(정인선, 2010; 신종호·민지연·김수향·권수진, 2013).

학교 현장에서 사고력 교육이 제대로 이루어지지 않는다고 해서 교육전문가나 현장의 교사들이 사고력의 중요성을 인식하지 못한다는 것은 아니다. 최근 대학입시에서 논술고사를 실시하는 학교 수가 점점 증가하고 있는 것이 그 증거이다. 2014학년도 대학 입시에서는 2013학년도에 비해 2개 학교가 늘어난 33개의 대학에서 논술고사를 실시하였다(박지윤, 2013. 5. 8. 내일신문). 우리나라 논술고사는 1986년도에 첫 시행된 이후 폐지와 재시행을 거듭하며, 논술고사의 성격이 조금씩 달라져 왔다(이호중, 2013). 현재와 같은 논술고사가 시행된 것은 2008년도부터이다.

많은 대학에서 비판적-창의적 사고력을 측정하는 논술고사를 학생 선발의 주요한 기준으로 삼고 있다는 사실은 우리 사회가 비판적-창의적 사고력과 같은 고차적 사고력을 중요하게 생각하고 있음을 반영한다. 비판적-창의적 사고력의 중요성은 논술고사뿐만 아니라 교육과정의 목표 안에서도 분명하게 서술되고 있다. 2009년 개정 교육과정에 교육목적으로 제시된 인간상은 전인적 성장의 기반 위에 개성의 발달과 진로를 개척하는 사람, 기초 능력의 바탕 위에 새로운 발상과 도전으로 창의성을 발휘하는 사람, 문화적 소양과 다원적 가치에 대한 이해를 바탕으로 품격 있는 삶을 영위하는 사람, 세계와 소통하는 시민으로서 배려와 나눔의 정신으로 공동체 발전에 참여하는 사람이다(고등학교 교육과정 해설 총론, 2009). 이 시대가 추구하는 교육적 인간상이란 새롭고 유용한 창의적 사고, 다원적 가치를 이해하는 비판적 사고, 공동체 안에서 타인을 배려하는 배려적 사고를 할 수 있는 사람인 것이다.

립맨(Lipman, 2005)은 이러한 창의적 사고, 비판적 사고, 배려적 사고를 고차적 사고라 정의하고, 철학교육을 통해 어린이를 포함한 청소년들의 고차적 사고력을 키울 수 있다고 주장하였다. 철학교육이 어떤 것이기에 고차적 사고력을 향상시킬 수 있다고 하는 것인가? 이 질문에 답하기 위해서는 먼저 철학이란 무엇인지부터 생각해 보아야 한다.

철학(philosophy)은 지혜에 대한 사랑이라는 뜻의 그리스어 philosophia에서 유래했다(다음 백과사전, http://100.daum.net/encyclopedia, 2014. 6. 25, 검색). 지혜를 사랑한다는 것은 무엇인가? 지혜의 가치를 인정하고, 지혜를 갈구하는 것이다. 지혜를 사랑하고, 지혜를 갈구한 결과 독배를 마셔야 했던 사람이 있다. 바로 철학의 시조라고 알려진 소크라테스이다. 소크라테스는 자신이 가장 지혜롭다는 신탁을 듣고, 자신이 지혜롭지 않다는 것을 증명하기 위해 지혜롭다고 알려진 숱한 사람들을 만났다. 그 결과 그들이 지혜롭지 않을 뿐만 아니라, 자신이 무지하다는 것조차 알지 못한다는 것을 확인했다. 소크라테스는 적어도 자신이 무지하다는 것을 알고 있다는 점에서 지혜롭다고 말할 수 있었던 것이다.

소크라테스가 지혜롭다고 알려진 자들의 무지를 확인한 방법은 질문하는 것이었다. 지혜에 대한 사랑은 소크라테스가 했던 것처럼 질문에서 시작된다. 소크라테스가 이렇게 묻고 답하며 진리를 갈구했던 그 방식은 오늘날 '소크라테스 대화법'이라 일컬어진다. 소크라테스가 물었던 것은 주로 삶과 연관된 윤리적 주제들이었다. 경건, 절제, 용기, 또는 정의와 같은 이러한 앎들은 좋은 삶을 위한 실천의 기준이자 근거가 되기 때문이다. 다시 말해, 지혜에 대한 사랑, 철학은 좋은 삶을 살고 싶다는 의지에서부터 비롯된다는 것이다.

몽테뉴도 이와 비슷한 생각을 했다. 그는 철학이란 우리에게 살아가는 방법을 가르쳐 주는 것이라고 정의하고 있다(Montaigne, 1996). 믿지 못할 정보들이 난무하는 가운데 숱한 선택과 판단을 하면서 살아가야 하는 오늘날의 우리에게, 철학이란 이 사회 속에서 어떻게 하면 잘 살 수 있는지를 고민하는 것이며, 그런 고민을 해 나가는 과정이 곧 '철학함'이다. 보다 나은 사고가 보다 나은 선택과 판단을 보장한다면, 철학은 우리가 보다 나은 삶을 살 수 있도록 보증해 준다. 그런 점에서 보다 나은 사고를 할 수 있도록 도와주는 고차적 사고교육은 곧 철학교육이 된다. 철학교육은 스스로 생각할 수 있는 힘을 길러 주고, 스스로 사고의 주체가 되어 살아갈 수 있도록 도와주는 교육이다. 자신에게 주어진 사태를 비판적으로 돌아보고, 또 다른 선택의 가능성을 찾아 창의적으로 사고하며, 다른 이들과 함께하고 나눔을 실천하는 배려적 사고를 하도록 돕는 교육이 철학교육인 것이다.

오늘날 우리 공교육의 교육과정 안에서는 이러한 사고교육, 철학교육이 충분히 이루어지지 않고 있다. 논술의 경우, 대학 입시의 주요한 선발도구로 등장하였지만, 고등학교 교육과정에서 다루어지지 않고 있다(송현숙, 2013. 1. 13. 경향신문). 초등학교·중학교 교육과정에서는 물론 고등학교 교육과정 안에서도 철학교육, 사고력교육이 실시되지 못하고 있는 것이다. 최근 경기도 교육청에서 교육과정 내 철학교육의 필요성을 고려하여 중학생용 철학교과서를 만들고 이를 배포하였으나, 도내 584개 중학교 가운데 11개교만 철학을 선택과목으로 개설하고, 252개교는 창의적 체험활동 시간을 활용해 철학교육을 실시하기로 했다고 한다(http://news.naver.com/main, 2013. 10. 15, 검색).

교육현장에서 고등 사고력 교육, 즉 철학교육이 이루어지지 않고 있는 이유는 무엇일까? 그 이유는 고등학교 교육현장에서 논술교육이 제대로 이루어지지 않고 있는 것과 비슷하다고 할 수 있다. 이호중(2013)은 논술교육이 제대로 이루어지지 않는 이유로 다섯 가지를 들고 있다. 첫째, 논술 개념에 대한 이해가 부족하다. 마찬가지로 철학의 개념에 대한 이해도 부족하다. '철학'하면 대개는 학문의 한 분야로서 그동안 이루어진 학문적 성과를 정리하여 배우는 과목 정도로 생각하고 있다. 사고교육의 측면에서 철학교육에 대한 개념 이해가 부족한 것이다. 둘째, 논술교육의 목표가 불확실하다. 철학교육 역시 철학교육이 무엇을 지향해야 하는지, 철학교육이 왜 필요한지에 대해 명확한 인식을 공유하지 못하고 있다. 셋째, 입시 논술 중심의 교육과정이다. 초·중·고 교육과정이 대학 입시를 위한 객관식 평가를 주축으로 이루어지고 있어 철학교육도 현재의 입시 위주 교육과정 사이에 포함될 틈이 없다. 넷째, 논술교육이 교육과정 안에 녹아들지 못하고 있다. 철학교육은 주입식 암기 교육이 아니라 학생들이 주도적으로 참여하는 교육과정이다. 입시 위주의 교육과정 안에서 학생들의 주도적 참여로 이루어지는 철학교육이 녹아들지 못하고 있는 것이다. 이는 세 번째 이유, 즉 교육이 입시 위주의 객관적 평가에 치우쳐 있다는 문제와 연속선상에서 이해된다. 다섯 번째 논술교육의 방법이 부재하다. 철학교육 역시 어떻게 교육해야 할지 그 방법이 일선 교사들에게는 여전히 막연하다.

논술교육의 경우처럼 초, 중등 교육과정 내 철학교육도 오랜 기간 동안 제대로 반영되지 못하고 있었던 것이다. 이런 시점에서 최근 경기도 교육청에서 정규 교육과정 안에 철학교육을 도입한 시도는 매우 고무적이다.

한편 유치원 교육에서는 초, 중등 교육과 비교했을 때 훨씬 더 자유롭고 적극적으로 철학교육을 도입할 수 있다. 유아교육은 우선 입시 문제로부터 자유로울 수 있기 때문이다. 그러나 유아들을 대상으로 철학교육을 한다고 했을 때, 제일 먼저 떠오르는 생각은 '그것이 도대체 가능하겠느냐'는 질문이다. '유아들의 자기중심적 사고란 자연스런 발달의 특성이며 유아들의 사고의 한계'라고 말한 피아제(Piaget, 2005)의 주장이 정설로 받아들여지고 있기 때문이다.

물론 유아들은 주로 자기중심적으로 사고한다. 그러나 모든 유아들이 언제 어디에서나 항상 자기중심적으로 사고하는 것은 아니다. 유아들도 자신이 마주하고 있는 문제의 성격에 따라, 혹은 어떤 맥락에서 사고하느냐에 따라 얼마든지 타인의 입장을 배려하고, 객관적으로 문제를 통찰하고, 여러 가지 가능한 근거들을 고려할 수 있다(Gopnick, Meltzoff, & Kuhl, 2008).

유아기에 자기중심적 사고를 한다고 해서, 나이가 들면서 자기중심적 사고가 저절로 사라짐을 의미하는 것은 아니다. 자기중심적 사고는 인간사고 본연의 특성이라고 할 수 있다(Paul & Elder, 2002). 피아제(2005)가 일찍이 지적하였듯이 공동체 안에서 끊임없이 서로의 의견을 말하고, 생각을 수정하는 과정을 거치지 않으면 자기중심적 사고는 극복하기 어렵다. 많은 성인들이 다양한 시점과 장소에서 자기중심적 사고를 드러내 보이곤 한다.

유아 시기의 철학교육은 객관적인 평가, 정형화된 교육과정의 틀로부터 상대적으로 자유롭기에, 각 기관에서 교사들의 의지와 역량만 바탕이 된다면, 얼마든지 실시할 수 있다. 세계에서 가장 많이 알려진 철학교육 프로그램 가운데 하나인 미국 IAPC(Institute of Advancement of Philosophy for Children)의 어린이철학교육(Philosophy for Children: 이하 P4C라 약칭함) 프로그램을 고안하고 실시한 립맨(Lipman, 2005) 역시, 철학교육은 어릴 때 시작할수록 효과적임을 강조했다. 립맨은 콜롬비아 대학 교수로 재직할 당시 대학생들의 비논리적이며 비민주적인 소통 방식에 한계를 느끼고 고차적 사고력 교육의 필요성을 절감했다. 그러나 고차적 사고력 교육이 대학생 이후에 시작되어서는 그 효과가 미미함을 경험하고, 샤프(Sharp) 교수 등과 함께 5세 유아부터 철학교육을 할 수 있는 과정을 연구하였다. 그리하여 만들어진 프로그램이 K~12, 유아부터 고등학생까지를 대상으로 하는 P4C 프로그램이다.

D아동철학연구소(DIPYC) 연구진은 이러한 유아철학교육의 개념과 필요성을 인식하고 1990년대 중반부터 P4C 프로그램을 바탕으로 우리나라 실정에 맞춘 유아철학교육을 실시하면서 한편으로 이 프로그램이 유아들, 혹은 교사들에게 구체적으로 어떤 영향을 미치는지를 연구해 왔다(어은정·정대련, 2013; 이춘희·정대련, 2008; 이현주, 2012).

동 연구소가 D여대 부속유치원에서 실시하고 있는 유아철학교육 프로그램은 P4C 프로그램을 근간으로 하고 있으며, 유아들과 함께 철학적 탐구공동체를 형성하고 그 안에서 철학적 주제에 대해 대화를 통해 탐구하는 방식으로 이루어진다. 철학교육의 한 방법으로서 이루어지는 철학적 탐구공동체 활동은 2012년 이후 실시되고 있는 유아를 위한 교육/보육 프로그램인 누리과정과도 밀접한 연관을 가지고 있다. 이는 유아철학교육이 누리과정 안에서 보다 적극적으로 수용될 수 있음을 시사하고 있다. 철학적 탐구공동체 활동으로 이루어지는 유아철학교육이 우리나라 누리과정과 어떤 연관이 있는지 다음 장에서 살펴보고자 한다.

C/H/A/P/T/E/R/ 02

유아철학교육과 누리과정

01 목적과 목표

유아철학교육은 유아들이 철학적 탐구공동체 안에서 사고방법을 배우고, 이를 기반으로 스스로 사고하며, 자신이 사고하는 것에 대해 사고하고, 창의적으로 사고하며, 타당한 근거를 가지고 사고함으로써 성숙한 시민 사회의 한 일원으로 살아갈 수 있도록 하는 것을 목적으로 한다. 이러한 유아철학교육의 목적은 현재 우리나라에서 실시하고 있는 누리과정의 교육목적과 많은 공통점을 가지고 있다.

교육과학기술부(현 교육부)와 보건복지부에서는 유치원과 어린이집의 만 5세 유아에게 공통적으로 적용할 수 있는 '5세 누리과정'을 개발하여 2012년 3월부터 시행하였다. 이어 2013년 3월부터는 '3~4세 연령별 누리과정'을 실시함으로써 3~5세에 이르는 연령별 누리과정을 완성하였다.

3~5세 연령별 누리과정 해설서(보건복지부·교육과학기술부, 2013)에서 밝히고 있는 누리과정의 목적은 만 3~5세 유아의 심신의 건강과 조화로운 발달을

도와 민주 시민의 기초를 형성하는 것이다. 이러한 목적을 위해 다섯 가지 구체적 목표를 제시하고 있는데 그 목표는 다음과 같다. 첫째, 기본 운동능력과 건강하고 안전한 생활습관을 기른다. 둘째, 일상생활에 필요한 의사소통능력과 바른 언어사용습관을 기른다. 셋째, 자신을 존중하고 다른 사람과 더불어 생활하는 태도를 기른다. 넷째, 아름다움에 관심을 가지고 예술경험을 즐기며 창의적으로 표현하는 능력을 기른다. 다섯째, 호기심을 가지고 주변 세계를 탐구하며 일상생활에서 수학적, 과학적 문제해결능력을 기른다.

철학교육은 누리과정의 기본운동능력 함양이라는 첫째 목표를 제외한 4개의 구체적 목표와 연관된다. 누리과정의 목표와 철학교육 목표의 연관성을 제시하면 다음과 같다.

첫째, 철학교육으로서 유아를 위한 철학적 탐구공동체 활동은 유아들이 공동체 안에서 서로 존중하는 가운데 자유롭게 의사소통할 수 있는 능력을 기르는 것을 목표로 한다. 철학적 탐구공동체는 유아들이 탐구공동체를 형성하고 그 안에서 철학적 주제에 대해 대화를 통해 함께 탐구해 나가는 집단이다. 그런 점에서 철학적 탐구공동체 활동은 기본적으로 언어적 의사소통능력을 필요로 하며, 그 활동 중에 유아들은 자연스럽게 언어적 의사소통능력을 함양하게 된다. 언어능력을 기초로 대화를 시도하고 질문하고 답하며 의사소통을 전개하는 철학적 탐구공동체 활동은 '일상생활에 필요한 의사소통능력과 바른 언어사용습관을 기른다'는 누리과정의 목표를 달성하는 데 유용할 수 있다.

둘째, 철학적 탐구공동체 활동은 자신과 다른 사람을 존중하는 기본적 태도의 형성을 목표로 한다. 철학적 탐구공동체 활동의 궁극적인 목적은 유아들이 성숙한 시민 사회의 민주 시민으로 성장하는 것이다(Lipman, 2005). 성숙한 시민 사회의 한 일원으로 살아가기 위해서는 기본적으로 배려적, 창의적, 비판적 사고인 고차원적 사고를 할 수 있어야 한다. '자신을 존중하고 다른 사람과 더불어 생활하는 태도를 기른다'는 누리과정의 구체적인 목표는 고차원적 사고 중 배려적 사고에 해당한다. 배려적 사고란 타인에 대한 관심과 공감을 통하여 그 대상을 존중하고 적극적으로 돌보려는 사고이다. 타인을 존중하고 돌보고, 타인의 감정에 공감하기 위해서는 먼저 자신에 대한 배려가 필요하다. 자신의 감정을 알고, 자신을 존중하는 것으로부터 타인에 대한 진정한 존중과 공감이 가능해진다.

다른 사람의 입장을 생각하고 그 입장과 감정을 존중하고 배려하기 위해서는 그 사람의 입장이 되어 생각할 수 있는 능력이 필요하다. 내가 만약 그 사람이라면 어떨까를 그 사람의 맥락에서 추론해 낼 수 있어야 한다. 순간적인 배려의 감정이 지속적이고 합리적인 성향을 갖도록 만들어 주기 위해서는 인지적인 사고과정이 요구된다. 배려적 사고는 배려의 감정과 더불어 분별력과 지속력, 그리고 합리성을 갖도록 하는 일종의 윤리적 탐구이다. 또한 배려적 사고는 도덕문제에 관하여 철학적으로 사고하는 것으로서 배려를 올바르게 실천할 수 있도록 만들어 주는 사고이다. 이는 평화롭고, 평등하게 여럿이 함께 살아가기 위해 반드시 필요한 사고이다.

셋째, 누리과정은 또한 '아름다움에 관심을 가지고 예술경험을 즐기며 창의적으로 표현하는 능력을 기른다'는 목표를 가지고 있다. 이것은 철학교육의 목표 가운데 하나인 창의적 사고 함양과 밀접한 연관이 있다. 창의적 사고란 새로우면서도 적절한 사고를 말한다. 창의적 사고는 기존의 지식으로 해결될 수 없는 새로운 문제 상황에서 기존의 것과는 다른 아이디어나 해결 방법을 적극적으로 산출해 내는 사고이다. 문제 상황이 발생했을 때 창의적으로 대처한다는 것은 문제를 새로운 측면에서 바라보고, 문제를 새롭게 정의하고, 문제와 관련된 다양한 아이디어를 내고, 그 아이디어의 실현 방법을 구상하고, 이를 위해 조사하고, 조사한 것을 다시 실행 가능한 형태로 만드는 것을 말한다.

창의적 사고가 요구되고, 그 창의성이 가장 빛날 수 있는 영역은 예술분야이다. 흔히 예술을 한다는 것은 예술작품을 창작하는 것을 의미한다. 창작이란 어떤 방안이나 물건 따위를 처음으로 만들어 내거나, 그렇게 만들어 낸 방안이나 물건을 말하며, 예술작품을 창작한다는 것은 독창적인 자신만의 작품을 만드는 것이다.

그렇다고 단지 새롭기만 해서는 창의적 사고가 될 수 없다. 창의적 사고, 창의적 해결, 또는 창의적 작품은 새로우면서도 적절해야 한다. 그러기 위해서는 새로운 사고로서 창의적인 아이디어를 다양하게 산출하고, 동시에 그것의 적절성과 타당성을 검토할 수 있는 논리적 사고가 필요하다. 철학적 탐구공동체 활동은 유아들이 함께 선정한 토의주제에 대하여 공동의 탐구를 진행한다. 이 과정에서 가장 먼저 해야 할 것은 함께 선정한 토의주제에 대한 검토이다. 채택된 토의주제를 문제 삼아 그 문제를 새로운 시각으로 보고 새롭게 정의함으로써 새로운 아이디어가 창출될 수 있다. 철학적 탐구공동체 활동은 토의주제 속 문제에 대해 창의적으로 사고하며, 함께 토의하고 이와 연관된 후속 활동으로 다양한 예술 활동을 한다. 이러한 일련의 과정은 유아들의 창의적 사고를 함양하며 창의적 표현능력을 기르는 기회가 된다.

넷째, 누리과정에서 제시하는 또 다른 목표는 호기심을 가지고 주변 세계를 탐구하며 일상생활에서 수학적·과학적 문제해결능력을 기르는 것이다. 이것은 유아철학교육의 목표 가운데 하나인 비판적 사고능력의 향상과 밀접한 연관이 있다. 과학적 문제해결능력이란 문제가 발생했을 때 문제가 무엇인지 파악하고 문제를 해결하기 위해 가설을 세우고, 가설에 따라 추론했을 때 인과관계를 따져 합리적인지 아닌지를 판단하여 방법을 채택하는 능력을 말한다. 이러한 문제해결능력은 고차적 사고 가운데 비판적 사고와 밀접한 연관이 있다(김주희, 2011).

사전에서는 비판을 '사물의 옳고 그름을 가리어 판단하거나 밝힘' 또는 '사물을 분석하여 각각의 의미와 가치를 인정하고, 전체 의미와의 관계를 분명히 하며, 그 존재의 논리적 기초를 밝히는 일'이라고 정의하고 있다. 또한 비판적 사고는 어떤 한 주장이 무슨 이유 때문에 정당화될 수 있는지를 기준에 의해 검토하고 판단하는 사고이다. 이유를 따지고 사고하는 과정은 추론이라 하고, 근거를 가지고 사고한 결과는 판단이라 한다. 그러므로 비판적 사고의 핵심은 추론과 판단이라 할 수 있다. 비판적 사고는 판단을 이끌어 내는 사고이다. 여기서 판단이란, 뭔가를 알고 익히는 것을 넘어서, 실제 문제가 있을 때 어떤 선택을 해야 할지, 어떤 방법으로 문제를 해결해야 할지와 같은 실천에 적용하는 탐구의 결과로 나타나는 판단이다. 좋은 판단을 하기 위해서는 반드시 다양하고, 확실하고, 객관적이며, 종합적인 근거들에 의거해야 한다. 근거들을 충분히 세밀하게 살펴보고 이 근거를 바탕으로 인과관계를 추론하는 것이 비판적 사고의 핵심이다. 이러한 근거에 의거한 추론이 과학적, 수학적 탐구의 핵심이자 비판적 사고의 핵심인 것이다.

요약하자면, 누리과정과 철학교육은 민주 시민의 기초를 형성한다는 점에서 궁극의 목적을 같이 하고 있다. 그리고 이러한 목적을 이루기 위한 구체적 목표, 즉 누리과정에서 제시하는 나의 존중과 타인 배려, 창의적 자기표현, 수학적·과학적 탐구와 문제해결능력 함양이라는 목표와 철학교육의 배려적, 창의적, 비판적 사고력 함양이라는 목표가 상호 일치하고 있는 것이다.

02 교수·학습 방법

3~5세 연령별 누리과정 해설서에서 밝히고 있는 교수·학습의 방법은 놀이중심, 흥미중심, 생활 속 경험중심, 능동적인 상호작용, 활동 간 통합 등이다. 이러한 누리과정의 방법들은 철학교육의 방법과 많은 부분 공통점을 가지고 있다.

첫 번째로 놀이중심 방법과 철학교육의 방법 사이에 어떤 연관이 있는지 살펴본다. 철학교육은 유아들이 자신의 삶 속에서 부딪치는 문제들에 대해 생각하고, 그 생각을 탐구공동체 안에서 함께 공유하고, 공유한 생각을 바탕으로 적절한 문제해결 방법을 찾고, 그것이 이후의 삶 속에 적용되는 지식, 기술, 태도가 되도록 돕는다. 누리과정의 놀이중심 교수·학습 방법은 놀이를 하면서 다른 사람들과 관계 맺고, 주변에 대한 지적 호기심을 충족하며, 삶에 필요한 지식, 기술, 태도를 익히고 사고를 확장해 가는 것을 말한다. 철학적 탐구공동체가 유아들이 궁금해 하는 문제를 함께 공유하고, 이에 대해 함께 논의하면서 서로의 생각을 공유하고 여기서 이야기된 생각들을 자신의 삶의 지식, 기술, 태도의 바탕으로 채택한다는 점에서 놀이중심 교수·학습 방법은 철학교육의 방법과 기본적으로 유사하다고 할 수 있다.

또한 흥미중심이라는 방법에서도 누리과정과 철학적 탐구공동체 활동은 유사하다. 누리과정에서 제시하는 흥미중심이란 유아의 흥미를 중심으로 활동을 전개하고 지속할 수 있도록 환경을 제공하고 지원하는 것이다. 철학적 탐구공동체에서는 유아들이 선정한 주제를 중심으로 토의를 전개한다. 유아들은 자신의 흥미에 따라, 자신들이 몰입할 수 있는 토의주제를 선정하며, 교사는 유아들이 스스로 찾아낸 주제인 만큼 흥미를 가지고 서로의 생각을 나누는 데 집중하여 토의를 할 수 있도록 탐구공동체를 이끄는 역할을 한다. 누리과정의 흥미중심의 방법은 철학교육의 주된 방법 가운데 하나이다.

누리과정에서 제시하는 또 다른 교수·학습 방법은 생활 속 경험을 중심으로 하는 것이다. 이 방법은 유아들의 일상 속 경험을 소재로 하여 관련된 지식, 기술, 태도를 교수·학습하는 것이다. 철학적 탐구공동체에서도 역시 유아들이 현재 살아가는 일상의 경험을 담고 있는 텍스트를 기초로 삼아 서로 질문을 하고 대화로 풀어가며 탐구를 진행한다. 누리과정의 생활중심 방법이 유아들의 일상 경험을 탐구의 소재로 한다는 점에서 철학교육 방법과의 연관성을 발견할 수 있다.

누리과정에서 추구하는 능동적인 상호작용 방법이란 유아가 교사나 또래와 개별적으로 또는 집단으로 상호작용하면서 새로운 지식과 기술을 습득하고 태도를 형성해 나가는 것을 말한다. 즉, 상호작용 방법의 핵심은 일방적 주입이 아니라 쌍방적으로 이루어지는 소통에 있다. 서로 생각을 나누며 함께 배우는 공동체 문화를 통해 학습과 삶이 이루어지는 것이다. 철학적 탐구공동체 활동은 이미 그 이름에 내포되어 있듯이 탐구를 함께하는 공동체를 형성하는 것으로 시작한다. 또한 공동으로 철학적 주제에 대해 탐구하는 과정을 통해 공동체의 결속과 이해를 더욱 공고히 해 나가는 것이 철학교육에서 가장 중요한 방법이다. 이런 점에서 누리과정의 상호작용 방법을 공고히 실현하고 있는 것이 바로 철학적 탐구공동체 활동이라 할 수 있다.

마지막으로 누리과정은 활동 간 통합을 주요한 교수·학습 방법으로 제안하고 있다. 철학적 탐구공동체 활동에서도 주제에 대한 철학적 탐구가 단지 언어적 탐구로 끝나는 것이 아니라 보다 심화·확장될 수 있도록 다양한 심미적 체험 활동을 함께할 것을 권하고 있다. 그러므로 누리과정이나 철학적 탐구공동체 활동 모두 주제를 중심으로 다양한 활동이 통합되어 주제에 대한 이해를 더욱 심화하도록 하는 활동 간 통합을 공통적인 교수·학습 방법으로 채택하고 있음을 알 수 있다.

03 철학교육과 누리과정의 영역별 관련성

누리과정은 신체운동·건강, 의사소통, 사회관계, 예술경험, 자연탐구 등의 다섯 가지 영역별로 구성되어 있고, 이들 중 네 영역에 해당하는 내용 범주와 특히 5세를 위한 영역별 세부 내용은 철학적 탐구 활동의 단계와 맞물려 있다. 철학적 탐구공동체 활동의 절차는 교재를 제공하고, 그 후 토의주제를 선정하고, 함께 토의주제에 대해 논의하고, 토의주제와 연관된 연습문제를 풀거나 심화활동을 하는 순서로 이루어진다. 이제부터는 철학적 탐구공동체의 진행 절차가 누리과정의 각 영역에 어떻게 연관될 수 있는지를 살펴보고자 한다.

철학적 탐구공동체 활동은 교재 제공 단계로 시작한다. 교사는 유아들과 함께 읽을 텍스트를 선정하고 그 자리에서 돌아가면서 함께 읽거나, 아니면 교사가 읽어 주는 방식으로 텍스트를 제공한다. 유아들은 교사가 읽어 주는 철학동화나 그림책의 내용을 귀 담아 듣고, 교사가 읽어 준 내용에 관심을 가지고 다시 읽어 보기도 한다. 이는 의사소통 영역의 '다양한 낱말과 문장을 듣고 뜻을 이해한다', '동요, 동시, 동화를 다양한 방법으로 듣고 이해한다', '읽어 주는 글의 내용에 관심을 가지고 읽어 본다' 등과 관련된다.

철학적 탐구공동체 활동의 두 번째 단계는 토의주제 만들기 단계이다. 유아들은 제공된 교재의 내용 중 궁금하거나 의아하게 여겨지는 내용 또는 의미에 대해 질문하고, 교사는 유아들과 함께 의논하여 유아들이 제시한 질문 중 한 두 가지를 토의주제로 선정한다. 이 단계는 앞서 제시된 텍스트의 내용을 이해하고, 이를 기초로 자신이 이해하지 못한 것은 무엇이고, 궁금한 것은 무엇인지를 분명히 하는 단계이다. 또한 각자 제기한 질문 가운데 그 의미가 명료하지 않은 경우, 질문에 대한 질문을 통해 무엇이 궁금한지, 어떤 점이 이해가 되지 않는지를 보다 분명히 한다. 이런 단계는 누리과정 의사소통 영역의 '이야기를 듣고 궁금한 것에 대해 질문한다', '자신의 느낌, 생각, 경험을 적절한 낱말과 문장으로 말한다', '주제를 정하여 함께 이야기를 나눈다' 등과 자연탐구 영역의 '주변 사물과 자연세계에 대해 지속적으로 호기심을 갖고 알고자 한다' 등의 내용과 맥락을 같이 한다.

철학적 탐구공동체 활동의 세 번째와 네 번째 단계는 각각 공동체 결속화하기, 연습문제와 토의계획 이용하기 단계이다. 이 단계들은 유아가 선정한 주제를 가지고 본격적인 토의가 이루어지는 단계이다. 토의가 진행되는 동안 유아들은 토의주제와 관련된 자신의 경험이나 견해를 밝힌다. 다른 사람의 말을 경청하고 이해한 후 그들의 의견을 지지하거나 반론을 제기할 수도 있으며, 자신의 의견이 비판에 직면했을 때에는 적합한 방법과 형식을 사용하여 상대를 이해시키고 타인의 입장과 다양한 관점에서 새로운 이해를 얻어 자신의 사고를 수정할 수도 있다. 즉, 탐구공동체 내에서 구성원 간의 대화를 통해 유아의 말하기와 듣기가 집중적으로 실천되는 단계이다. 누리과정 의사소통 영역 중 듣기 내용, 즉 '다양한 낱말과 문장을 듣고 뜻을 이해한다', '다른 사람의 이야기를 듣고 이해한다', '이야기를 듣고 궁금한 것에 대해 질문한다', '다른 사람의 이야기를 끝까지 주의 깊게 듣는다'와 말하기 내용, 즉 '자신의 느낌, 생각, 경험을 적절한 낱말과 문장으로 말한다', '듣는 사람의 생각과 느낌을 고려하여 말한다' 등은 철학적 탐구공동체 내에서 하나의 선정된 주제를 놓고 다양한 의견들을 이야기하고, 그 의견에 기초하여 꼬리에 꼬리를 물며 서로의 의견을 이야기하면서 대화적 탐구를 진행하는 공동체 결속하기 단계의 가장 핵심적이며 주요한 내용에 상응한다.

누리과정의 의사소통 영역 외에도 사회관계 영역, 그리고 자연탐구 영역 역시 철학적 탐구공동체 활동과 관련이 깊다. 철학적 탐구공동체 속에서 유아는 다양한 관점과 개성을 지닌 친구들을 만나며 인간에 대한 이해의 폭을 넓히고 대인감수성을 기르게 된다. 자신이 나름대로의 기준을 가지고 사고한 것이 정당한지 공동의 탐구를 통해 검토하는 가운데 유아는 자신의 감정을 조절하고, 다른 사람의 마음을 공감하며 그들과 소통하고 협력할 수 있게 된다. 이는 누리과정의 사회관계 영역 중 '다른 사람의 감정을 알고 공감한다', '다른 사람과 도움을 주고받고 서로 협력한다', '다른 사람을 배려하여 행동한다', '다른 사람과 한 약속이나 공공규칙을 지킨다' 등과 연관된다. 또한 자연탐구 영역 중 '주변 사물과 자연세계에 대해 지속적으로 호기심을 갖고 알고자 한다', '탐구과정에서 서로 다른 생각에 관심을 갖는다', '일상생활의 문제를 해결하는 과정에서 탐색, 비교, 예측 등의 탐구기술을 활용해 본다' 등의 내용과도 맥을 같이한다.

철학적 탐구공동체 활동의 마지막 단계는 심화반응으로 고무시키기 단계이다. 지금까지 토의한 내용을 글쓰기, 시, 그림, 동극 등 다양한 방법으로 표현하는 활동을 통해 사고한 결과를 심화시키는 과정이다. 유아들은 토의 중 주고받은 생각에 대해 짧은 글을 지어보거나 관련된 주제로 동시를 짓기도 한다. 글씨를 쓰지 못하거나 다른 방법으로 표현하고 싶은 유아들은 토의와 관련된 확장된 생각을 각자 생각하는 방식이나 그림 등으로 표현해 본다. 그리고 유아들이 동화나 그림책의 내용이나 장면을 가지고 동극을 만들기 위해 토의하고 동극으로 구성해 봄으로써 철학적 탐구공동체 활동을 심화시키며 마무리하는 단계인 것이다. 이는 누리과정 의사소통 영역의 '자신의 느낌, 생각, 경험을 글자와 비슷한 형태나 글자로 표현한다'라는 하위내용 및 예술경험 영역의 '노래로 자신의 생각과 느낌을 표현한다', '움직임과 춤으로 자신의 생각과 느낌을 표현한다', '다양한 미술활동으로 자신의 생각과 느낌을 표현한다', '경험이나 이야기를 극놀이로 표현한다' 등의 하위내용을 전반적으로 포괄하는 과정이라 할 수 있다.

이상에서 살펴본 바와 같이, 누리과정에서 추구하는 목적과 목표, 교수·학습 방법, 내용은 유아철학교육이 철학적 탐구공동체를 통해 추구하는 목적, 목표, 방법 및 내용과 일맥상통한다. 유아교육현장에 유아를 위한 철학교육이 적용될 수 있는 가능성과 적용해야 하는 당위성이 여기에 있다 하겠다. 나아가 누리과정에 기초하여 유아교육과 보육이 이루어지는 현장에서 유아교사들이 철학적 탐구공동체 활동을 적극적으로 활용해야 할 필요성이 있음을 보여 주는 근거이기도 하다.

〈표 2-1〉 누리과정 영역별 내용과 관련된 철학적 탐구공동체 활동의 단계

<table>
<tr><th>누리과정 영역</th><th>내용범주</th><th>내 용</th><th>세부내용(5세)</th><th>누리과정 내용과 관련된 철학적 탐구공동체 활동의 단계</th></tr>
<tr><td rowspan="10">의사소통</td><td rowspan="5">듣기</td><td>낱말과 문장 듣고 이해하기</td><td>다양한 낱말과 문장을 듣고 뜻을 이해한다.</td><td rowspan="2">철학적 탐구공동체 활동 전체 과정에 해당</td></tr>
<tr><td rowspan="2">이야기 듣고 이해하기</td><td>다른 사람의 이야기를 듣고 이해한다.</td></tr>
<tr><td>이야기를 듣고 궁금한 것에 대해 질문한다.</td><td>토의주제 만들기, 공동체 결속화하기</td></tr>
<tr><td>동요, 동시, 동화 듣고 이해하기</td><td>동요, 동시, 동화를 다양한 방법으로 듣고 이해한다.</td><td>교재 제공</td></tr>
<tr><td>바른 태도로 듣기</td><td>다른 사람의 이야기를 끝까지 주의 깊게 듣는다.</td><td rowspan="2">철학적 탐구공동체 활동 전체 과정에 해당</td></tr>
<tr><td rowspan="3">말하기</td><td rowspan="2">느낌, 생각, 경험 말하기</td><td>자신의 느낌, 생각, 경험을 적절한 낱말과 문장으로 말한다.</td></tr>
<tr><td>주제를 정하여 함께 이야기를 나눈다.</td><td>토의주제 만들기, 공동체 결속화하기</td></tr>
<tr><td>상황에 맞게 바른 태도로 말하기</td><td>듣는 사람의 생각과 느낌을 고려하여 말한다.</td><td>철학적 탐구공동체 활동 전체 과정에 해당</td></tr>
<tr><td>읽기</td><td>읽기에 흥미 가지기</td><td>읽어 주는 글의 내용에 관심을 가지고 읽어 본다.</td><td>교재 제공</td></tr>
<tr><td>쓰기</td><td>쓰기에 관심 가지기</td><td>자신의 느낌, 생각, 경험을 글자와 비슷한 형태나 글자로 표현한다.</td><td>심화반응으로 고무시키기</td></tr>
<tr><td rowspan="4">사회관계</td><td>나와 다른 사람의 감정 알고 조절하기</td><td>나와 다른 사람의 감정 알고 표현하기</td><td>다른 사람의 감정을 알고 공감한다.</td><td rowspan="4">철학적 탐구공동체 활동 전체 과정에 해당</td></tr>
<tr><td rowspan="3">다른 사람과 더불어 생활하기</td><td>공동체에서 화목하게 지내기</td><td>다른 사람과 도움을 주고받고, 서로 협력한다.</td></tr>
<tr><td rowspan="2">사회적 가치를 알고 지키기</td><td>다른 사람을 배려하여 행동한다.</td></tr>
<tr><td>다른 사람과 한 약속이나 공공규칙을 지킨다.</td></tr>
</table>

<table>
<tr><th>누리 과정 영역</th><th>내용범주</th><th>내 용</th><th>세부내용(5세)</th><th>누리과정 내용과 관련된 철학적 탐구공동체 활동의 단계</th></tr>
<tr><td rowspan="4">자연 탐구</td><td rowspan="4">탐구하는 태도 기르기</td><td>호기심을 유지하고 확장하기</td><td>주변 사물과 자연세계에 대해 지속적으로 호기심을 갖고 알고자 한다.</td><td rowspan="3">철학적 탐구공동체 활동 전체 과정에 해당</td></tr>
<tr><td rowspan="2">탐구과정 즐기기</td><td>궁금한 점을 알아보는 탐구과정에 참여하고 즐긴다.</td></tr>
<tr><td>탐구과정에서 서로 다른 생각에 관심을 갖는다.</td></tr>
<tr><td>탐구기술 활용하기</td><td>일상생활의 문제를 해결하는 과정에서 탐색, 관찰, 비교, 예측 등의 탐구기술을 활용해 본다.</td><td>공동체 결속화하기, 연습문제와 토의계획 이용하기</td></tr>
<tr><td rowspan="4">예술 경험</td><td rowspan="4">예술적 표현하기</td><td>음악으로 표현하기</td><td>노래로 자신의 생각과 느낌을 표현한다.</td><td rowspan="4">심화반응으로 고무시키기</td></tr>
<tr><td>움직임과 춤으로 표현하기</td><td>움직임과 춤으로 자신의 생각과 느낌을 표현한다.</td></tr>
<tr><td>미술 활동으로 표현하기</td><td>다양한 미술활동으로 자신의 생각과 느낌을 표현한다.</td></tr>
<tr><td>극놀이로 표현하기</td><td>경험이나 이야기를 극놀이로 표현한다.</td></tr>
</table>

C/H/A/P/T/E/R/ 03

유아철학교육의 방법 및 적용

01 철학적 탐구공동체 방법론

유아들이 스스로 생각하며 근거를 가지고 판단하는 사람으로 성장할 수 있도록 돕는 사고력 증진 프로그램 중 하나가 미국 IAPC에서 개발한 어린이를 위한 철학 프로그램(P4C)이다. 미국의 철학자 립맨과 샤프는 인간이 자신의 문제에 대해 반성적으로 성찰하고 분별 있게 행동하기 위해서는 어렸을 때부터 철학교육을 실시해야 한다고 주장하였다. 그들은 IAPC를 창설하고, 어린이를 대상으로 한 별도의 철학교육 교재를 개발하였으며, 이 교재는 현재 세계 60개 이상의 나라에서 40개 이상의 언어로 번역되어 활용되고 있다(http://www.montclair.edu/cehs/academics/centers-and-institutes/iapc, 2013. 11. 21, 검색).

P4C 프로그램에서 가장 기본적으로 사용하는 방법론은 소크라테스 대화법을 토대로 하여 공동의 대화적 탐구를 실시하는 탐구공동체(Community of Inquiry)이다. 탐구공동체 안에서의 탐구는 공통의 관심사를 중심으로 이루어진다. 탐구

의 과정에서 구성원들은 서로를 존중하며 다른 사람의 의견을 경청하고, 서로의 의견 가운데 내재해 있는 가정과 전제가 무엇인지를 물으며, 그에 대한 실례와 반례를 들기도 하고, 이유와 근거를 찾고, 추론을 이끌어 내도록 돕는다. 이 과정에서 구성원들은 자신이 가지고 있던 사고의 기준이 정당하며 정말로 믿을 만한 것인지를 검토하고 평가하며, 자신의 사고를 수정해 나간다. 또한 순서를 지켜 이야기하는 법을 배우고, 사람마다 다양한 관점과 개성을 가지고 있음을 이해하며, 상대방의 표정을 읽고 말 뒤에 숨은 의미가 있는지 귀 기울여 듣게 된다. 정리하자면, 철학적 탐구공동체 안에서의 구성원들은 공동의 탐구를 통해 협력적이고 비경쟁적인 방식으로 비판적이고 창의적이며 배려적인 사고를 경험하며 성장하는 것이다.

탐구공동체의 특징을 살펴보면 다음과 같다(Lipman, 2005). 첫째, 탐구공동체에는 분명한 목표가 있다. 부분적이고 임시적일 수도 있지만 확정이나 판단과 같은 어떤 결과물을 만들어 낸다는 목표를 가진 과정이다. 둘째, 탐구과정은 논의가 전개되는 방향을 따라 계속 이어진다. 토의주제는 구성원이 자신들의 경험으로부터 제기한 문제여야 하며, 이에 대한 탐구과정에서 구성원들은 자신이 이전에 가지고 있던 사고의 오류나 편견의 가능성을 깨닫게 된다. 비록 토의를 통해 단정적인 결론을 도출하지 못하더라도 이러한 변화만으로도 소중하고 의미 있는 것이다. 셋째, 탐구의 과정은 단순한 담화가 아니라 일정한 절차에 따라 탐구하는 과정이며 본질적으로 논리적인 대화로 이루어진다. 담화가 감정과 사고, 정보와 이해의 교환이라면, 대화는 상호적 탐험이고 조사이며 탐구라 할 수 있다. 탐구에 참여하는 유아들은 더 좋은 결론에 이르기 위해 함께 질문하고, 함께 추론하고, 함께 판단하는 것을 배우게 된다. 넷째, 탐구공동체 안에서는 비판적·창의적·배려적 사고를 배양할 수 있다. 구성원들은 공동체 내에서 자신이 가지고 있는 아이디어, 새로운 생각을 드러내고 대화하는 과정을 통해 경험을 공유하며, 자신의 사고나 오류를 수정하게 된다. 자신의 주장을 설득하기 위해

경쟁하는 것이 아니라 더 좋은 사고를 위해 협력하고 의견을 나누면서 구성원들은 서로의 입장을 이해하고 배려하는 태도와 사고를 지니게 된다. 탐구공동체 안에서 이루어지는 이러한 대화의 특징은 한마디로 소크라테스 대화법에 기초하고 있다고 말할 수 있다. 소크라테스 대화법이란 정답이 없는 질문을 놓고 계속 대답과 질문을 이어 나가는 것이다. 이러한 문답의 과정을 통해 진정으로 자신이 무지함을 알게 되는 것이 소크라테스 대화법의 특징이다. 유아들은 이어지는 질문과 답변 속에서 자신이 무엇을 알고, 무엇을 모르며, 무엇이 중요한지를 스스로 묻게 된다. 이와 같이 자연스럽게 자신의 사고에 대해 사고하는 반성적 사고가 이루어지는 것이다. 철학적 탐구공동체는 반성적 사고에 기초하여 소크라테스 대화법으로 대화가 이루어지는 대화적 탐구공동체이다.

립맨이 제시한 탐구공동체 활동은 전형적으로 5단계의 절차로 진행된다. 교재 제공(the offering of the text), 토의주제 만들기(the construction of agenda), 공동체 결속화하기(solidifying the community), 연습문제와 토의계획 이용하기(using exercise and discussing plans), 심화반응으로 고무시키기(encouraging further response)의 5단계가 그것이다.

우선 첫 번째는 교재 제공(the offering of the text) 단계로 여기서 제공되는 교재는 IAPC에서 제작한 철학동화와 철학소설이다. 교재의 내용 중 그 날 토의할 분량만을 제공하여, 다양한 방법으로 구성원들이 함께 읽으며 교재의 등장인물의 생각이나 행동을 내면화한다. 이 교재들의 이야기 속에는 대상 독자의 연령과 비슷한 나이의 주인공들이 등장한다. 자신과 비슷한 또래의 주인공과 등장인물을 둘러싼 일상적인 사건과 이야기를 읽으며, 탐구공동체의 구성원들은 논리적, 윤리적, 미학적 성격의 여러 철학적 문제들을 자연스럽게 접하게 되고, 교재의 내용과 관련된 여러 문제들에 의문을 가지며, 그에 대해 스스로 생각하고 함께 대화하며 토의해 나갈 수 있다.

두 번째는 토의주제 만들기(the construction of agenda) 단계이다. 교사와 유아가 함께 읽었던 교재의 내용 중 흥미로웠거나 궁금한 점 등에 대해 질문하는 시간이다. 교사는 유아들이 제시한 질문을 가급적 그들의 표현 그대로 충실하게 칠판에 적어 주고, 말한 사람의 이름도 함께 적어 준다. 이렇게 이름을 적어주는 것은 탐구공동체 구성원들의 기억을 돕는 역할도 하지만, 질문을 한 유아의 자긍심과 사기를 높이는 데에도 도움이 된다. 구성원들은 제시된 질문의 목록을 함께 살펴보며 질문을 제시한 사람의 구체적인 의도와 질문의 개념에 대해 알아보고 관련 있는 질문을 유목화한다. 분류된 질문들 중에서 토의를 위한 질문을 선정한다. 선정된 질문은 참여하고 있는 구성원들이 가장 흥미를 보이는 것으로, 교사는 선정된 질문 속에 내포된 철학적 개념을 찾아 다음 토의를 준비한다.

세 번째는 공동체 결속화하기(solidifying the community) 단계로, 선정된 질문에 대한 대화적 탐구를 하는 시간이다. 단순히 각자의 견해를 말하고 이해하는 것에 그치지 않고, 서로의 의견을 명확하게 이해하기 위한 질문을 주고받고, 반례나 대안적 가설을 제안하며, 이것의 근거를 검토하는 변증법적 상호작용을 통해 구성원들은 새로운 시각을 인식하고 공동체로서의 결속력을 다지게 되는 것이다.

네 번째 단계는 연습문제와 토의계획 이용하기(using exercise and discussing plans)이다. 구성원들이 함께 선정한 주제를 중심으로 토의가 진전됨에 따라, 교사는 토의주제에 대한 철학적 탐구를 위해 미리 준비한 토의계획 및 연습문제를 활용한다.

마지막 단계는 심화반응으로 고무시키기(encouraging further response)로, 구성원들이 이야기, 시, 그림, 동극, 그 외의 인지적 표현활동에 참여하며 지금까지 공동의 탐구를 통해 밝혀 낸 결과를 글로 쓰거나, 그림으로 그리거나, 몸으로 표현하며 심화된 반응으로 이끌어 내는 단계이다. 개인적으로 혹은 공동으로 비판과 창조를 통합하는 활동을 통해 구성원들의 사고능력은 한층 더 확장될 수 있다.

저자들이 운영하고 있는 D아동철학연구소(DIPYC)에서는 2001년부터 2014년 현재까지 미국 IAPC의 어린이철학교육 프로그램(P4C)을 기초로 하여 유아들에게 철학교육 프로그램을 제공해 왔다. 또한 그 실천과정에 대한 반성적인 평가를 통해 한국의 문화와 교육 현실에 적합한 철학적 탐구공동체 운영방법을 모색해 오고 있다. 다음은 그동안 철학적 탐구공동체 활동 운영 경험을 토대로 철학적 탐구공동체 안에서 필요한 교사의 역할과 질문을 정리한 것이다.

1) 철학적 대화를 이끄는 교사의 역할

철학적 탐구공동체는 말 그대로 탐구공동체이기에 교사도 한 사람의 탐구자로서 참여한다. 그러나 한편으로는 탐구공동체가 형성되고, 그 안에서 탐구가 자연스럽게 진행될 수 있도록, 보이게 혹은 보이지 않게 도와주는 역할을 해야 한다. 그런 역할을 수행하기 위해서 철학적 탐구공동체가 진행되는 각 단계 별로 교사가 구체적으로 해야 할 일은 다음과 같다.

(1) 탐구공동체의 형성

초대하기

교실에 있는 유아들을 탐구공동체에 초대한다. 이상적으로 본다면, 일상적인 모든 시간과 활동 속에서 함께 논의해야 할 사안들이 있을 때, 함께 생각해 보고 싶은 문제가 생겼을 때 자연스럽게 탐구공동체가 이루어져야 한다. 그러나 이렇게 되기까지는 어느 정도 훈련이 필요하다. 그런 훈련을 위해서 한 주일에 한 번 내지 두 번, 또는 매일 한 번씩 등으로 일정한 시간을 정해 놓고 탐구공동체를 형성하는 것이 좋다. 예를 들어, 일주일에 한 번 철학 시간을 따로 정해 놓는다거나, 이야기 나누기 시간, 그림책 읽기 시간을 철학적 탐구공동체 시간으로 정해 놓고 이 시간에 유아들과 함께 철학적 탐구공동체를 진행하는 것이다.

▌참여 인원과 시간

탐구공동체 참여 인원은, 주어진 시간(일반적으로 40분에서 50분 정도) 내에 참가자 모두가 순서대로 돌아가며 발언할 기회를 가질 수 있도록 한다는 것을 전제했을 때, 8명에서 10명이 적당하다. 교실 상황이 소그룹으로 나누어지기 힘들 때는 학급의 유아 전체를 대상으로 탐구활동을 시도할 수 있다. 인원수가 많으면 참여한 유아들 모두가 말할 기회를 가지기 어렵다. 그렇다고 꼭 발언하고 의견을 제시해야만 탐구공동체에 참여한 의의가 있는 것은 아니다. 다른 사람들이 말하는 것을 들으며 논의를 따라갈 수 있다. 조용히 듣고만 있는 것 같지만, 생각하고, 생각이 변화하고, 생각이 성장하는 시간이기도 한 것이다. 하지만 생각만 하는 것과 입 밖에 내어 말하는 것에는 분명 차이가 있다. 자신의 생각을 다른 사람과 소통 가능한 형태의 문장으로 소리 내어 말할 때 생각이 보다 분명해지며 자신의 생각에 대해 스스로 성찰하는 것도 더욱 명료하게 이루어질 수 있다. 철학하기는 자신의 생각에 대한 생각하기이므로 소리 내어 말을 하거나 글로 표현하는 과정을 통해 자신의 생각을 스스로 돌보는 것이 중요하다. 그러므로 이왕이면 모두가 자신의 생각을 말할 기회를 가지고 이야기에 참여할 수 있는 소그룹으로 구성하는 것이 좋다.

▌원형으로 앉기

탐구공동체 안에서는 모두가 평등한 탐구자가 되는 것을 원칙으로 한다. 탐구공동체를 형성할 때는 전형적인 수업 대형, 즉 교사가 맨 앞에 앉고 유아들이 교사를 중심으로 반원을 이루거나 교사 한 사람과 유아 전체가 마주 보는 식의 대형으로 앉지 않는다. 탐구공동체는 모두가 동그랗게 원을 형성하여 마주보고 앉아야 한다. 동그란 원은 모두가 평등한 탐구자임을 상징적으로 보여 주며, 서로가 서로의 이야기를 듣고, 서로가 서로에게 자유롭게 말할 수 있는 대형이기 때문이다.

▌시작 알리기

일단 정해진 시간에(반드시는 아니지만), 일정 수의 아이들과 교사가 함께 동그랗게 원을 형성하여 둘러앉으면, 이제부터 본격적으로 탐구공동체가 출발한다. 교사는 함께 모여 앉은 유아들에게 탐구공동체에 온 것을 환영하는 인사말을 함으로써 공동체 활동의 시작을 알린다. "모두들 반가워! 우리 여기 '서로의 생각을 나누는 그룹'에 온 것을 환영해."

유아들에게 '탐구공동체'라는 말이 어려울 수 있다. 이렇게 함께 모여 서로의 생각을 나누는 그룹 혹은 활동 시간의 '이름'을 무엇이라고 부를지 유아들과 함께 의논하여 정할 수 있다.

▌규칙 정하기

맨 처음 탐구공동체를 시작할 때는 이 시간이 어떤 시간인지, 무엇을 하는 시간인지 이야기하고, 이야기를 잘 하고, 잘 듣기 위해서는 어떤 것을 함께 지켜야 하는지 결정할 수 있다. 탐구공동체 안에서 서로의 생각을 잘 이야기하기 위해서는 서로 잘 들어 주고, 순서를 지켜 이야기하는 것이 기본이다. 또 하나 중요한 기본은 서로 비난하거나 평가하지 않는 것이다. "그건 말도 안 되는 멍청한 이야기야", "넌 그것도 모르냐?" 등의 말은 누구에게도 도움이 되지 않는다. 탐구공동체는 참여하는 모든 사람들에게 자신의 생각을 솔직하게 터놓고 다른 사람의 이야기에 귀 기울이는 정서적으로 안정된 시간과 공간이 되어야 한다. 유아들의 이런 비난과 평가가 서로에게 상처가 될 수 있기에 절대 해서는 안 되는 것임을, 첫 시간에 교사가 미리 분명하게 이야기해 둘 필요가 있다.

(2) 교재 제공하기

▌교재 선정하기

탐구공동체의 이름을 정하고 규칙을 정하고, 이제 모두 열렬한 마음으로 토의할 준비를 하고 동그랗게 모여 앉은 다음에는 무엇에 대해 이야기할지를 함께 정해야 한다. 이 두 번째 단계는 함께 이야기할 그 무엇을 제공하는 단계이다. 교재는 무엇이 되어도 좋다. 만약 그림책 읽기 시간을 탐구공동체 시간으로 운영하고 싶다면 그림책을 읽고 그림책의 내용에 대해 질문하고 그 질문에 대해 함께 이야기 나누면 된다. 만약, 학급에서 일어난 사건을 가지고 탐구공동체 안에서 함께 이야기를 나누고 싶다면 교사는 이야기 혹은 글로 학급에서 일어난 사건을 제공할 수 있다. 시를 읽고 함께 이야기를 할 수 있다. 그림이나 사진을 놓고도 서로 질문하고 이야기할 수도 있다. 무엇을 교재로 제공할 것인가는 교사의 다양한 아이디어에 달려 있다. 다만 여기서 중요한 것은 유아들이 관심과 흥미를 가질만한 교재이어야 한다는 것이다.

말로 들려주는 이야기보다 글이나 그림 같은 교재가 탐구공동체 활동에 더 적절하다. 그 이유는 토의를 하다 보면 교재로 돌아가 맥락과 의미를 확인해야 할 일들이 생기기 때문이다. 그런 점에서 활자화된 혹은 고정된 형태의 교재가 더 적절하다고 할 수 있다.

▌교재 제공하기

교재를 제공하는 방식 역시 다양하다. P4C에서는 그림 없이 글자만 있는 P4C 철학교재의 한 부분을 발췌하여 한 장씩 나누어 준 다음 돌아가면서 읽는 방식으로 진행한다. 이것은 하나의 예라고 생각하면 된다. 일단 교재를 선정한 다음 교재가 글로 쓰인 것이라면 어떤 식으로 제공할지 다양하게 아이디어를 내면 된다.

전형적으로는 글을 타이핑한 종이를 나눠 주고 돌아가면서 한 문장씩 읽는 방식이 있다. 유아들 중에는 글자를 모르는 경우도 있어 이 방법이 적합한지는 교사가 판단해야 한다. 글자를 아는 대부분의 유아들은 자신들이 소리 내어 글을 읽는 것을 무척 좋아한다.

교재 읽기

교사가 먼저 소리 내어 교재를 읽고 유아들이 따라 읽는 방법으로 읽을 수도 있다. 이 방법은 글자를 모르는 유아들이 많을 때 호응이 높다. 교사가 처음부터 다 읽어 주는 경우도 있다. 그림책을 보여 줄 때는 이 방식이 적절하다. 처음부터 끝까지 한 번에 이어서 읽어 주면 유아들은 내용에 충분히 몰입할 수 있다. 그림책을 교재로 선정할 때는 글만 종이에 타이핑해서 함께 읽어 볼 수도 있고, 그림책을 처음부터 끝까지 책장을 넘겨 가며 보여 줄 수도 있다.

글자를 읽을 줄 아는 유아들은 교사가 먼저 읽는 것을 잘 기다려 주지 못할 때도 있다. 이럴 때는 읽고 싶은 사람을 선정하여 읽을 수도 있다. 몇 명이 되었든 자원자에 한하여 돌아가면서 읽든가 아니면 문단별로 나누어 읽는 방법도 가능하다.

컴퓨터나 아이패드, 텔레비전 등 여러 기기들을 활용하여 찾을 수 있는 사진이나 동영상, 그림 등을 교재로 선정할 수도 있다.

이 단계에서 교사가 주의해야 할 것은 준비한 교재가 유아들의 경험이나 흥미와 잘 맞아야 한다는 것이다. 또한 대부분의 유아들이 교재를 읽거나 했을 때 이해 가능한 수준이어야 한다. 교재 제공 단계는 유아들이 탐구공동체에 참여하는 동기를 유발하는 단계이므로 유아들의 흥미와 관심, 혹은 생활사적 맥락을 최대한 고려하여 교재를 선정하는 것이 중요하다.

(3) 질문하기

질문 시작하기

교재를 공유한 다음의 절차는 질문하기이다. 교재를 돌려 읽거나, 혹은 들려주거나 보여 준 다음 교사는 유아들로 하여금 질문을 하도록 한다. "자, 우리 지금까지 읽거나 본 것 가운데 궁금하거나 함께 이야기하고 싶은 것이 있으면 질문해 보자."

▌질문을 적기

유아들이 질문을 하면 교사들은 유아들의 이름과 함께 질문을 칠판 혹은 종이에 적는다. 이때 모두가 볼 수 있도록 판서를 해야 한다. 유아들은 모두가 지켜보는 가운데 자신의 이름과 자신이 발표했던 말이 그대로 칠판에 적히는 것을 볼 때, 자신의 질문에 대해 더욱 책임감을 가지게 된다. 또한 이름을 적는 것 자체는 유아들에게 질문을 하게 만드는 주요한 동기 유발 요소가 될 수 있다.

교사가 질문을 칠판에 적을 때 교사 혼자의 판단으로 유아들의 질문을 정리해서는 안 된다. 유아들의 말을 그대로 받아 적을 때 유아들은 자신들이 제기한 질문에 대해 애착과 자부심을 느끼며 토의에 더욱 적극적으로 참여하게 된다.

▌질문 다듬기

처음 질문을 할 때 유아들은 완전한 의문문의 형태로 질문을 하기보다는 단어로 말하거나 교재의 문장을 읽듯이 똑같이 이야기하는 경우가 있다. 이때 유아들이 정확하게 무엇을 궁금해 하는지 교사가 다시 질문할 필요가 있다. 예를 들어, 유아가 "효도"라는 단어만 언급했다면, 교사는 유아가 어떤 맥락 속에서 그 단어를 질문으로서 말했는지 유아에게 다시 물을 수 있다. "'효도'에 대해 어떤 것이 궁금한 거니?"

여기서 교사는 자신이 추측한 것을 미리 이야기하면 안 된다. 예를 들어, "'효도'가 무슨 뜻인지 궁금한 거로구나!" 이렇게 말해 버리면 유아는 다른 것이 궁금했다 하더라도 그냥 고개를 끄덕이기 쉽다. 그러면 진짜로 유아가 무엇을 궁금해했는지 알 수 없게 될 뿐만 아니라, 질문을 했던 유아도 탐구공동체에 적극적으로 참여할 의욕을 잃어버리게 될 수 있다. 그러므로 유아가 자신의 입으로 자신이 궁금한 것을 질문의 형태로 진술할 수 있도록 교사가 지지해 주는 것이 중요하다.

편안하게 질문하기

많은 아이들이 처음 질문을 할 때는 쑥스러워한다. 궁금한 것이 있어도 어떻게 말하는 것이 질문으로 적합한 건지, 혹은 잘못해서 창피를 당하면 어떻게 하나 걱정하며 망설이게 된다. 어떤 질문이든 맞고 틀림이 없음을 유아들에게 분명히 말해 주어야 한다. 자연스럽고 편안하게 질문할 수 있도록 교사가 분위기를 만들어 주는 것이 중요하다.

질문 기다려 주기

유아가 질문을 한다고 손을 들어서 교사가 그에게 질문할 기회를 주었는데, 유아가 질문을 하지 않거나 못하는 경우도 있다. 이때 교사는 재촉하거나 다른 아이에게 기회를 넘기기보다는 최대한 기다려 주는 것이 필요하다. 질문이 머릿속에 떠오르긴 했지만 그것을 말로 옮기는 것은 또 다른 일이다. 교사는 선뜻 말이 나오지 않을 수 있음을 이야기하고 함께 참여하는 모든 유아들이 공감하며 충분히 기다려 줄 수 있도록 분위기를 만들어야 한다.

다양한 방법으로 질문 만들기

질문이 잘 나오지 않을 때는 둘씩 짝을 지어 서로 이야기하면서 질문을 만들어 볼 수도 있다. 여럿이 앉아 한 명씩 이야기하는 것보다 둘이 한 팀이 되어 대화를 할 때 자연스럽게 말문이 트일 수도 있기 때문이다. 이것은 정서적으로 더욱 편안하게, 그리고 조금 더 자신 있게 질문을 만드는 기회가 된다.

질문 순서 정하기

때로 질문이 마구 쏟아져서 한꺼번에 여러 명의 유아들이 손을 드는 경우가 있다(실제로는 거의 매번 그러하다). 이때 누구를 어떻게 지목할지, 어떤 순서로 이야기하면 좋을지 등도 유아들과 함께 의논하여 결정해야 한다.

(4) 질문 선정하기

▌선정 방법 정하기

질문을 선정하는 것도 여러 가지 방법이 있다. 어떤 방법으로 하면 좋을지 유아들과 함께 토의하여 결정하는 것도 하나의 방법이다. 많은 유아들이 선택하는 바를 취하는 것은 다수결의 방법이다. 다수결이라고 하더라도 손을 드는 횟수를 어떻게 할지 함께 이야기해 볼 필요가 있다. 한 번만 손을 들게 할 것인지, 여러 번 들 수 있을지, 아니면 두 번 혹은 세 번 하는 식으로 횟수를 정해 놓을지 말이다.

자신의 질문을 포함하여 꼭 뽑혔으면 하는 질문이 있다면 다른 사람들을 설득시켜 보는 것도 하나의 방법이다. 돌아가면서 자신이 제일 좋다고 생각하는 질문을 명시하고 그 질문이 제일 좋은 이유를 말한 다음 투표를 하는 것이다.

질문을 하나도 안 한 친구가 있다면 그 친구에게 질문을 선택하게 할 수도 있다. 다른 친구들이 서로 질문을 하는 사이 누구는 하나도 질문을 하지 않았다는 것은 다른 사람들의 질문을 보면서 그 만큼 생각을 많이 했다는 것일 수도 있고, 말이 없는 유아가 자연스럽게 탐구공동체 안으로 들어올 수 있는 계기가 될 수도 있다. 이 방법은 탐구공동체 구성원들이 합의를 했을 때 사용 가능하다.

선거를 하듯이 마음에 드는 질문의 번호를 종이에 적어 상자 안에 넣고 뽑아서 제일 많이 나온 질문을 선택하는 것도 하나의 방법이다. 이러한 방법은 유아들의 흥미와 적극적인 참여를 끌어낼 수 있다.

▌드러나지 않게 개입하기

사실 유아들이 제기한 질문들은 함의도 다양하고 질문의 질도 다양하다. 때로는 교사가 판단하기에 유아들과 함께 이야기하면 정말 흥미로울 것 같은 질문이 나왔지만, 그 질문 대신 아주 간단하게 끝날 것 같은 질문이 뽑힐 때도 있다. 그런 경우 교사가 어느 정도 공동체의 한 일원으로 자연스럽게 반응하되 유아들이 선택한 질문에 대해 교사 자신도 정말 궁금했던 문제라고 이야기하며 분위기를 만들어 주는 것도 질문을 고르는 눈을 길러 주는 데 어느 정도 도움이 된다. 하지만 이런 개입이 너무 지나치게 눈에 띄면 유아들은 자신들이 스스로 선택하기보다는 교사의 의도를 따라가거나, 아니면 교사의 의도를 눈치 채고 오히려 반대로 선택하기도 한다. 그러므로 자연스럽게 개입하는 것이 가장 중요하다.

▌좋은 질문 고르기

처음에 질문을 선정할 때는 어떤 의미의 질문인지보다는 마치 인기투표처럼 누가 제기한 질문인지에 더 집중하는 경향을 보인다. 교사는 좋은 질문이란 '꼭 친구들과 함께 이야기해 보고 싶은 질문'이라는 것을 반복적으로 강조할 필요가 있다. 유아들이 질문 자체만 보고 질문의 질을 따져 스스로 선택할 수 있는 눈을 가질 수 있도록 도와줄 필요가 있기 때문이다.

(5) 토의하기

▌질문 이어가기

토의과정에서 교사의 가장 두드러진 역할은 질문자의 역할이다. 유아들이 뽑은 질문에 대해 유아들 스스로 답을 찾고, 교사는 유아들이 찾은 답에 대해 다시 질문을 한다. 유아들 대답의 근거를 묻고, 대답의 의미를 좀 더 명료하게 할 수 있도록 질문하는 것이다. 유아들은 교사의 질문에 답하고, 교사는 다시 그 답에 대해 재차 질문함으로써 꼬리에 꼬리를 물고 질문과 대답이 계속 이어지면서 탐구가 진행될 수 있도록 돕는 역할을 해야 한다.

유아들이 자신들의 주장을 펼칠 때 그 주장의 전제가 무엇인지, 그 주장이 함축하는 의미는 무엇인지를 유아 스스로 생각할 수 있도록 질문을 해야 한다. 이런 질문들을 통해 교사는 자연스레 질문자이자 진행자의 역할을 하는 것이다.

▌골고루 토의에 참여시키기

교사는 모든 혹은 대부분의 유아들이 토의의 흐름을 잘 쫓아가는지를 살피고, 토의에 참여하지 못하는 유아들이 있으면 이름을 불러 그 의견을 물어볼 수도 있다. 이러한 교사의 노력은 모든 유아들이 자발적이고 적극적으로 참여하는 탐구공동체의 분위기를 만드는 데 기여한다. 때로는 토의하고 있는 주제에 대하여 찬성, 반대, 혹은 알 수 없음 등으로 입장을 나누어 놓고, 모든 유아들이 손을 들어 의견을 표명하며 참여할 수 있도록 한다. 이렇게 하면 말하기를 수줍어하는 유아들도 자신들의 의사를 표현할 수 있기 때문이다.

▌토의의 길잡이 되기

토의과정에서 교사는 종종 현재 토의하는 주제가 무엇이며 어떤 이야기들이 어떻게 진행되어 왔는지를 정리하여 유아들이 길을 잃지 않고 계속하여 탐구할 수 있도록 도와주는 역할을 해야 한다. 이럴 때 교사는 유아들의 이야기를 잘 기억하면서 앞뒤가 안 맞는 부분이 있는지, 어떤 부분이 이전의 주장과 다른지 등을 되짚어 물을 수 있어야 한다. 모든 유아들이 다 볼 수 있도록 유아들이 하는 이야기의 키워드를 칠판이나 커다란 종이에 써 가면 이야기의 흐름을 쫓아가면서 정리하는 데 도움이 된다.

▌경청의 모델 되기

교사는 토의과정에서 유아들이 자연스럽게 자신의 생각과 의견을 이야기할 수 있도록 안전하고 자유로운 분위기를 만들어 주어야 한다. 주제로부터 벗어나지 않는 이야기라면 어떤 이야기든 충분히 경청할 준비가 되어 있음을 교사는 몸으로 보여 주어야 한다. 이야기하는 유아에게 시선을 맞추고 유아의 이야기에 온몸을 기울여 경청하고 있음을 보여 줄 수 있어야 한다. 이를 통해 유아들은 경청을 어떻게 해야 하는지를 자연스럽게 알 수 있다. 때로는 자신의 생각을 언어로 표현하는 데에 서툰 유아나 수줍음이 많은 유아가 이야기할 때 다른 유아들이 귀를 기울여 듣지 않을 경우가 있다. 이때 교사는 참을성 있게 기다려 주는 것이 필요함을 본보기로 보여 주어야 한다.

(6) 평가하기

▌유아들과 함께 평가하기

토의가 끝난 다음에 교사는 토의에서 어떤 이야기들이 진행되었는지를 유아들과 함께 정리해 보는 시간을 가진다. 토의의 과정을 돌아보며 유아들이 스스로 평가를 해 볼 수 있도록 한다. 이때 평가의 주된 내용은 ① 자신의 생각을 잘 이야기했는지, ② 다른 사람들의 이야기를 잘 들었는지, ③ 질문을 잘 했는지, ④ 토의과정을 통해 자신의 생각이 바뀌게 되었는지 등이 될 수 있다. 평가는 종이에 쓰거나, 눈을 감고 몸으로 나타내거나, 하나하나의 질문에 대해 돌아가면서 이야기하는 등 그 형태가 다양할 수 있다. 몸으로 나타낸다는 것은 예를 들어, 동그라미, 세모, 가위표 같은 기호를 표시하는 방법을 정하고 자신이 생각한 것을 다른 사람이 보지 못하는 상태에서 솔직하게 표현하는 것이다. 이때 교사는 각 유아들이 어떤 평가를 하는지, 그것이 탐구공동체 활동 전체에서 보였던 모습과 얼마나 일치하는지 등을 주의 깊게 보아야 한다.

▌교사의 자기 평가하기

유아들과 함께하는 평가의 시간이 끝나면 일단 유아들과 함께하는 철학적 탐구공동체의 모든 과정이 끝난다. 하지만 교사는 이때부터 자기 자신을 돌아보는 시간을 가져야 한다. 철학적 탐구활동을 녹음한 뒤에 녹음한 내용을 들으면서 어떤 이야기들이 진행되었고, 자신은 어떤 역할을 했는지 전사하면서 복기하는 시간을 가진다. 이를 통해 교사는 자신에 대한 평가를 한다. 평가 시에는 탐구공동체 활동이 질문으로부터 시작하여 연속되는 질문과 대답의 과정을 통해 잘 흘러왔는지를 살펴본다. 탐구가 진행되는 과정에서 교사가 유아들의 이야기를 잘 들어 주고, 유아들의 사고가 심화될 수 있도록 질문을 잘 했는지 반성해 보아야 한다. 모든 혹은 대다수의 유아들이 탐구에 적극적으로 참여할 수 있도록 충분히 노력했는지도 살펴보아야 한다. 교사가 유아들의 사고를 교사 자신의 언어로 정리하면서 유아의 사고를 왜곡하거나 혹은 단절시키지는 않았는지 돌아보아야 한다. 유아들의 반응과 흥미를 잘 고려하여 탐구를 이끌었는지, 탐구공동체 안에서 탐구에 참여하는 유아들의 사고를 확장하는 질문을 던졌는지도 확인해 보아야 한다.

▌동료 교사와 함께 평가하기

교사가 자신이 참여한 탐구공동체 활동 시간을 돌아보고 스스로를 평가한 다음에는 동료 교사들과 함께 토의과정에 대해 평가하는 시간을 가진다. 교사 자신이 탐구활동에 어떻게 참여했는지, 탐구를 촉진했는지, 혹은 탐구를 제한했는지를 살피고, 무엇이 문제인지, 그 문제를 어떻게 개선할 것인지, 잘한 것은 무엇이고, 어떻게 하면 그 잘한 것을 지속적으로 적용할 수 있을지 등에 대해, 교사 탐구공동체를 형성하여 다른 동료 교사들과 함께 그 안에서 함께 탐구해 본다면 탐구자로서 교사의 역량과 태도는 더욱 함양될 수 있을 것이다.

2) 철학적 탐구공동체 내 교사의 질문

탐구공동체 내 교사가 하는 가장 중요한 역할 가운데 하나는 유아들이 사고를 진행할 수 있도록 질문을 계속해서 던지는 일이다. 철학적 탐구공동체 안에서 교사가 던지는 질문은 한마디로 정답이 없는 질문이다. 일반적으로 정답이 없는 질문을 개방적인 질문이라고 한다. 반대로 정답이 있는 질문을 폐쇄적인 질문이라고 한다. 정답이 없는 개방적인 질문에는 개인의 선호와 취향을 묻는 질문이 있을 수 있다. 예를 들어, "넌 어떤 놀이를 제일 좋아하니?", "제일 좋아하는 계절이 뭐야?"와 같은 질문들이다. 이런 질문은 개방적이지만 탐구적이지는 않다.

유아들의 사고를 이끄는 질문은 개방적이면서도 정해진 답이 없기에 탐구가 필요한 질문들이다. 예를 들어, "너는 누구라고 생각하니?", "바구니에 담겨 있는 저 사과는 죽었을까? 살았을까?"와 같은 질문들을 통해 공동체 안에서 철학적 탐구를 진행해 나갈 수 있다.

한마디로 말해, 철학적 탐구공동체에서 함께 시도하는 철학적 탐구는 생각에 대한 생각, 즉 성찰적 사고를 기반으로 한다. 교사의 질문은 유아들이 자신의 생각을 되돌아보고, 자기 생각의 근거를 찾고, 생각에서 전제하고 있는 개념들이 무엇인지를 밝히고, 제 생각의 함축적 의미는 무엇인지를 함께 이야기할 수 있도록 돕는 것이어야 한다.

철학적 탐구공동체는 유아들의 질문을 출발점으로 삼아 탐구를 시작한다. 사고의 출발이 되는 질문을 놓고 질문과 답을 계속 이어가는 것이다. 꼬리에 꼬리를 무는 질문들을 통해 공동체 구성원들의 사고는 점차 어느 일정한 방향으로 흘러가고, 그렇게 흘러가는 과정에서 구성원들의 사고가 어떻게 변해 가는지를 알아차리는 것이 철학적 탐구이다.

철학적 탐구공동체 안에서 유아들의 이야기나 질문에 대해 교사가 또 다시 질문할 때 사용할 수 있는 질문들의 유형을 나누어 보면 대략 다음과 같다.

첫째, 개념이나 의미를 명료화하는 질문이다. 유아들의 주장과 결론의 앞뒤가 서로 맞지 않거나 모호한 개념을 사용함으로써 의미가 명확하게 전달되지 않을 때가 종종 있다. 이럴 때 교사는 무슨 뜻으로 그런 이야기를 하는지, 앞과 뒤가 어떻게 맞지 않는지를 스스로 알아차릴 수 있게 질문할 수 있다. 이런 질문들은 유아가 사용하는 어휘의 의미가 정확하게 무엇인지 스스로 생각하며 말할 수 있게 한다. 또한 어떤 주장을 하거나 결론을 내릴 때 논리적으로 적절하기 위해서는 어떻게 해야 하는지, 자신의 이야기가 다른 사람들에게 어떻게 들릴 수 있는지를 생각해 보는 계기가 된다.

둘째, 구체적인 예나 혹은 반례를 요구하는 질문이다. 개념을 명료화하거나, 주장이 논리적으로 타당함을 입증할 때 유용한 방법 가운데 하나가 구체적인 예를 드는 것이다. 구체적인 예를 통해 생각하고 말할 때 자신이 사용하는 개념이 좀 더 명료해지고 개념이 살아있게 되며 주장이 생동감을 얻게 된다. 마찬가지로 어떤 주장을 반박할 때 유용한 방법 가운데 하나가 반례를 드는 것이다. 교사는 구체적인 예를 들어 설명해 주기를 요구할 수도 있고, 반례를 찾아 유아들이 주장을 좀 더 수정하거나 강화시켜 나갈 계기를 마련해 줄 수 있다. 반례가 있다는 것은 앞서 말했던 주장을 수정해야 함을 의미한다. 반례를 찾아보고 반례의 의미를 밝혀 보며, 주장의 문제점이 무엇인지 알아보고, 어떻게 주장이 수정될 수 있을지 이야기해 보는 것도 철학적 탐구의 주요한 과정이다. 이러한 사고과정과 토의과정은 스스로 최선의 판단을 하기 위한 연습이 될 것이며, 다른 사람의 이야기에 귀 기울이며 자신이 틀릴 수도 있음을 전제하는 지적 겸손함을 배울 수 있는 계기가 된다.

셋째, 이유와 근거를 묻는 질문이다. 철학적 탐구공동체 안에서 이루어지는 철학적 탐구의 목표는 단적으로 말해 좋은 판단을 하는 것이다. 좋은 판단이란 충분한 근거와 이유를 바탕으로 하여 합당하게 이루어지는 판단이다. 그러기 위해서는 주장의 이유와 근거가 충분해야 한다. 철학적 탐구공동체에서 가장 많이 묻는 질문 가운데 하나가 "왜 그렇게 생각하니?"이다. 어떤 생각의 이유를 묻는 것이다. 스스로 자신의 생각에 대해 생각하고 자기 생각의 이유와 근거를 묻는 과정을 통해 좀 더 나은 생각을 할 수 있는 연습이 가능하다. '왜?'라고 물음으로써 생각의 힘을 키울 수 있다.

넷째, 판단을 요구하는 질문이 있다. 사고교육의 중요한 목표 중 하나가 합리적으로 판단하는 능력을 기르는 것이다. 판단능력을 향상시키기 위해서는 합당한 근거를 토대로 하여 판단해 보는 경험을 자주 해야 한다. 교사는 탐구공동체에서 나온 의견을 검증하기 위해 구체적인 사례 속에서 판단을 요구하는 질문을 할 수 있다. 타당한 근거를 가지고 판단하는 연습을 많이 한 유아들은 실제 일상생활 속에서 부딪히는 문제에 대해서도 합리적으로 판단할 수 있기 때문이다.

다섯째, 토의내용을 정리할 수 있는 질문이 필요하다. 철학적 탐구공동체에서 일어나는 토의는, 교사가 한번 묻고 유아들이 돌아가면서 한 번씩 대답하고, 또 다시 교사가 다른 질문을 하고 유아들이 돌아가면서 한 번씩 대답하고 하는 방식의 일회적이고 방사적인 형식과는 달리, 지속적이면서도 하나의 방향으로 나아가는 특징을 보인다. 앞에서 이야기한 일회적이고 방사적인 대화가 마치 바닷가 모래밭에 한번 철썩이고 사라지는 파도와 같다면, 철학적 탐구공동체는 그 파도 위에서 출렁이며 앞으로 나아가는 배를 타고 함께 노를 젓는 것과 같다. 그러하기에 방향을 가지고 나아가는 것이 중요하다. 항해의 목적지는 처음부터 정해져 있지 않지만 적어도 산으로 가면 안 된다. '사공이 많으면 배가 산으로 간다'는 옛 속담이 있듯이 토의가 진행될 때, 중간중간 점검하지 않으면 모두가 무슨 이야기를 하고 있는지 혼란에 빠질 때가 있다. 토의를 이끄는 혹은 토의 진행을 도우려는 철학적 탐구공동체의 교사는 이런 일이 일어나기 전 토의 중간중간에 우리가 지금 무엇에 관한 이야기를 하고 있는지 생각할 수 있는 질문을 할 수 있다.

여섯째, 다른 사람의 관점과 생각을 묻는 질문 혹은 또 다른 생각이 가능한지를 묻는 대안적 관점을 탐구하는 질문이 있을 수 있다. 탐구공동체 안에서 하나의 질문으로부터 시작되어 진행되는 토의과정 중에는 다양한 주장과 의견과 생각들이 존재한다. 이러한 토의과정을 통해 우리가 배울 수 있는 것은 사람들의 생각이 무척 다양하다는 것과 다양하면서 동시에 좋은 생각이 있을 수 있다는 것이다. 유아들은 서로의 생각이 다름을 존중하며 함께 더 좋은 생각이 무엇인지 찾기 위해 노력하는 공동체의 일원이라는 것을 토의과정 속에서 자연스럽게 알아 가는 것이 중요하다. 이러한 것을 자연스럽게 깨닫기 위해서 교사는 토의가 하나의 입장에 이끌려 가기보다는 다른 더 좋은 생각을 찾아보도록 끊임없이 물어야 한다. 그리고 유아들이 어떤 주장을 할 때 다른 사람들은 어떻게 생각하는지, 내가 만약 상대의 입장이라면 어떻게 생각할 수 있을지 여러 입장에서 그 주장을 다시 생각해 볼 수 있는 질문을 던져야 한다. 이러한 대안적 관점을 고려하는 질문들을 통해 유아들은 스스로 다양한 관점을 인정하고 수용하며, 나아가 더 좋은 생각을 할 수 있는 기회를 갖게 된다.

또한 각 유아들의 개성과 발달 정도에 대한 고려도 필요하다. 말이 많은 아이, 말이 적은 아이, 내향적인 아이, 외향적인 아이, 언어발달이 빠른 아이, 언어발달이 느린 아이 할 것 없이 모두 각자의 생각이 있을 수 있음을 인정하고 교사는 각각의 아이들이 위축되지 않게, 공격적이지 않게 자신의 생각을 표현할 수 있도록 배려하며 질문해야 한다.

일곱째, 함축된 의미와 결론을 묻는 질문이 있다. 어떤 주장을 하다 보면 그 주장이 또 하나의 전제가 되어 다음 단계의 논리나 결론으로 이어지기도 한다. 토의하는 중에 한 유아가 주장을 할 때, 만약 그 주장대로 된다면 어떤 결과가 생길 수 있는지를 질문할 수 있다. 이러한 질문은 유아가 스스로 자기 주장의 출발뿐만 아니라 그 도착지점까지 생각하여 보다 정교하고 합리적이며 신중한 생각을 할 수 있도록 도와준다.

주장의 함의와 결론을 묻는 질문들은 스스로 일관성을 가질 수 있도록 한다. 함의를 묻는 질문이란, 예를 들면 "네 주장대로라면 어떻게 될 것 같아?"라고 묻는 것이다. 이렇게 주장의 함의를 찾으면 그 함의가 앞서 한 주장과 어떤 연관을 가지는지도 살펴볼 수 있다. 예를 들어, "네 말대로 하자면 이러저러하다는 말인데, 네가 앞서 말했던 이야기와 어떻게 다르지?" 하는 질문이 가능하다. 이런 질문들은 유아 스스로 논리적 일관성을 찾으려고 노력하는 태도를 기를 수 있게 한다.

여덟째, 토의된 내용을 되새겨 볼 수 있는 질문들이다. 이 질문들은 토의가 마무리되면서 평가하는 시점에서 주로 이루어지는 질문들이다. 토의된 내용이 실제적으로 유아의 삶과 어떤 연관을 가질 수 있는지를 살펴볼 수도 있고, 처음 질문과 이후 진행된 토의내용을 통해 각자의 생각이 어떻게 변했는지를 함께 검증해 볼 수도 있다. 무엇이 이야기되었고 이야기를 통해 최종적으로 얻은 결론과 교훈은 무엇인지, 어떤 실천과 연결될 수 있을지를 묻는 교사의 질문에 대해 함께 이야기함으로써, 유아들은 사고와 구체적인 실제 행동이 서로 연결될 수 있음을, 나아가 행동으로 실천하려 노력하는 태도를 익힐 수 있다.

〈표 3-1〉 탐구공동체 활동에서 교사가 사용하는 질문의 유형

유 형	의 미	예 시
개념을 명료화하기 위한 질문	개념을 명료화하는 것은 우리가 사용하는 단어나 말의 의미를 정의하는 것이다. 어떤 한 단어를 여러 사람이 각자 다른 의미로 해석한다면 진정한 소통이 이루어지기 어려우므로, 중요한 단어의 개념을 명료화하는 일이 가장 먼저 이루어져야 한다.	교사: '왜 상을 받아야 하나'라는 질문에 대해서 생각해 보려면 우선 '상'이 무엇인지 알아야 하겠지요? '상'이란 도대체 무엇일까? 유아: 좋은 일을 했을 때 받는 거예요. 교사: 좋은 일이란 어떤 일이지?
구체적인 예 혹은 반례를 요구하는 질문	추상적이거나 일반적인 의견을 제시하였을 때 보다 구체적으로 사고하도록 유도하는 질문이다. 하나의 문제에 대해 보다 구체적인 예를 들어봄으로써 자신의 의견을 검증할 수 있다. 마찬가지로 다른 사람, 혹은 자신의 의견에 반례가 있는지를 찾아봄으로써 주장과 결론을 어떻게 수정해 나가는 것이 좋을지 생각해 볼 필요가 있다.	교사: 그럼 어떤 일이 나한테도 좋고, 다른 사람한테도 좋은 걸까? 예를 들어 말해 줄래? 유아: 줄 서기 같은 거요. 줄을 서면 싸우지도 않으니까 다 좋잖아요.
		교사: 아빠가 회사에 가서 바쁘다고 했는데, 회사를 가면 다 바쁜 걸까? 회사에서 바쁘지 않을 때는 없을까?

유 형	의 미	예 시
이유와 근거를 묻는 질문	좋은 생각, 합리적인 생각은 이유가 분명해야 한다. 여기서 이유가 분명하다는 것은, 다른 사람이 그 이유를 듣고 합당하다고 받아들인다는 것을 의미한다. 유아들이 철학적 탐구공동체 안에서 어떤 주장이나 결론을 내렸을 때, 교사가 되물어보는 과정을 모델링하여, 유아들은 자연스럽게 스스로 자기 생각의 근거를 묻게 되고 보다 더 나은 생각을 할 수 있는 연습을 하게 된다.	교사: ○○가 나라를 위해 힘쓰는 것과 자기 할 일을 하는 것 모두 훌륭한 일이라고 했는데, ○○는 왜 그렇게 생각하니?
		교사: ○○는 꽃을 꺾으면 안 되는 이유가 꽃이 아프기 때문이라고 했는데, 꽃이 아픈지 어떻게 알 수 있지?
판단을 요구하는 질문	일상생활 중에는 평소 생각하던 대로 습관처럼 판단하게 된다. 철학적 탐구공동체 안에서 좋은 판단을 하기 위해서는 어떤 개념을 전제로 하고 있는지, 근거는 무엇인지를 구체적 사례 속에서 찾아볼 수 있다.	교사: 나라를 위해 힘쓰는 일과 자기가 할 일을 하는 일, 두 가지 일 중에 어떤 일이 훌륭한 일일까? 아니면 둘 다 훌륭한 일이 될 수 있을까?
토의내용을 정리하는 질문	여러 사람이 토의를 하다 보면 다양한 관점이나 논점이 혼재하면서 자칫 토의의 흐름을 놓치기가 쉽다. 토의가 방향을 가지고 흘러가기 위해서는 현재 하고 있는 이야기가 어디서 시작되었고 어디로 흘러가고 있는지, 모두 다 토의의 흐름을 따라가고 있는지를 종종 확인해 볼 필요가 있다.	교사: 남을 구하는 일이 자기 자신을 구하는 일보다 더 하기 힘든 일이니까 남을 구하는 일이 더 위대한 일이라고 생각한다는 거니?
대안적인 관점을 묻는 질문	사람들은 저마다 다른 관점과 입장을 가지고 있을 수 있음을 전제하고 다양한 관점에서 생각할 수 있도록 질문한다. 대안적 관점을 묻는 질문을 통해 사고의 다양성과 개방성을 배울 수 있다.	교사: ○○는 영이가 친구에게 좋은 일을 해서 상을 받아야 한다고 말해 주었어. 혹시 다르게 생각하는 사람 있니?
		교사: 어린이날은 어린이를 축하해 주고, 칭찬해 주고, 유치원도 쉬는 날이구나. 어린이날에 관해 또 다른 의견은 없니?

유 형	의 미	예 시
함축된 의미를 묻는 질문	어떤 주장이나 결론에는 그 안에 포함된 또 다른 의미들이 있다. 어떤 한 주장으로부터 이끌어 낼 수 있는 논리적 결론은 무엇인지, 그것이 앞서 말한 바와 어떻게 연결되는지 등을 질문함으로써 합리적이며 깊이 있는 사고가 가능하다. 이를 통해 합리적이라는 것이 어떤 것인지, 사고가 어떤 방향으로 나아가야 하는지를 익힐 수 있다.	교사: 어린이날 어른들이 칭찬도 하고, 선물도 주고, 축하도 하는 이유는 뭘까? 유아: 어린이들이 잘 하니까요. 교사: 무엇을 어떻게 잘 했는데? 유아: 동생도 잘 봐주고, 엄마, 아빠 말씀도 잘 듣고요. 교사: 그럼 동생도 잘 안 봐주고, 엄마, 아빠 말씀도 잘 듣지 않은 어린이들은 어린이날 축하를 받거나 선물을 받으면 안 되는 거네?
토의된 내용의 결론을 검증하는 질문	토의를 통해 배운 내용, 혹은 토의과정을 통해 익힌 사고의 과정들은 일상생활 속에서도 연결되어야 한다. 토의내용이 일상의 실천과 어떤 연결점을 가질 수 있는지를 물어볼 수 있다. 또한 토의가 끝날 때는 토의과정 전체를 돌아보며 요약하거나 결론을 정리하거나 처음 질문에 대답했을 때와 토의가 끝난 다음의 생각에 어떤 변화가 있는지를 함께 돌아보는 질문이 필요하다.	교사: 우리 지금까지 어버이날에 대해 이야기했는데, 그렇다면 어버이날에 무엇을 해야 하는 걸까?

02 철학적 탐구공동체 활동의 적용

저자들이 운영하고 있는 D아동철학연구소에서는 2001년부터 2014년 현재까지 미국 IAPC의 어린이철학(Philosophy for Children) 프로그램을 기초로 하여 유아들에게 철학적 탐구공동체 활동을 제공해 왔다. 그 실천과정에 대한 반성적인 평가를 통해 한국의 문화와 교육 현실에 보다 적합한 철학적 탐구공동체 방법을 모색해 왔다.

본 연구소의 철학적 탐구공동체 활동은 현재 유아교육기관의 방과 후 특성화 프로그램의 형식으로 적용되고 있다. 공동체의 구성원들은 만 5세 유아로, 학급별 인원은 8명 정도이며, 주 1회 50분씩 철학적 탐구공동체 활동을 실시하고 있다.

유아를 대상으로 한 철학적 탐구공동체 활동에서 주로 사용한 교재는 『나는야 어린 철학자』 시리즈(정대련, 2007)이다. 유아를 위한 철학적 탐구공동체의 운영 초반부에는 샤프의 철학동화 『The Doll Hospital』을 번역하여 교재로 사용하였으나, 동화의 배경과 등장인물, 사건 등이 미국을 배경으로 하고 있어서 인형의 형태나 유아들의 생활패턴, 또는 유아 관련 사회적 이슈 등이 한국 유아들에게는 다소 생소하거나 이질감을 느끼게 하는 측면이 있었다. 이에 본 연구소에서는 우리 문화와 유아들의 일상적인 생활세계를 반영하여 유아들이 쉽게 공감할 수 있도록 구성한 그림책 『나는야 어린 철학자』 시리즈를 교재로 채택하여 철학적 탐구공동체 활동에 활용하고 있다.

『나는야 어린 철학자』 시리즈는 유치원과 어린이집에 재원하는 유아와 그 가족이 주인공으로 등장하는 8권의 그림책들이다. 그림책들은 주인공 유아가 일상생활 속에 겪는 경험을 소개하고 이와 관련된 철학적 개념 및 의미를 생각하고 말하는 것을 중심으로 구성되어 있다. 8권의 그림책 중에서 이 교재의 〈실제편〉에서 사용하고 있는 그림책은 『오월은 푸르구나』와 『야! 여름이다』 2권이다.

『오월은 푸르구나』는 어린이날과 어버이날을 보내는 주인공 아름이의 일상을 그린 그림책으로, '어린이날'과 '어버이날'의 의미, '효도'의 의미와 방법에 대해 생각하는 기회를 제공한다. 『야! 여름이다』는 가족들과 함께 여름휴가를 다녀오는 이야기가 그려져 있는데, 가족들이 휴가지를 정하기 위해 가족회의를 하는 모습, 자동차로 이동하는 중에 가족들과 즐거운 시간을 보내기 위해 여러 가지 놀이를 제안하고 함께 놀이하는 모습 등이 그려져 있다.

1) 철학적 탐구공동체 활동의 운영 절차

본 연구소에서는 립맨의 5단계 절차를 응용하여 2주, 2차시를 단위로 활동을 구성하였다. 1차시에는 립맨의 1~3단계에 해당하는 '교재 읽기-질문 만들기-질문 선정하기'를 실시하고, 2차시에는 4~5단계에 해당하는 '선정된 질문 토의하기-심화반응으로 고무시키기'를 진행했다. 유아들과 함께하는 1차시 탐구공동체 활동 후, 교사들은 매주 1회 교사모임을 가지며 각 반별 수업 내용에 대한 보고와 함께 각 반에서 선정된 주제를 중심으로 2차시에 진행할 토의계획을 함께 수립하는 시간을 가졌다. 1차 교사회의는 선정된 질문에 포함된 철학적 함의에 대해 교사들이 각자 자신의 생각을 이야기하고, 그것에 대해 함께 모여 숙고하며, 이를 토대로 활동 중에 유아들과 어떠한 토의가 가능한지를 열어 놓고 함께 논의하는 시간이다. 2차 교사회의는 2차시 토의한 내용에 대한 보고 및 평가, 그리고 다음 주에 새롭게 제공될 교재를 미리 읽고 예상되는 질문 목록을 작성하여 교사들끼리 미리 토의하는 시간을 가졌다.

1차시와 2차시 유아들과의 활동 이후 이루어지는 2차에 걸친 교사회의는 유아들과 함께하는 철학적 탐구공동체를 진행하는 데 도움이 될 뿐만 아니라, 교사들 스스로 철학적 탐구를 진행하고 함께 모여 대화적 탐구를 진행하는 것을 경험하고 연습하는 과정을 통해 교사가 철학적 탐구자로 성장하는 중요한 발판이 된다. 이상의 과정을 정리하면 아래 그림과 같다.

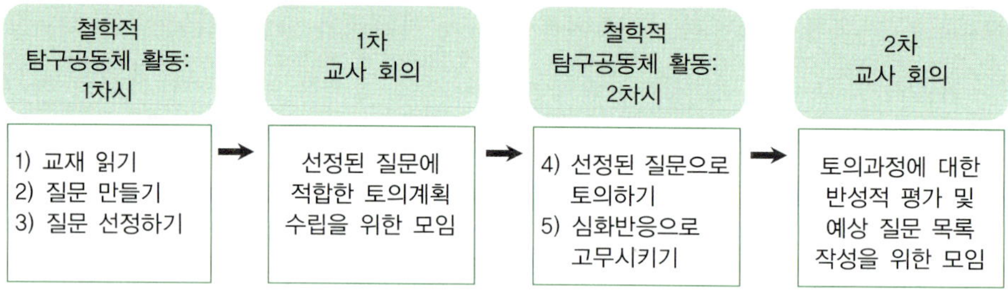

[그림 3-1] 철학적 탐구공동체 활동의 운영절차

(1) 철학적 탐구공동체 활동-1차시

철학적 탐구공동체 1차시에는 1단계 교재 읽기, 2단계 질문 만들기, 3단계 질문 선정하기 등이 이루어진다. 각 단계가 실제로 진행될 때 어떤 대화가 이루어지는지, 실제 수업의 사례를 바탕으로 제시하면 다음과 같다.

1단계: 교재 읽기

탐구공동체 활동은 교사와 함께 유아들의 "교재를 큰 소리로 읽기"로 시작된다. 유아들은 교재를 읽고 듣기에 전념하면서, 교재에 등장하는 등장인물들이 보여 주는 사고활동을 따라 읽어 가며 그 내용을 이해하고 내용에 대해 질문을 한다.

교사는 만 5세 유아들의 읽기능력에는 많은 차이가 있으며, 글자를 유창하게 읽지 못하는 유아가 있을 수 있다는 점을 기억해야 한다. 공동체에 속한 전체 유아들에게 이러한 차이를 설명하고 글자를 읽지 못하는 유아에게 적절한 도움을 주도록 유도함으로써 읽기능력이 부족한 유아가 창피해하거나 당황하지 않도록 배려해 주어야 한다.

유아는 스스로 글자를 잘 읽으려고 노력하며 교재의 내용이 무엇인지 듣고 알기 위해 노력한다. 그리고 교사는 탐구공동체가 서로 배려적 분위기를 형성하도록 돕는다. 이러한 점에서 탐구공동체는 이미 배려 공동체이다. 유아들이 함께 교재를 읽는 행위는 공동체 안에서 이루어지는 중심적인 활동에 관심을 갖고 주의를 기울이는 것으로, 유아들이 글 읽기가 원활하지 않더라도 다른 친구들과 함께 속도와 소리를 맞추어 읽어 나가며, 친구들이 읽을 때 조용히 앉아서 듣는 것 자체가 배려의 실천인 것이다(이현주, 2012).

탐구공동체 안에서는 또한 읽기의 방법 역시 유아들이 주체적으로 결정할 수 있는 기회를 줌으로써 유아들 스스로 자신의 행위에 대해 주체적으로 사고할 수 있는 힘을 기를 수 있도록 한다. 이러한 교재 읽기의 기본적인 방법과 태도를 적용한 실제 사례는 아래와 같다.

교 사: 지난주에는 선생님이 큰 소리로 이야기를 읽고 우리 어린이들은 눈으로만 따라 읽었는데, 오늘은 어떤 방법으로 이야기를 읽어 볼까?

은 지: 우리가 읽어 봐요.

교 사: 오늘은 스스로 읽어 보고 싶구나. 그런데 어떻게 읽지?

정 민: 한 사람씩 차례대로 읽어요.

교 사: 그래, 한 사람씩 돌아가면서 차례대로 읽을 수도 있지. 그러면 한 사람이 얼마나 많이 읽어야 될까?

은 지: 한 줄씩 읽어요.

교 사: 그런데, 어떤 줄은 "했어요." 이렇게 끝나는 줄도 있지만, 어떤 줄은 "양말을" 처럼 말의 중간에서 끊기는 줄도 있는데, 어떻게 하지?

수 호: 끝까지 읽어요.

은 지: 아니에요. 그냥 그래도 한 줄씩 읽어요.

정 민: "양말을"까지만 읽어요.

교 사: 그래. 한 줄씩 읽고 싶은 친구들이 많이 있으니까, 오늘은 한 줄씩 돌아가면서 읽어 보자.

아 영: 난 글씨를 모르는데…….

교 사: 아영이가 글씨를 몰라서 읽기 힘들다고 하는데, 어떻게 하면 좋을까?

은 지: 읽기 싫거나 잘 모르면 '통과'를 해요.

교 사: 그래. 자기 차례가 되었을 때 '통과'라고 말하고 읽지 않아도 돼. 또 어떤 방법이 있을까?

수 호: 내가 옆에서 도와줄게.

교 사: 아영이의 생각은 어때?

아 영: 좋아요.

교 사: 그럼 수호가 아영이의 차례가 되면 같이 도와서 읽어 주자.

은 지: 그런데 누구부터 읽어요?

교 사: 누구부터 읽으면 좋겠니?

정 민: 내가 한 사람씩 차례대로 읽자고 말했으니까 나부터 읽으면 좋겠어요.

교 사: 정민이가 한 사람씩 차례대로 읽자는 의견을 냈으니까 먼저 읽고 싶다고 하는데, 그래도 괜찮겠니?

유아들: 네.

교 사: 그럼. 정민이부터 차례대로 한 명씩 돌아가면서 읽어 보자.

2단계: 질문 만들기

탐구공동체 활동의 두 번째 단계인 질문 만들기는 교재인 그림책을 함께 읽으면서 유아들이 의아해 하거나 궁금한 내용을 질문의 형식으로 표현해 보는 것이다. 유아들이 제기한 질문 옆에 적혀 있는 자신의 이름을 보면서 유아들은 자긍심을 느끼고 또 다른 질문을 하도록 동기가 유발되어 더욱 능동적으로 질문을 하게 된다.

교 사: 우리가 차례대로 돌아가면서 '모두 모여 한가위'를 한 줄씩 읽기도 하고, 또 선생님이 한 번 쭉 다시 읽어 주기도 했어. 지금부터는 너희들이 궁금한 내용을 질문하는 시간인데, 궁금한 것은 어떤 질문이라도 해도 좋아. 잘 모르는 말이 있으면 그 말에 대해서 질문해도 좋고, 지금 읽은 내용 중에서 잘 모르겠는 것이나 궁금한 것을 질문해도 좋아.
은 지: '이틀 전'이 뭐예요?
정 민: '미리내가 예뻐졌네'가 무슨 말이에요?
교 사: 또 질문할 친구 있니?
수 호: 저요. '사촌'이 뭐예요?
아 영: '반가워하는 게' 뭐예요?
교 사: 우리 친구들이 궁금한 내용이 많구나. 혹시 더 질문하고 싶은 친구가 있니?
유아들: 없어요.

3단계: 질문 선정하기

어린이들의 다양한 질문이 끝난 후, 교사는 칠판에 적어 놓은 각 어린이들의 여러 질문 중 함께 토의하면 좋겠다고 생각하는 질문이 어떤 것인지 묻고 유아들이 가장 많이 손을 들어 합의함으로써 채택된 한 가지 질문을 선정한다.

여기서 중요한 점은 다음 토의의 주요 안건인 질문을 선정하기에 앞서 어린이가 질문을 한 이유가 무엇인지 아는 것이다. 왜 그런 질문을 하게 되었는지 질문한 사람의 동기와 의도를 정확하게 파악할 필요가 있다. 유아의 구체적인 의도를 알기 위해 질문이 명료하지 않은 경우에는 질문의 의도와 맥락에 대해 물을 수 있다. 혹은 자신의 질문에 대해 좀 더 명료하게 설명할 기회를 줄 수도 있다.

질문을 선정할 때는 손을 들어 다수결로 할 수도 있고, 그 밖에 여러 가지 방법으로 가능하다. 어떤 방법으로 할지에 대해서도 유아들과 함께 토의하여 결정하는 것이 중요하다. 유아들이 모든 의사결정에 참여하여 스스로 사고하고, 스스로 판단하고 그 판단에 대해 스스로 책임지며 판단의 한계에 대해 다시 생각하여 더 나은 판단을 할 수 있도록 노력하는 것이 철학적 탐구공동체 활동 전체에서 이루어져야 하기 때문이다.

교　사: 은지가 '이틀 전'이 무엇인지에 대해서 질문했는데 어떤 점이 궁금하니?
은　지: '이틀'이 뭐고 '전'이 뭔지 모르겠어요.
교　사: '이틀 전'이라는 단어의 뜻이 궁금하다는 것이니?
은　지: 네.
교　사: 그렇구나. 우리가 한 이 질문 가운데 질문이 무엇인지 한 번 더 질문해 보고 싶은 게 있니?
유아들: 아니요.
교　사: 그럼 혹시 자신의 질문에 대해서 한 번 더 설명해 주고 싶은 친구는 있니?
아　영: 저요. 저는 왜 반가워했는지가 궁금해요.
교　사: 그렇구나. 자, 지금까지는 우리 친구들이 어떤 질문을 했는지, 그 질문에서 궁금한 것이 무엇인지에 대해서 이야기를 나누었어. 이제 이 질문들 중에서 하나를 뽑아 다음 주에 토의해 볼 거예요. 여기 있는 질문들 중에서 가장 궁금하거나 친구들이랑 함께 이야기를 나누어 보고 싶은 질문을 얘기해 보자.
은　지: 선생님! 우리 '가위바위보'해서 정해요.
교　사: 다른 친구들은 어떻게 생각해?
정　민: 질문한 사람들이 '가위바위보'를 하고, 이긴 사람 질문으로 해요.
교　사: 정민이는 질문한 사람들이 '가위바위보'를 하고, 이긴 사람이 말한 질문에 대해서 다음 주에 토의하자는 의견을 말했어. 또 다른 의견이 있는 사람 있니?
아　영: 손을 들어서 많은 걸로 해요.
교　사: 정민이는 '가위바위보'를 하자고 했고, 아영이는 손을 들어서 결정하자고 했는데 너희들은 어떻게 하기를 원하니?
유아들: 손! 손!
교　사: 좋아. 그럼 손을 들어 결정하는 것이 좋은 이유를 말해 보자.
아　영: 가위바위보하면 내 맘대로 안 되잖아요.

수 호: 맞아요.

교 사: 내 맘대로 안 된다는 게 무슨 뜻인지 조금 자세히 설명해 줄 수 있어?

아 영: 응, 그러니까……. 내가 좋다고 생각한 걸 고를 수가 없다는 거죠.

교 사: 음, 그럴 수 있겠구나. 가위바위보를 해서 지면 아예 내가 생각하는 좋은 질문이 뭔지 표현할 기회도 없어진다는 거지. 선생님 생각에는 이럴 수도 있을 것 같아. 가위바위보를 해서 이긴 사람이더라도 자기 질문이 아니라 다른 사람 질문을 더 맘에 들어 할 수 있을 것 같아.

수 호: 그냥, 손 드는 걸로 해요.

은 지: 선생님, 저도 맘이 바뀌었어요.

정 민: 저도요.

교 사: 그럼 모두 손을 들어 결정하는 게 좋다는 거니?

유아들: 네

교 사: 그럼 우리 손을 들어 질문을 고르도록 하자.

(2) 1차 교사회의

철학적 탐구공동체 활동 1차시에서 질문이 선정되고 나면, 각각의 공동체 교사들은 이 질문으로 어떤 철학적 탐구가 가능할지 탐색하는 시간을 갖는다. 질문에 담긴 철학적 함의가 무엇인지를 찾고, 이 함의에 대한 공부를 한다. 관련 도서를 찾아보기도 하고, 함께 토의하면서 생각을 심화시킨다. 다른 동료 교사들과 함께 토의하면서 질문이 선정된 배경도 함께 이야기를 나눈다.

교사들은 주제에 대해 서로의 생각을 나누며 토의계획과 연습문제를 함께 만든다. 토의계획은 주제를 보다 심화시키고 확장시키기 위해 교사가 유아들에게 제시할 질문을 준비하는 것이다. 때로는 개념이 명료하지 않을 때 교사들이 협의를 통해 주제의 개념 등을 명확하게 할 수 있는 연습문제를 준비한다. 또한 주제와 관련된 사고기술을 연마할 수 있도록 준비한다. 유아철학교육에서는 교사의 역량이 중요한 만큼 교사의 철저한 준비가 요구된다. 토의주제를 선정하고 이를 준비하는 과정 속에서 교사의 역량이 성장하는 것이다.

중심주제: '예쁘다'의 의미

〈토의계획〉

1. 각자 생각하는 '예쁘다'라는 단어의 의미에 대해서 이야기를 나눈다.
2. 자신이 '예쁘다'라고 생각하는 것, 혹은 '예쁘다'라고 느꼈던 경험에 대해 이야기해 본다.
3. 예쁘다는 것과 아름답다고 하는 것이 같은지, 아니면 다른지에 대해서 생각해 본다.
4. 연습문제: 다음은 예쁠까요? 아름다울까요?
   - 내 동생
   - 할아버지, 할머니의 손
   - 공원
   - 밤하늘의 별
   - 기린
5. 사람들이 예쁘고 아름다운 것을 좋아하는 이유에 대해 생각해 본다.

(3) 철학적 탐구공동체 활동-2차시

철학적 탐구공동체 활동 2차시에는 4단계 토의하기와 5단계 심화반응으로 고무시키기가 진행된다.

4단계: 토의하기

앞서 3단계인 질문 선정하기 단계에서 선정된 질문을 가지고 공동체 구성원들의 대화적 탐구가 시작된다. 선정한 질문에 대해 유아들이 각자의 의견을 내고 입장을 표명하고 또 다른 의문을 제기하는 등 탐구를 전개한다.

공동체 안에서 탐구가 이루어진 후, 교사는 토의를 심화·확장시키기 위하여 준비한 연습문제를 활용한다. 이때 유아들은 다른 철학적 대안들을 접하거나 보다 깊이 있는 철학적 개념들을 생각하게 되며, 이는 실제적인 판단 연습의 기회가 되기도 한다. 이러한 과정을 통하여 기존의 자기 판단이나 전제들을 검토해 보고 상호 의견이 대립했을 때 수정해 나가는 태도를 배울 수 있다.

우선 교사가 유아들에게 질문을 할 때에는 유아 스스로 사고할 수 있도록 적절한 질문을 해야 한다. 아래는 선정된 질문에 대해서 토의한 예이다.

교 사: 우리 친구들이 지난주에 선정한 질문은 "미리내가 예뻐졌네"예요. 은지가 예뻐졌다는 것이 무슨 뜻인지 궁금하다고 했었지? 너희들 생각에 예뻐졌다는 게 무슨 뜻인 것 같아?

수 호: 얼굴이 잘 생기고, 눈도 반짝반짝하고, 그리고 귀걸이도 예쁘고.

정 민: 꽃이 예쁘다고 하거나 색깔이 예쁘다고 하거나…….

아 영: 예쁘다는 것은 건강하다는 뜻도 돼요.

교 사: 그래? 예쁘다와 건강하다가 같은 뜻이라고 생각하는 거야?

아 영: 몸이 건강하다는 거예요. 건강한 사람은 예뻐요.

정 민: 아파도 예쁠 수 있는데…….

아 영: 건강한 사람은 운동을 해서 표정이 좋아요.

수 호: 예쁘다는 것은 얼굴도 예뻐요.

은 지: 나도 그렇게 생각해. 나하고 생각이 똑같네.

수 호: 여기저기 나지 않고 깨끗한 거요.

교 사: 여기저기 나지 않고 깨끗하다는 것은 피부가 깨끗하다는 말이니?

수 호: 네.

교 사: 그럼 피부가 깨끗하지 않은 사람은 예쁘지 않니?

수 호: 피부병 같은 것이 걸리면 예쁘지 않죠.

교 사: 그럼 예쁘다는 건 건강해서 표정도 좋고, 피부가 깨끗한 것이라고 말할 수 있을까?

수 호: 네.

교 사: 그럼 예를 들어, 건강하지 않고, 아파서 표정도 별로 안 좋고, 피부에도 뭐가 난 아이가 있어. 그 아이의 엄마가 그 아이를 볼 때 어떨까? 예쁠까? 예쁘지 않을까?

유아들: 예쁘지요.

교 사: 방금 전 너희들이 피부에 어떤 것이 나면 예쁘지 않다고 말했었잖아.

은 지: 피부가 예쁘지는 않지만……. 엄마들은 아이를 너무 사랑해서 정성껏 키워서 예쁘다고 해요.

교 사: 그러면 이때 엄마가 생각하는 예쁘다는 것과 우리 친구들이 생각하는 예쁘다는 것은 같을까? 다를까?

유아들: 음……. 좀 다른 것 같아요.

수 호: 우리는 얼굴이 예쁜 것을 보면 예쁘다고 하고 엄마들은 자기 아이들을 예쁘다고 하는 것 같아요.

교 사: 그럼 엄마들은 자기 아이들이라면 표정이나 피부처럼 보이는 것 말고도 다른 걸 가지고 예쁘다고 느낄 수 있다는 말이니?

은 지: 어른들은 자기 아들, 딸이니까요.

교 사: 그럼 예쁜 건 꼭 겉으로만 보고 예쁘다고 하지 않을 수도 있는 거네?

아 영: 마음이 예쁠 수도 있어요.

교 사: 맞아. 그런 말도 있지, 마음이 참 예쁘다는 말. 그건 무슨 말인 것 같아?

수 호: 착하다는 거요.

아 영: 다른 사람들한테 친절하다는 거예요.

교 사: 그럼, 얼굴이 예쁘고, 반짝이고, 색깔이 예쁘고 이런 것 말고도 마음이 예쁜 것도 있는 거네?

유아들: 네.

교 사: 그럼 다시 우리 처음의 질문으로 돌아가 보자. 예쁘다는 건 무슨 뜻일까?

은 지: 얼굴도 예쁘고

수 호: 건강하고

아 영: 피부도 깨끗한 거요.

은 지: 그리고 엄마들은 아이들을 다 예뻐해요. 병에 걸려도요.

교 사: 엄마가 아이들을 예뻐하는 이유는 뭘까?

은 지: 아까 말했잖아요. 자기 아들, 딸이니까요. 자기가 낳았으니까요.

교 사: 자기가 낳았다고 예뻐해야 하는 이유는 뭘까?

아 영: 당연하죠. 자식인데. 사랑하니까.

교 사: 사랑하면 예뻐 보이는 걸까?

은 지: 네, 사랑하면 하트 뿅뿅!

교 사: 그렇구나. 사랑하면 예뻐 보이는 거구나. 그리고 아까 우리가 또 언제 예쁘다는 말을 쓴다고 했지?

아 영: 마음이 예쁠 때요.

교 사: 그래, 아까 아영이가 그랬었지. 마음이 예쁠 수도 있다고.

유아들: 네.

교 사: 그럼 여기 이 글에서 미리내가 오랜만에 할머니 집에 갔는데 할머니가 "미리내가 이뻐졌네" 그러셨어. 그럼 이때 할머니는 왜 이뻐졌다고 했을까?

은 지: 할머니가 미리내를 사랑하니까요.

수 호: 미리내가 키도 크고 건강해졌다는 말인 것 같아요.

아 영: 미리내가 인사도 잘 하고 그러니까.

교 사: 그렇구나. 우린 처음에는 예쁘다는 말이 겉으로 보기에 반짝이고, 색깔이 예쁘고, 얼굴이 예쁘고 그런 건지 알았는데 이야기하다 보니 예쁘다에 여러 뜻이 있다는 걸 알게 되었네. 건강하고, 사랑하고, 또 마음이 예쁘다 그런 뜻 말이야.

수 호: 근데요. 얼굴은 못생겼는데 마음만 이쁘면 사람들이 싫어한대요.

교 사: 진짜? 수호는 그걸 어떻게 알았어?

수 호: 우리 아빠가 그랬어요.

교 사: 그건 또 다른 문제네.

은 지: 그래도 예쁘지만 마음이 나쁜 사람은 더 싫어해.

5단계: 심화반응으로 고무시키기

마지막 단계에서는 철학적 탐구공동체 내에서 토의과정을 통하여 얻은 결과가 어린이 개개인에게 심화반응을 일으키도록 도움을 주고자 다양한 활동을 한다. 즉, 이야기 짓기, 동시 짓기, 그림 그리기, 조형 활동 등의 인지적 표현활동과 동극, 율동 등과 같은 신체적 표현활동을 실시함으로써 철학적 사고의 깊이를 심화시키려는 것이다.

(4) 2차 교사회의

2차 교사회의는 2차 철학적 탐구공동체 활동과정에 대한 반성적 평가 및 차기 철학수업을 위한 모임이다. 먼저 교사들은 각자 자신이 참여한 탐구공동체의 토의내용에 대해 보고를 하며 토의과정에 대한 반성적 사고를 타 교사들과 공유함으로써 다른 교사들로부터 객관적인 평가를 받는 기회를 갖는다. 이 평가는 다음 철학적 탐구공동체 운영을 보다 바람직한 방향으로 이끄는 데 도움을 준다. 각자 수업에 대한 결과보고 및 평가가 끝나면 다음 철학수업에 대한 예상질문 목록을 작성한다. 교사들도 탐구공동체를 형성하여 다음 주에 제공할 교재를 미리 읽고 유아들이 궁금해 할 질문이나 흥미 있어 할 내용을 예상하여 목록으로 작성한 후, 미리 토의하는 시간을 갖는다.

2) 철학적 탐구공동체 활동 적용의 효과

탐구공동체는 유아들이 교재를 돌아가면서 큰 소리로 읽기 시작하면서 시작된다. 노래하듯 교재를 읽는 것은 유아들에게 일종의 공동체 의식을 느끼게 해준다는 점에서 가치를 지닌다.

대부분의 유치원이나 어린이집에서는 그림책을 교사가 읽어 준다. 일반적으로 유아들이 스스로 교재를 읽고 그 내용에 대해 질문을 만드는 분위기가 유아들에게는 매우 낯선 상황이다. 또한 교사가 질문하고 유아가 대답하는 형식에 익숙한 유아들이 질문, 특히 철학적 질문을 찾고 만드는 과정은 쉬운 상황이 아니다. 철학적 탐구공동체 초기에는 유아들이 각자 찾아내어 제기한 질문과 그것을 질문한 친구를 동일시하려는 경향을 보이며 질문 자체에 잘 집중하지 못한다. 그러나 교재 내용에 대한 전반적인 토의가 거듭되고 이해를 하게 되면서 이를 바탕으로 토의하기 적합한 질문을 선정하기 시작한다. 후기에 이르면 유아들은 질문이 담고 있는 내용과 토의의 적합성 등 질문의 수준을 평가하며 토의주제를 선정하는 모습을 보인다.

한편, 처음에는 유아들이 교재 주인공의 질문을 따라하다가 시간이 지날수록 창의적으로 질문하는 모습을 보인다. 선정된 주제로 토의하는 단계에서 몇몇 유아들은 또래 친구와 철학교사 앞에서 자신의 의견을 말하는 것을 어려워하기도 하며, 교사의 끊임없는 질문에 당혹감을 보이기도 한다. 그러나 활동이 거듭되면서 유아들은 자발적으로 토의에 참여하게 되고, 전반적인 발화의 수와 유아-유아간의 상호작용이 증가하는 양상을 보인다(이춘희, 2008). 서로의 의견에 대해 질문하고 논박하며, 유아들은 자신의 의견을 수정하기도 하고, 자신의 주장에 대한 이유·근거·전제를 설명하려는 모습을 보인다. 또한 사소하다고 생각하는 질문에 대해서도 깊이 있는 토의를 함으로써 유아들의 자아의식과 정신적인 삶의 능력이 엿보이기도 한다. 교사의 질문이나 논박을 통해 유아의 철학적 사고가 촉진되기도 하지만, 자신의 의견을 명확하게 밝히고 논리적으로 설명하는 또래 친구를 보면서 많은 자극을 받음을 알 수 있는데, 이는 비고츠키의 근접발달영역(ZPD: Zone of Proximal Development) 개념과 연관되어 해석될 수 있겠다.

수업 끝나기 직전에 이루어지는 평가는 "친구들의 이야기를 잘 들으려고 노력했어요 / 내 생각을 표현하려고 노력했어요 / 다른 사람들의 이야기에 대한 내 생각을 이야기했어요 / 오늘 토의가 즐거웠어요" 등의 내용을 유아 스스로 평가지에 표시하는 방식으로 진행된다. 유아 자신이 평가하는 자기 평가방식은 유아가 탐구공동체 활동을 통하여 생각을 확장하고 자신을 돌아보는 반성적 사고를 연습하는 데 도움이 된다.

유아들의
철학적 탐구공동체 활동

[PART 02]

실제편Ⅰ. 오월은 푸르구나

이어지는 'Chapter 4'부터 'Chapter 13'까지는 유아들로 구성된 철학적 탐구공동체에서 이루어진 실제 토의내용이다.

PART 02는 철학그림책 『오월은 푸르구나』를 교재로 한 탐구공동체 활동이며, PART 03는 철학그림책 『야! 여름이다』를 교재로 활동한 내용이다. 각 그림책을 다섯 부분으로 나누어 부분당 각각 2차시에 걸쳐 탐구공동체 활동을 진행하였으며, 1차시 활동의 주요내용은 '그림책 읽기와 질문 선정하기'이고, 2차시 활동의 주요내용은 '토의하기와 평가하기'이다.

활동의 전개는 앞서 소개한 철학적 탐구공동체 활동의 5단계 절차를 따라 이루어졌다. 실제편은 탐구공동체 활동의 전 과정을 이해하기 쉽게 요약 정리한 것이다. 1차시 탐구활동의 내용으로, 첫 번째 교재 읽기 단계에서는 유아들과 함께 읽었던 텍스트를 제시했고, 두 번째 질문하기 단계와 세 번째 질문 선정 단계는 질문 목록과 선정된 주제만을 제시했다. 2차시 탐구공동체 활동 내용에서도 토의하기 단계와 평가하기 단계에서 이루어진 토의내용을 중점적으로 자세하게 제시하였다. 또한, 토의할 질문을 선정한 후 교사가 주제와 관련된 참고자료를 조사하고 동료 교사와의 회의를 통해 토의계획을 세우기까지 논의된 내용을 중심주제를 기준으로 서술하였다. 토의를 하고 난 후 교사가 실시한 평가의 내용 등도 함께 제시하였다. 교사와 유아들이 함께 참여한 토의내용과 교사의 질문, 탐구공동체 활동을 위한 교사들의 준비활동 등에 대한 자세한 안내가 철학적 탐구공동체 활동에 대한 독자들의 이해를 넓혀 줄 것을 기대한다.

C/H/A/P/T/E/R/ 04

『오월은 푸르구나』-탐구 1: '상'의 의미

01 1차시 철학적 탐구공동체 활동: 그림책 읽기와 질문 선정하기

선정된 질문 - "왜 상을 받아야 할까?"

1학기의 철학적 탐구공동체 활동을 위해 선정한 그림책은 『오월은 푸르구나』입니다. 교사는 『오월은 푸르구나』의 본문 내용을 다섯 부분(탐구 1~탐구 5)으로 나누어 탐구공동체 시간에 사용할 교재를 제작하였습니다. 다음은 철학그림책 『오월은 푸르구나』의 첫 번째 부분입니다.

5월 5일 어린이날이야.

사방에서 어린이날 노래가 울려 퍼졌어.

날아라 새들아 푸른 하늘을
달려라 냇물아 푸른 벌판을
오월은 푸르구나 우리들은 자란다
오늘은 어린이날 우리들 세상

"아름아, 어린이날 축하한다!"

"축하한다. 우리 착한 어린이, 아름이!"

할아버지, 할머니께서 안아 주며 축하해 주셨어.

"이건 방 천장에 매달아서 스위치를 누르면 빙빙 날아다니는 비행기란다."

할아버지가 진짜 비행기를 꼭 닮은 비행기 모형을 선물로 주셨어.

"우리 착한 어린이, 할머니도 상을 줘야지. 무슨 상을 줄까?"

나를 품에 안으시고 등을 토닥거리며 할머니가 말씀하셨어.

"괜찮아요. 어제 어린이집 어린이날 행사에 가서 함께 놀아 주셨잖아요."

어제 어린이집에 가서 함께 놀아 주신 할머니께 말씀드렸어.

주어진 교재를 읽는 방법에는 여러 가지가 있습니다. 가장 일반적으로 할 수 있는 방법은 교사가 교재를 읽어 주거나, 앉아 있는 순서대로 한 명의 어린이가 한 문장씩 돌아가면서 읽는 것입니다. 글자를 모르거나, 읽고 싶지 않은 친구들은 "통과!"를 외칠 수 있습니다. 오늘은 한 명씩 차례대로 교재를 읽겠다고 합니다. 교재를 모두 읽고 나서 유아들이 제기한 질문은 다음과 같습니다.

"왜 어린이날이 우리들 세상일까?"
"아름이는 여잔데 왜 비행기를 좋아할까?"
"비행기 모형이 뭐예요?"
"왜 할머니가 어린이날 행사에 가서 놀아 주셨을까?"
"어린이날을 왜 축하해요?"
"왜 상을 받아야 할까?"
"5월은 왜 푸를까?"
"어린이날 왜 선물을 줘요?"

유아들은 보통 단어의 의미를 물어보거나 의미상 잘 이해가 되지 않는 내용들을 질문합니다. 처음에는 하나의 완성된 질문형태가 아닌 그냥 "우리들 세상"이라고 단어나 구 형태로 말합니다. 이때 교사는 이어서 "우리들 세상의 뭐가 궁금한 건지 조금 더 자세히 말해 줄래?"라고 유아에게 물어봅니다. 이렇게 질문의 내용에 대해 교사가 다시 질문을 할 때, 유아들은 자신이 정말 궁금한 것이 무엇인지 다시 생각해 보고 좀 더 명료하게 이야기할 수 있게 됩니다. 얼핏 들었을 때 별 의미 없게 들렸던 질문도 이렇게 그 질문의 요지가 무엇인지, 왜 궁금한지 이유를 다시 묻고 그 대답을 들으면서 교사들도 유아의 질문이 훨씬 의미 있는 질문이었음을 깨닫게 됩니다.

TIP! 탐구공동체의 교재로 그림책을 제공하는 방법

이 책에 소개된 탐구공동체 활동을 위해 교사는 철학그림책을 교재로 선정하였으나, 유아들에게 그림책 그대로를 소개하지는 않았습니다.

그림책 자체를 탐구공동체의 교재로 제공하였을 때 유아들은 그림책 내용에 관심을 갖기도 하지만 많은 경우 그림의 삽화 표현과 관련된 질문을 많이 합니다. 이러한 질문들도 매우 좋은 질문이며, 그림이 사고를 자극하는 좋은 매개물임에는 분명하지만, 유아들이 철학그림책 속 주인공의 사고와 질문에 보다 집중하기를 바라는 마음에서 교사들은 그림책의 글만을 따로 편집하여 교재로 제공하였습니다.

02 첫 번째 교사회의: 중심주제 선정과 토의계획 세우기

중심주제 – '상'의 의미

새로운 교재를 읽고 토의할 주제를 선정하는 유아들과의 1차시 탐구공동체 활동을 마치면, 교사들은 다음 차시를 위해 동료 교사들과 그날의 토의내용을 검토하며 계획을 세우는 회의를 합니다.

유아들이 '『오월은 푸르구나』 – 탐구 1'에서 가장 궁금하다고 뽑은 문제는 "왜 상을 받아야 할까?"입니다. 왜 상을 받아야 하는지를 이야기하기 위해서는 먼저 '상'이란 무엇인지를 알아야겠지요. '상'이 무엇일까요? 먼저 '상'의 정의를 사전에서 찾아보았습니다.

상: 잘한 일이나 훌륭한 일을 칭찬하기 위하여 주는 증서나 물건 또는 돈

상이란 누군가 맡은 어떤 일을 잘 해냈을 때나 훌륭한 일을 했을 때 칭찬해 주기 위해서 상장이나 표창장, 감사장 등을 수여하거나 상품이나 상금을 주는 것을 말합니다. 그럼 일을 잘한다는 말은 또 뭘까요? '잘하다'의 의미를 다시 사전에서 찾아보니 여러 가지 뜻이 있습니다.

잘하다: 1) 어떤 일을 익숙하고 능란하게 하다.
2) 어떤 일을 올바르거나 좋고 훌륭하게 하다.
3) 어떤 일이나 행동을 버릇으로 자주 하다.
4) 주로 과거형으로 쓰여 사람이 어찌하기를 만족할 만큼 좋거나 다

행스럽게 했다.

5) 어떤 사람이 다른 사람에게 성의껏 대하다.

5가지의 정의 중 상을 받을 만한 일은 앞의 두 가지, 즉 1) 어떤 일을 익숙하거나 능란하게 할 때와 2) 올바르거나 좋고 훌륭하게 할 때일 것입니다. 우리가 보통 시험 성적이 좋아서 상을 받는다거나, 아니면 스케이트대회나 미술대회에 나가서 상을 받는다고 할 때는 앞의 의미, 즉 익숙하거나 능란하게 할 때 받는 상이겠지요. 그런데 꼭 무엇을 익숙하거나 능란하게 해서 상을 받을 때만 있는 건 아닙니다. 예를 들어, '훌륭한 시민상' 혹은 '선행상', '표창장' 등과 같이 훌륭하고 올바른 일을 한 것을 칭찬하기 위하여 상을 줄 때도 있습니다. 함께 읽은 교재에서 할머니가 아름이에게 상을 준다고 했을 때는 뭔가를 익숙하고 능란하게 잘 해내서 상을 준다기보다는 평상시의 아름이가 훌륭하고 올바른 일을 한 것에 대해 주는 상이겠습니다. 아름이가 뛰어난 기능을 발휘하거나, 어려운 시험을 좋은 성적으로 통과했다 등의 뭔가 성과가 분명한 어떤 일을 해냈다는 이야기가 없기 때문입니다.

그럼 훌륭한 일은 무엇일까요? 훌륭하다는 것도 또 두 가지 뜻이 있네요.

훌륭하다: 1) 사람 됨됨이나 행실, 능력이 썩 좋아서 나무랄 곳이 없다.

2) 어떤 대상이 칭찬할 만큼 대단하거나 뛰어나다.

'훌륭하다'의 뜻이 '칭찬할 만큼 대단하거나 뛰어나다'라면 칭찬할 만한 일은 또 뭘까요? 칭찬을 다시 사전에서 찾아보지요.

칭찬: 다른 사람의 좋고 훌륭한 점을 들어 높이 추어주거나 높이 평가함, 또는 그 말

칭찬에 대한 정의를 찾아보니 결국 '좋고, 훌륭한 일'로 다시 돌아오네요. 이제 우리는 무엇이 좋고, 훌륭한 일인지를 결정해야 합니다. 어떤 것이 좋은 일일까요? 어떤 것이 훌륭한 일일까요? 사실 이 문제에 대해서는 한마디로 말하기 어렵습니다. 좋다는 것, 훌륭하다는 것은 많은 경우 맥락에 따라 달라지기 때문입니다. 예를 들어, 친구가 새로 산 신발을 신고 와서 예쁘냐고 물어 봅니다. 내 눈에는 예쁘지 않아 보이는데, 예쁘지 않다고 하면 친구가 속상할 것 같고, 그렇다고 거짓말을 할 수도 없을 것 같습니다. 이럴 때 어떻게 행동하는 것이 좋은 걸까요? 어떻게 하는 것이 훌륭한 행동일까요?

사실 일상생활을 하다 보면 어떻게 하는 것이 좋은 일인지, 훌륭한 일인지 잘 모를 때가 아주 많습니다. 그러기에 우리는 더더욱 생각을 해야 할 필요가 있습니다. 생각을 하지 않으면 좋고, 훌륭한 일을 할 수 없으며, 좋고 훌륭한 사람도 될 수 없기 때문입니다. 그렇다면 왜 꼭 좋고 훌륭한 일을 하면서 좋고 훌륭한 사람이 되어야 하는 걸까요? 그렇지 않아도 상관없는 것은 아닐까요?

그렇게 살아야 하는 이유는 우리가 사람이기 때문입니다. 사람으로 태어나 다른 사람과 함께 어울려 살아가기 위해서 우리는 사람답게 살아가는 의미에 대해 생각하고 실천하려고 노력해야 합니다. 그렇지 않고 그저 순간의 즐거움과 이익을 추구하다 보면 사람 사이에는 온갖 종류의 충돌과 갈등이 생기기 마련입니다. 충돌과 갈등과 싸움 속에서는 누구도 행복할 수 없습니다. 그러나 살아가면서 좋은 일, 훌륭한 일에 대해 스스로 질문을 던지고, 생각을 하고, 답을 찾고, 실천하는 일이 쉽지만은 않습니다. 생각 없이 자신의 이익에 따라 행동했다가 결국 누구에게도 도움이 되지 못한 채 갈등과 분쟁만 낳고 끝나는 일도 허다하게 많습니다. 당장은 좋을 줄 알고 했던 일들이 두고두고 여러 사람을 힘들게 할 때도 많지요. 생각이 필요하고, 훌륭한 판단이 필요하다는 것을 잘 알면서도 깊이 생각하고 판단하고 행동하기보다는 생각 없이 즉흥적으로 움직이기가 훨씬 쉽습니다. 그래서 좋은 일, 훌륭한 일에 칭찬을 하고 상을 주어야 하는가 봅니다. 쉽지 않은 일을 해낸 것에 대한 보상을 하여 앞으로도 그런 일을 계속 할 수 있도록 격려하기 위해서 말입니다.

TIP! 탐구공동체 활동을 위한 교사의 준비

1차시 탐구공동체 활동에서 유아들은 각기 궁금한 점을 질문하고, 유아들이 이야기한 질문 목록 중에서 토의하고 싶은 질문 하나 혹은 경우에 따라서는 두세 가지 정도를 정합니다. 토의할 질문을 선정한 후부터 다음 탐구공동체 활동 시간 전까지 교사들은 토의에 대한 계획을 세우게 됩니다. 토의활동에 익숙하지 않은 교사들의 경우에는 탐구공동체 활동의 5단계 운영절차를 한 차시에 마무리하는 것보다는 두 차시로 나누어 진행하는 것을 권해 드립니다. 의미 있는 토의가 되기 위해서는 질문이 가진 의미를 파악하고 토의를 계획하는 시간이 필요하기 때문입니다.

토의계획을 세우는 첫 번째 단계는 중심주제를 선정하는 것입니다. 중심주제란 질문이 가지고 있는 철학적 함의를 말합니다. "왜 상을 받아야 할까?"라는 질문에 답하기 위해서는 질문을 분석해야 합니다. 질문의 개념과 전제를 파악해야 하는데, 그러기 위해서는 질문에 포함된 중요한 단어의 사전적 의미로부터 출발하는 것이 쉽습니다. 그리고 상과 관련해서 우리가 알아야 할 주요한 개념에 대해 개념망(상의 종류, 상을 받는 경우, 상을 받을 때의 기분, 상을 주는 이유 등)을 짜고 이에 대해 토의하도록 계획을 세웁니다. 토의계획을 세울 때는 유아들의 예상답변을 가능한 한 많이 생각해 보고, 이 중 가장 타당하거나 지지받을 만한 답변을 중심으로 또 다른 질문의 계획을 수립하는 것이 좋습니다. 우리의 토의는 때때로 활동계획안과는 전혀 다른 방향으로 흘러가기도 하지만, 예상질문과 예상답변을 중심으로 활동계획안을 수립해 보는 것은 교사의 철학적 사고능력을 향상시키기 위해서 꼭 필요한 과정입니다.

'상'에 대해 생각하다 보니, 우리가 살아가면서 항상 고민해야 하는 '어떻게 사는 것이 잘 사는 것인가' 하는 문제가 표면으로 떠오릅니다. 단 한 번에 답을 찾을 수 있는 문제는 아닙니다. 두고두고 살면서 고민해야 할 문제이겠지요.

일단 '상'의 의미를 중심으로 유아들과 함께 이야기를 풀어 나가기 위해 다음과 같은 토의계획을 세웠습니다.

〈표 4-1〉 철학적 탐구공동체 활동계획안

누리과정 영역과 관련된 활동 목표	• 주제와 관련된 자신의 느낌, 생각, 경험을 말하는 능력을 기른다. (의사소통 영역) • 다른 사람의 이야기를 끝까지 주의 깊게 듣는 태도를 기른다. (의사소통 영역) • 공동체 안에서 다른 사람과 도움을 주고받고, 서로 협력하며 더불어 생활하는 태도를 기른다. (사회관계 영역) • 다른 사람을 위해 내가 할 수 있는 일에 대해 안다. (사회관계 영역) • 궁금한 점을 알아보는 탐구과정에 참여하고 즐기는 태도를 기른다. (자연탐구 영역)	
시 간	토 의 내 용	준비물 및 유의점
도입 〈10분〉	1. 지난주 철학활동 시간에 읽은 이야기의 내용과 선정된 질문에 대해 회상한다. • 우리가 지난주에 읽었던 이야기의 내용이 기억나니? • 우리는 이 이야기를 읽고 나서 어떤 질문을 했었지? • 우리가 가장 궁금하다고 뽑은 질문은 무엇이었을까?	
전개 〈35분〉	2. "왜 상을 받아야 할까?"라는 질문에 대해 생각하기에 앞서 '상'과 관련된 유아들의 개인적 경험을 회상하고 이야기 나눈다. • '상'을 받아본 적이 있니? • 언제, 어떤 '상'을 받았니? • '상'을 받았을 때 기분은 어땠니? 3. '상'이라는 용어의 개념을 정의해 본다. • '상'이란 무엇일까? • '상'은 언제 받는 것일까?	
	4. '상'이 좋은 일, 잘한 일, 훌륭한 일을 했을 때 받는 것이라면 좋은 일, 잘한 일, 훌륭한 일은 어떤 일인지에 대해 이야기를 나눈다. • '좋은 일'이란 어떤 일일까? • '잘한 일'이란 어떤 일일까? • '훌륭한 일'이란 어떤 일일까? 5. 교사가 이야기해 주는 여러 가지 상황을 듣고 이해하며, 상을 받아야 하는 상황을 고른다. • 선생님이 영이, 훈이, 순이 이렇게 세 어린이의 이야기를 들려줄게. 잘 듣고 이 어린이 중에서 꼭 상을 받아야 하는 사람은 누구인지 생각해 보자. 6. 상을 주는 이유는 무엇인지에 대해 생각해 본다. • 사람들은 왜 상을 주는 것일까?	유아들이 말하는 상을 받는 경우에 대해 생각한다.
마무리 〈5분〉	7. 탐구공동체 활동 시간 동안 각자의 태도와 행동에 대해 되돌아보고 평가한다.	평가지

또 / 다 / 른 / 질 / 문

'『오월은 푸르구나』－탐구 1'의 1차시에서 선정된 질문은 "왜 상을 받아야 할까?"이며, 여기서 교사는 토의의 중심주제를 '상의 의미'로 계획하여 활동계획안을 수립하였습니다. 만약 유아들이 질문을 선정하는 과정에서 다른 질문을 선정했다면 다른 중심주제로 탐구공동체를 운영해야 하므로, 다른 질문과 관련된 중심주제와 토의계획의 예를 소개해 드립니다.

▌선정 예상 질문 - 1. "어린이날 왜 선물을 줘요?"

1. 중심주제: 선물의 의미

선물이란 남에게 인사를 전하거나 마음속의 정을 표현하기 위하여 물건을 주는 것을 의미합니다. 그렇다면 선물은 좋은 것이지요. 그러나 우리가 세상을 살면서 다른 사람에게 선물하는 일에 대해 생각해 보면 그렇게 간단하지는 않습니다. 왜냐하면 선물을 받는 사람의 나이, 성별, 취향 등의 특성과 선물의 가격과 품목 등을 고려해야 하기 때문입니다. 그리고 더 나아가 선물을 주기 어려운 이유는 선물을 받는 사람이 선물을 준 사람의 이유에 대해 오해하지는 않을까에 대한 염려 때문입니다. 선물 주는 사람이 별다른 숨은 의도 없이 순수하게 선물을 했으리라, 또는 무엇인가 대가를 바라고 선물했으리라 등등, 선물 받은 사람이 어떻게 생각하느냐 하는 문제 때문입니다. 전자를 선물이라고 한다면 후자는 뇌물의 성격이 강한 것이지요. 어린 유아들이 선물을 주고받는 과정은 단순합니다. 누군가에게 선물을 주면 그냥 선물을 주는 것으로 끝나는 경우가 대부분입니다. '내가 선물을 주었으니까 그 친구도 나에게 선물을 주겠지'라고 생각하며 대가를 바라지 않습니다.

선물과 관련된 질문이 선정되면 '선물의 의미'를 중심주제로 토의할 수 있습니다. 선물이라는 주제에 대해 토의하면서 선물의 진정한 의미를 다시 한 번 생각할 수 있습니다. 그리고 유아들이 생각하는 선물의 의미는 무엇인지 누군가에게 선물을 주는 마음의 자세는 어떠해야 하는지, 반대로 누군가에게 선물을 받았을 때의 마음은 어떤지를 이야기할 수 있습니다. 마지막에는 누군가에게 선물을 한다면 누구에게 무슨 선물을 주고 싶은지를 함께 이야기해 볼 수 있습니다.

2. 토의계획

1) 선물이란 무엇인지 이야기를 나눈다.
2) 선물할 때 마음은 어떠해야 하는지 알아본다.
3) 선물을 주고 난 후 내게 선물을 받은 사람이 나에게 다시 선물하기를 원하는지에 대해서 이야기를 나눈다.
4) 선물을 받을 때의 마음은 어땠는지 이야기를 나눈다.
5) 선물을 받고 난 후 나에게 선물을 준 사람이 나로부터 선물 받기를 원할지에 대해서 생각해 본다.
6) 선물을 준다면 누구에게 무엇을 선물하고 싶은지 이야기를 나눈다.

▌선정 예상 질문 - 2. "비행기 모형이 뭐예요?"

1. 중심주제: 같은 점과 다른 점

모형이란 실물의 형태를 그대로 재현하여 같거나 축소한 크기로 만든 물건을 말합니다. 그림책에서 할아버지가 손녀에게 진짜 비행기를 닮은 비행기 모형을 선물로 주시는데 이 비행기는 실제 크기보다는 많이 작지만 모양이 비슷합니다.

그렇다면 모형이라는 것은 실물보다 크기는 작지만 모양이 같다는 말일까요? 예를 들어, 우리 어린이들은 어른보다 몸이 작지만 외모는 많이 닮았습니다. 그럼 우리 어린이들을 어른의 모형이라고 할 수 있나요? 물론 사람은 사물과 다르다는 큰 전제가 있습니다. 하지만 어떠한 점에서 차이가 있는지 함께 이야기해 보는 것도 의미가 있다고 생각합니다.

그리고 크기는 실물만큼 크지만 실물의 기능을 가지고 있지 않다면 모형이라고 할 수 있는지, 반대로 크기는 작고 겉으로 보기에는 실제의 모습과 다르지만 실제와 기능이 같다면 그것은 모형인지 아닌지에 대해서도 함께 이야기해 볼 수 있습니다. 모형에 대한 토의는 사물의 같은 점과 다른 점에 대해 비교할 수 있는 기회가 될 수 있습니다.

우선 모형의 정의가 무엇인지, 그리고 모형을 만드는 이유를 알아보며 유아들이 알고 있는 모형에는 무엇이 있는지를 함께 이야기할 수 있습니다. 그리고 난 후 실제와 모형의 어떤 점이 같고 다른지 토의해 볼 수 있습니다.

2. 토의계획

1) 모형이란 무엇일까에 대해서 이야기를 나눈다.
2) 모형을 만드는 이유에 대해서 생각해 본다.
3) 내가 알고 있는 모형에는 어떤 것이 있는지 이야기를 나눈다.
4) 내가 알고 있는 모형이 실제와 어떤 점이 같고 어떤 점이 다른지를 알아 본다.

03 2차시 철학적 탐구공동체 활동: 토의하기

TIP! 이 책에서 토의내용을 정리한 방법에 대한 안내

다음의 대화는 탐구공동체 활동에서 유아들이 '상'의 의미에 대해 토의하였던 내용을 정리한 것입니다. 실제로는 대화가 계속 이어졌으나, 이 책을 읽는 독자의 이해를 돕기 위해 대화의 주제별로 나누어 제시하였습니다. 편의를 위해 각 주제별 대화에 '이야기'라는 제목과 번호를 붙였음을 알려드립니다.

이야기 1. '상'이란 무엇일까?

'상'에 관한 이야기를 하기 위해서는 우리가 말하는 '상'이라는 단어의 개념을 분명하게 이해하는 일이 선행되어야 합니다. 유아들에게 '상'을 무엇이라고 생각하는지 먼저 물어보았습니다.

교　사: 지난주에 뽑힌 질문은 "왜 상을 받아야 하나"였어. 이 문제에 대해 이야기하려면 먼저 '상'이 도대체 뭔지 이야기해 봐야겠지. 상이란 도대체 뭘까? 개념을 명료화하기 위한 질문

승　민: 선물. 정의 내리기

슬　기: 잘할 때 주는 거예요. 정의 내리기

재　윤: 밥 먹을 때 그 상이에요. 정의 내리기

준　우: 훌륭한 일을 했을 때 받는 거예요. 정의 내리기

한　솔: 국가대표에서 제일 큰 상. 정의 내리기

주　현: 좋은 일을 했을 때 받는 거예요. 정의 내리기

유　나: 아주 많이 엄마 심부름 하고 일하고 엄마 도와주면 엄마가 상도 주시고 해달라는 대로 다 해 준다고 했어요. 개념과 관련된 경험 이야기하기

교　사: 그렇구나. 상에 대해 너희들이 생각하는 것들을 많이 이야기했는데, 이 중에서 좀 다른 뜻의 상이 하나 있었어. 그게 뭘까? 동음이의어의 개념 구별하기

준　우: 밥 먹는 상이요.

교　사: 그러게. '상'이라는 말에는 밥 먹을 때 사용하는 상이라는 뜻도 있었네.

재　윤: 그거(교사가 칠판에 적은 재윤의 이름과 밥 먹을 때라는 의견) 지울래요. 다시 말할게요. 월드컵 할 때 금메달, 은메달, 동메달이 상이에요. 자신의 의견 철회하고 수정하기

교　사: 상은 이렇게 잘한 일, 훌륭한 일, 좋은 일을 했을 때 받는 거라고 다들 말했네. 토의내용 정리하기

우리가 사용하는 일상적 단어의 의미에 대해 여러 사람이 함께 정의 내리는 것은 구성원들이 공통의 의미를 공유하고 소통하기 위해서 가장 기본적으로 이루어져야 하는 과정입니다. 유아들에게 한 단어의 의미를 물어보았을 때, 그 단어에 대해 유아들이 가지고 있는 정의가 조금씩 다른 의미와 관점을 가지고 있음을 알 수 있습니다. 그러므로 일단 단어의 의미에 대해 공통된 정의를 내리고, 정의한 단어에 내포된 의미를 명료화하기 위하여 좀 더 생각해야 할 문제들을

이끌어 나가는 것이 필요합니다. 예를 들어, 이번 이야기에서 유아들은 '상'의 의미를 '잘한 일, 훌륭한 일, 좋은 일을 했을 때 받는 것'으로 정의하였는데, 이 의미를 좀 더 명료화하기 위해서는 잘한 일이 무엇이며, 훌륭한 일은 무엇이고, 좋은 일은 무엇인지에 대해 생각해 보아야 합니다.

이야기 2. '잘한 일'이란 어떤 일일까?

유아들은 사전에서 이야기하는 상의 의미와 상당히 유사하게 상의 의미를 이해하고 있었습니다. 유아들이 이야기한 상은 잘한 일, 훌륭한 일, 좋은 일을 했을 때 받는 것이라고 했습니다. 유아들이 이야기한 상의 의미를 좀 더 심층적으로 살펴보기로 합니다.

교 사: 그런데 잘한 일이란 어떤 일일까? 개념을 명료화하기 위한 질문

슬 기: 공부를 잘 하는 게 잘한 일이에요. 의견 제시하기

교 사: 공부를 어떻게 하면 잘했다고 할 수 있을까? 구체화를 위한 질문

한 솔: 백 점 맞으면요. 의견 제시하기

교 사: 백 점을 맞으면 공부를 잘하는 걸까? 명료화를 위한 재질문

한 솔: 그럼요. 백 점이 최고 점수잖아요. 이유 대기

교 사: 그런데 이럴 수 있잖아. 초등학교 1학년이 다섯 살짜리가 푸는 문제를 풀어서 백 점을 맞을 수도 있잖아. 그럼 공부를 잘한 걸까? 구체적 사례 속에서 판단을 요구하는 질문

한 솔: 그건 그냥 그런 거예요. 판단하기

교 사: 이럴 수도 있어. 문제가 아주 어려워서 그 반 아이들 모두가 10점 맞았는데 혼자서 50점을 맞았어. 그럼 이건 공부를 잘한 걸까? 구체적 사례 속에서 판단을 요구하는 질문

준 우: 잘한 거예요. 판단하기

교 사: 그럼 다시, 백 점 맞으면 공부를 잘한다, 이 말은 맞는 걸까, 틀린 걸까? 판단을 요구하는 질문

준 우: 맞을 때도 있고, 틀릴 때도 있어요. 판단하기

교 사: 그렇구나. 처음엔 백 점 맞으면 다 공부를 잘 하는 거라고 생각했었는데 질문을 계속 하다 보니 백 점 맞는 게 꼭 공부를 잘 하는 거라고 할 수는 없다는 걸 알았네. 토의내용 정리하기

'잘한 일'이 무엇이냐는 질문에 유아들은 공부를 잘하는 것이라고 이야기했습니다. 공부를 어떻게 해야 잘한 일인지 물었더니 백 점을 맞으면 잘하는 거라고 이야기했습니다. 하지만 백 점을 맞는 것도 맥락 속에서 살펴보아야 할 것입니다. 백 점을 맞는 것이 정말 공부를 잘 하는 것인지에 대해 계속되는 질문을 통해 유아들은 백 점을 맞는 것보다 상대적으로 점수가 높을 때 공부를 잘하는 것임을 추론해 냈습니다.

이야기 3. '훌륭한 일'이란 어떤 일일까?

'상'이란 잘한 일, 훌륭한 일, 좋은 일을 했을 때 받는 것이라는 유아들의 정의에 기초하여 이제 두 번째, 훌륭한 일에 대해 좀 더 구체적으로, 심층적으로 이야기하려고 합니다.

교 사: 상은 이렇게 좋은 일, 잘한 일, 훌륭한 일을 했을 때 받는 거라고 했지. 그럼 훌륭한 일이란 어떤 일일까? 개념을 명료화하기 위한 질문

재 윤: 어떤 걸 만들고 꾸미고 그런 거요. 정의 내리기

교 사: 그럼 너희들이 유치원에 와서 뭔가 만들고 꾸미고 하는 일을 매일 하는데, 그럼 매일 훌륭한 일을 하는 걸까? 의견을 검증하기 위한 질문

재 윤: 아니요. 자기 의견 철회하기

교 사: 왜 아니라고 생각하니? 이유를 묻는 질문

승 민: 나라를 위해서나 누구를 위해서 힘쓰는 게 훌륭한 일이에요. 의견 제시하기

슬 기: 아니요. 자기가 할 일 잘하고 공부 열심히 하고 엄마 말 잘 듣고, 선생님 말 잘 듣는 게 그게 훌륭한 일이에요. 반대 의견 제시하기

교 사: 나라나 누구를 위해 힘쓰는 일과 자기 할 일 하는 일, 두 가지 일 중에 어떤 일이 훌륭한 일일까? 아니면 둘 다 훌륭한 일이 될 수 있을까? 판단을 요구하는 질문

한 솔: 제가 보기에는 둘 다 맞는 것 같아요. 의견 제시하기

교 사: 왜 그렇게 생각하니? 이유를 묻는 질문

한 솔: 남도 챙기고 나도 챙기는 거니까. 이유 대기

교 사: 두 가지 다 하면 좋겠지만 어떤 일은 나보다 남을 더 위하는 일도 있고, 또 어떤 일은 남보다 나를 더 위하는 일이 있을 수 있잖아. 예를 들면, 불이 났을 때 어떤 사람은 자기가 다칠 수 있지만 남을 구하는 사람이 있고, 어떤 사람은 자기를 챙기기 위해 얼른 피하는 사람도 있어. 이럴 때 어떤 일이 더 훌륭하다 말할 수 있을까? 구체적 사례 속에서 판단을 요구하는 질문

준 우: 남을 구하는 일이요. 의견 제시하기

교 사: 왜 그렇게 생각해? 이유를 묻는 질문

준 우: 하기 힘든 일이니까요. 이유 대기

교 사: 남을 구하는 일이 자기 자신을 구하는 일보다 더 하기 힘든 일이니까 남을 구하는 일이 더 훌륭한 일이라고 생각한다는 거니? 토의내용을 정리하는 재질문

유아들은 상이란 좋은 일, 잘한 일, 훌륭한 일을 했을 때 받는 것이라고 했습니다. 이 가운데 먼저 유아들이 생각하는 훌륭한 일이란 어떤 일인지 이야기해 보았습니다. 처음에는 단순히 만들기나 꾸미기 같은 것이 훌륭하다고 했다가, 반대로 나라나 남을 위하는 일이 훌륭한 일이라고 했습니다. 그리고 다시 자기

자신도 챙기고 남도 챙기는 것이 훌륭한 일이라고 했다가, 나를 챙기기보다는 남을 챙기는 것이 더 하기 힘든 일이므로 남을 챙기는 것이 훌륭한 일이라고 이야기가 전개되었습니다. 유아들끼리 서로 반론 혹은 변증법적 결합을 통해 새로운 의견으로 나아가는 과정을 볼 수 있습니다. 이러한 과정은 함께 토의하기의 가장 중요한 장점이자 함께 토의해야 할 가장 기본적인 이유가 됩니다. 함께 이야기하지 않으면 자신의 생각과 관점 이외의 다른 것을 생각해 내기 힘들고 생각이 변화하지 않기 때문입니다.

이야기 4. '좋은 일'이란 무엇일까?

유아들이 말한 '상'을 받는 경우 중 잘한 일, 훌륭한 일에 대해서 생각해 보았으니 이번에는 좋은 일이란 어떤 일인지 이야기를 나누어 보았습니다.

교 사: 더욱 하기 힘든 일이 훌륭한 일이라고 생각하는구나. 그럼 좋은 일이란 어떤 일일까? 개념을 명료화하기 위한 질문

재 윤: 좋은 게 좋은 거예요.

교 사: 무슨 뜻인지 잘 모르겠다. 조금 더 자세히 설명해 줄래? 구체적인 설명을 요구하는 질문

재 윤: 그러니까 나도 좋고, 다른 사람도 좋은 게 좋은 거예요. 구체적으로 설명하기

교 사: 아까 훌륭한 일이 어떤 일인지 이야기할 때, 나도 챙기고 남도 챙기는 그런 일이라고 이야기했는데, 그 이야기랑 같은 이야기니? 비교를 통해 구체화하는 질문

재 윤: 비슷해요.

교 사: 그렇구나. 그럼 어떤 일이 나한테도 좋고, 다른 사람한테도 좋은 걸까? 예를 들어 말해 줄래? 예 제시를 요구하는 질문

슬 기: 줄 서기 같은 거요. 줄을 서면 싸우지도 않으니까 줄을 서면 다 좋잖아요. 예를 들어 설명하기

교　사: 줄을 서는 일이 항상 모두에게 좋은 일일까? 예를 들어, 화장실 앞에서는 줄을 서야 하는데, 어떤 사람이 배탈이 났어. 그런데 화장실 줄이 너무 길어. 그럴 땐 어떻게 해야 할까? 반례를 들어 토의 확장하기

주　현: 줄을 서서 기다려야 해요. 의견 제시하기

재　윤: 그러다 싸면 어떻게 해? 반론 제기하기

지　은: 사람들한테 말하고 앞으로 가요. 대안 제시하기

재　윤: 다른 사람들이 뭐라 그러면? 대안을 검토하여 문제 제기하기

지　은: 그럴 때 정말 미안하다고 해야지. 해결 방안 제시하기

재　윤: 그래도 안 된다고 하면? 대안을 검토하여 문제 제기하기

승　민: 그럼 밖에다 싸요. 해결 방안 제시하기

교　사: 그럼 이럴 때 줄을 서는 것이 모두에게 좋은 일이라고 할 수 있을까? 구체적인 사례 속에서 판단을 요구하는 질문

유아들: 아니요. 의견 제시하기

교　사: 모두에게 항상 좋은 일이 아닌데도, 줄 서는 일이 좋은 일이라고 말할 수 있을까? 판단을 요구하는 질문

유　나: 네. 그래도 줄 서는 일은 좋은 일이에요. 의견 제시하기

교　사: 모두에게 좋은 일이 아니어도? 의견 확인을 위한 재질문

유　나: 네. 맨날은 아니니까요. 근거를 가지고 주장하기

좋은 일이란 어떤 일인가에 대해 유아들은 훌륭한 일과 많이 다르지 않게 이야기했습니다. 사실 유아들이 이야기한 '나도 좋고 다른 사람도 좋은 일'이 좋은 일이라는 건 도덕적 황금률과 일맥상통합니다. "남에게 대접받고자 하는 대로 남을 대접하라"는 예수님의 말씀은 동양에서는 "네가 하고 싶지 않은 일을 남에게 시키지 말라"는 공자님의 말씀과 일치하며, 진짜 좋은 일이란 자신과 타인 모두에게 좋은 일이라는 의미입니다. 유아들은 이미 도덕적 황금률을 스스로 깨치고 있었네요.

하지만 남에게도 좋고 나에게도 좋은 일, 남도 챙기고 나도 챙기는 일, 서로

에게 좋은 일이 무엇인지 판단하는 것은 쉬운 일이 아닙니다. 유아들이 말한 줄 서기 같은 경우도 경우에 따라서 어떤 사람에게는 좋은 일이 아닐 때도 있지만 대체로 모두에게 좋은 일이 되기도 합니다. 이러한 경우 줄 서기를 모두에게 좋은 일이라고 판단할 수 있을까요? 유아들은 그럴 수 있다고 합니다. 매일 그런 건 아니니까요. 대체로 좋은 일은 좋은 일이라고 할 수 있다고 합니다.

그렇습니다. 이 이야기를 통해 우리가 알 수 있는 것은 좋은 일이란 어떤 것인지 판단하기 위해서는 일단 나도 좋고 다른 사람도 좋은지를 알아야 합니다. 그러기 위해서는 다른 사람의 입장에 서서 생각해 볼 필요가 있습니다. 다른 사람의 입장에서는 어떨까 생각해 보고 그 입장에서 판단할 수 있는 능력이 필요합니다. 두 번째는 절대적으로 항상 모두에게 좋은 일이란 거의 불가능하니 모두에게 좋다는 것이 어느 정도인지 그 정도를 구체적으로 헤아려 생각할 수 있는 능력이 필요합니다. 늘, 항상, 언제나 그런 건 아니지만 대체로, 일반적으로, 많은 경우 모두에게 좋은 일이라면 좋은 일이라고 판단할 수 있다는 것이지요.

좋은 일인지 아닌지 판단하기 위해서는 첫째, 입장 바꿔 놓고 생각하기, 둘째, 그 정도의 차이를 구체적으로 생각하기, 이 두 가지 생각이 필요하다는 것을 오늘 유아들과 함께 이야기하며 배울 수 있었습니다.

철학적 탐구공동체에서 함께 이야기하는 과정을 통해 우리는 서로 다른 입장을 고려하고, 여러 가지 경우의 수를 다각도로 고려하여 객관적이면서 구체적으로 사고하는 것을 배울 수 있습니다.

이야기 5. 어떤 사람이 상을 받아야 할까?

지금까지 '상'의 의미에 대해 구체적으로 이야기해 보았습니다. 지금까지 이야기한 내용을 바탕으로 하여 다음에는 누가 상을 받아야 할지 유아들과 함께 토의해 보기로 했습니다.

교 사: 그렇구나. 선생님이 좋은 일, 잘한 일, 훌륭한 일을 한 친구들에게 상을 줘야 하는데 어떤 친구에게 상을 줘야 할지 몰라서 너희들에게 물어보려고 해. 선생님이 여기 이 아이들 중에 한 명에게 상을 주려고 하는데 어떤 아이가 상을 받아야 할까? 판단을 요구하는 질문

영이 – 간식 시간에 선생님이 주신 두유를 먹기 싫어서 옆에 있는 친구에게 주었다.

순이 – 유치원 꽃밭에 있는 꽃을 꺾어서 우리 반 선생님께 드렸다.

훈이 – 길거리에 떨어져 있는 500원 짜리 동전을 주워서 동생이랑 과자를 사 먹었다.

유 나: 영이요. 의견 제시하기

교 사: 왜 그렇게 생각하니? 이유를 묻는 질문

유 나: 친구한테 좋은 일을 했잖아요. 이유 대기

교 사: 유나는 영이가 상을 받아야 한다고 했어. 혹시 다르게 생각하는 사람 있니? 대안적인 관점을 묻는 질문

승 민: 훈이요. 다른 의견 제시하기

교 사: 왜 그렇게 생각하지? 이유를 묻는 질문

승 민: 동생이랑 나눠 먹었잖아요. 이유 대기

교 사: 하지만 누구의 돈인지도 모르는 돈으로 먹을 것을 샀는데? 반론 제기하기

승 민: 그래도 혼자 안 먹고 동생이랑 나눠 먹었으니까 착한 일이에요. 근거를 가지고 주장하기

주 현: 안 그래. 돈을 주우면 주인을 찾아 줘야지. 반론 제기하기

승 민: 500원을 어떻게 찾아 줘? 반론에 대한 재반론 제기하기

슬 기: 그래도 찾아 줘야지. 의견 제시하기

교 사: 다른 친구들은 어떻게 생각하니? 길에서 주운 500원을 주인에게 돌려주어야 할까? 판단을 요구하는 질문

한 솔: 돌려줘야 해요. 그렇지만 주인을 못 찾으면 그냥 그 자리에 두고 와요. 의견 제시하기

교 사: 만약에 말이야. 우리 아까 좋은 일이란 모두가 좋은 일이라고 했잖아. 길에서 주운 돈이 500원이 아니고 5만 원이라고 했을 때, 그 돈으로 아프리카에서 굶고 있는 어린이를 도와주었다면, 그래서 5만 원으로 아프리카 어린이들 50명이 배불리 잘 먹었다면 어떻게 될까? 대안적 관점을 묻는 질문

한 솔: 그래도 안 돼요. 그 돈 주인이 그 돈으로 아프리카 어린이들을 도와주려고 했을 수도 있잖아요. 근거를 가지고 주장하기

교 사: 그건 모르는 거잖아. 그 돈 주인이 돈 많은 사람이라 5만 원 정도 잃어버려도 아무렇지도 않은 사람인지, 어쩐지. 하지만 아프리카 어린이들은 5만 원이면 생명도 살릴 수 있는 걸. 내가 주워서 확실히 도와주는 게 낫지 않을까? 가설을 세우고 추론하기

슬 기: 그래도 안 돼요. 우리 엄마가 길바닥에 떨어진 건 줍는 게 아니랬어요. 남의 걸 함부로 만지는 게 아니라고요. 근거를 가지고 주장하기

교 사: 왜 안 되는 걸까? 이유를 묻는 질문

한 솔: 그건 잘못된 일이에요. 자기 주장하기

교 사: 옳은 일이 아니라는 거야? 주장을 보다 명확하게 하기 위한 질문

슬 기: 네, 옳지 않은 일이에요. 우리 엄마는 맨날 그래요. 그건 옳지 않아. 근거를 가지고 자기 주장하기

교 사: 그렇다면 주운 돈으로 과자를 사서 동생과 나누어 먹은 훈이는 옳지 않을 일을 한 거야? 의견을 재확인하기 위한 질문

슬 기: 네.

교 사: 그렇지만 훈이도 좋고 동생도 좋으니까 좋은 일을 했다고 할 수는 있지 않을까? 토의된 내용에 근거한 판단을 요구하는 질문

유아들: 아니오. 의견 제시하기

교 사: 그럼 영이는 어때? 자기가 먹기 싫은 걸 친구를 준 거 말이야. 판단을 요구하는 질문

지 은: 친구가 두유를 좋아하면 잘한 일이고 친구가 두유를 싫어하면 잘못한 일이에요. 자신의 의견 제시하기

교 사: 자기가 먹기 싫어서 준 건데도? 행위의 의도를 살펴보는 질문

지 은: 그러니까 잘한 일이죠. 자기도 좋고 남도 좋으니까요. 토의된 내용에 근거하여 판단하기

교 사: 그렇구나. 나도 좋고, 다른 사람도 좋은 일이 좋은 일이구나. 그럼, 꽃을 꺾어서 선생님 갖다 드린 건 어때? 좋아하는 선생님께 선물을 해서 나도 기분 좋고, 선생님도 예쁜 꽃을 받아서 좋으니까 좋은 일인 걸까? 의견을 검증하기 위한 질문

준 우: 아니요. 꽃을 꺾었잖아요. 근거를 가지고 의견 제시하기

교 사: 꽃을 꺾은 게 왜 좋은 일이라고 할 수 없는 걸까? 이유를 묻는 질문

준 우: 꽃이 불쌍하잖아요. 이유 대기

유 나: 살아 있는 꽃을 꺾으면 안 돼요. 이유 대기

교 사: 그럼 꽃집에서 살아 있는 꽃을 꺾어서 파는 건 그것도 안 되는 걸까? 구체적 사례 속에서 판단을 요구하는 질문

슬 기: 꽃집에서 파는 것을 사는 건 괜찮아요. 원래 팔려고 한 거니까. 근거를 가지고 의견 제시하기

교 사: 그럼 꽃집 주인들은 꽃을 꺾어서 팔아도 괜찮은 거야? 의견을 검증하기 위한 질문

슬 기: 네. 꽃집 주인이니까. 근거를 가지고 의견 제시하기

교 사: 그럼 유치원 꽃밭에서 꽃을 꺾으면 안 되는 이유는 뭘까? 이유를 묻는 질문

슬 기: 꽃이 아프잖아요. 이유 대기

교 사: 꽃이 아픈지 어떻게 알 수 있지? 근거를 묻는 질문

슬 기: 살아있으니까요. 아픈 거예요. 근거 제시하기

교 사: 꽃집에서 팔려고 꽃을 꺾으면 그 꽃도 살아 있으니까 아프지 않을까? 의견을 검증하기 위한 질문

지 은: 꽃밭에 있는 꽃을 꺾으면 다른 친구들이 볼 수 없잖아요. 대안적인 관점 제시하기

승 민: 맞아요. 선생님만 보니까 그건 안 좋은 거예요. 지지하기

교 사: 그렇구나. 많은 사람이 보아야 하니까 꺾으면 안 되는 거구나. 그러니까 많은 사람이 좋으면 그만큼 좋은 일이라고 할 수 있는 걸까? 토의된 내용을 정리하기

지 은: 네.

교 사: 그럼 결국 누가 상을 받아야 한다는 거니? 판단을 요구하기 위한 질문

승 민: 아무도 못 받아요.

교 사: 그렇구나. 그럼 우리 다시 처음 질문으로 돌아가 보자. 상은 왜 줘야 하는 거라고 생각해?

한 솔: 더 잘하라고.

슬 기: 잘했으니까.

준 우: 힘들게 했으니까.

유아들은 좋은 일과 훌륭한 일은 모두가 좋거나 혹은 그게 안 되면 다수에게 긍정적인 결과를 가져다주는 일이라고 이야기했습니다. 그런데 누가 상을 받을 것인가 하는 문제를 함께 풀다 보니 또 다른 문제가 나타났습니다. 좋은 일이 항상 옳은 일은 아니라는 것이지요. 길거리에 떨어진 돈을 주워 맛있는 것을 사서 동생이나 친구들하고 모두 나눠 먹어서 다수가 좋았다고 해도 그것은 옳지 않은 일이기에 상을 받을 만한 일은 아니라는 것입니다.

반면에 내가 싫어하는 두유를 친구에게 주었을 때, 친구가 두유를 좋아한다면 좋은 일이지만, 친구가 두유를 좋아하지 않는다면 좋은 일이 아니라고 이야기했습니다. 옳고 그른 일이라고 판단하기보다는 결과를 놓고 좋은 일, 혹은 나쁜 일이라고 이야기할 수 있는 일이라는 것입니다.

여기서 우리는 또 다른 문제와 맞닥뜨렸습니다. 좋은 일과 옳은 일의 차이는 무엇인가? 옳으면서 좋은 일은 무엇이고, 옳지 않지만 좋은 일은 가능할까? 옳지만 좋지 않은 일도 있을까?

철학적 탐구공동체에서의 토의는 하나의 결론을 명쾌하게 내리는 걸로 끝나는 것이 아니라 늘 이렇게 새로운 문제와 맞닥뜨리는 걸로 끝납니다. 뭔가 풀었다 싶으면 그 안에 또 다른 문제들이 얽혀 있음을 확인하며 끝날 때가 많습니다. 토의를 마치고 나서도 여전히 혼돈스런 경우가 많지만, 그래도 처음보다는 우리가 한 발 앞으로 내딛었다는 생각으로 우리 자신을 위로할 수 있습니다. 철학이 삶의 문제를 이야기하는 것이라고 한다면, 우리의 삶의 문제가 하나의 정답으로 명쾌하게 매듭지어지는 게 아니니까 우리의 토의 역시 끊임없이 새로운 문제와 맞닥뜨리는 건 어찌 보면 당연한 일입니다.

지금까지 두 차시로 나누어 진행한 탐구공동체 활동을 정리해 보면 다음과 같습니다.

〈표 4-2〉 철학적 탐구공동체 활동 전개과정

그림책 읽기	'『오월은 푸르구나』-탐구 1'을 유아들이 앉은 순서대로 한 문장씩 읽음.
그림책의 내용과 관련해 궁금한 점 질문하기	• 왜 어린이날이 우리들 세상일까? • 아름이는 여자인데 왜 비행기를 좋아할까? • 비행기 모형이 뭐예요? • 왜 할머니가 어린이날 행사에 가서 놀아 주셨을까? • 어린이날을 왜 축하해요? • 왜 상을 받아야 할까? • 5월은 왜 푸를까? • 어린이날 왜 선물을 줘요?
토의하고 싶은 질문 선정하기	"왜 상을 받아야 할까?"
토의하기	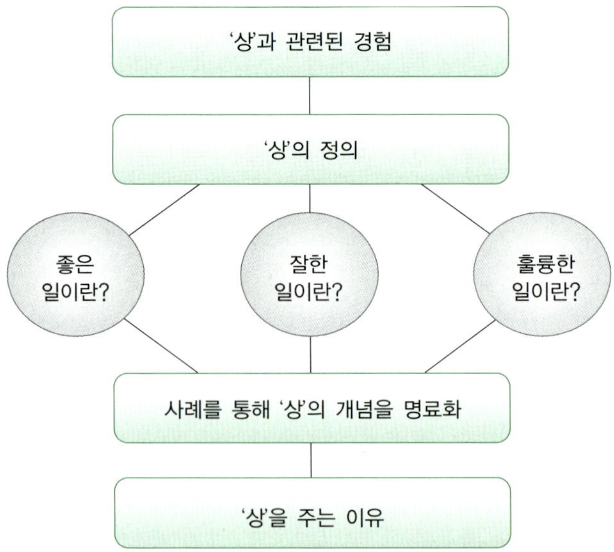

심/화/활/동

앞서 진행된 '상의 의미'에 관한 탐구공동체 활동에 이어 아래와 같은 심화활동을 해 볼 수 있습니다. 우리 반 친구들 중에서 상을 주고 싶은 친구가 있는지, 있다면 상을 주고 싶은 이유 혹은 상을 받아야 하는 근거는 무엇인지에 대해 이야기를 나눕니다. 상장에는 어떠한 내용을 적어야 하는지에 대해 생각해 보고, 상장용지 혹은 교실에 준비된 도화지를 이용하여 상장을 만듭니다. 미술 영역의 재료를 이용하여 상품을 만드는 활동도 함께 병행할 수 있는데 예를 들어, 재활용품을 이용해 친구가 좋아하는 장난감을 만들거나 색종이 접기 혹은 꾸미기로 꽃다발을 만들어 상장과 함께 전달할 수 있습니다.

활동명: '상장 만들기'

활동 형태 자유선택활동

활동 영역 미술 영역

활동 목표
- 상장을 주고 싶은 친구에게 상장을 주고 싶은 이유와 근거를 말할 수 있다.
- 다양한 재료를 이용하여 상장을 꾸며 본다.

누리과정 관련요소
- 의사소통 〉말하기 〉느낌, 생각, 경험 말하기
- 예술경험 〉예술적 표현하기 〉미술활동으로 표현하기

활동 자료 상장 활동지, 꾸밀 수 있는 재료

활동 방법

1. ㅇㅇ반에서 상장을 주고 싶은 친구가 있는지, 주고 싶다면 왜 주고 싶은지 이유에 대하여 이야기를 나눈다.
   - ㅇㅇ반에서 상장을 주고 싶은 친구가 있을까?
   - ◇◇는 누구에게 상장을 주고 싶니? 이유는 무엇일까?
   - 친구들에게 상장을 만들어 주는 것은 어떨까?

2. 상장을 만들 수 있는 활동지와 미술재료를 소개한다.
   - 상장을 만들 수 있는 종이가 여기 있어요. 그런데 안에 내용이 없네요.
   - 친구들에게 어떤 상장을 만들어서 주고 싶니?
   - 상장의 이름은 무엇으로 하면 좋을까?
   - 상장을 어떻게 꾸미면 좋을까?
3. 미술 영역에서 상장을 자유롭게 꾸며 본다.
4. 친구들에게 완성된 상장을 소개하고 전달한다.
   - ◇◇는 누구에게 줄 상장을 만들었니?
   - 상장의 제목은 무엇일까?
   - ★★에게 상장을 전달해 볼까?

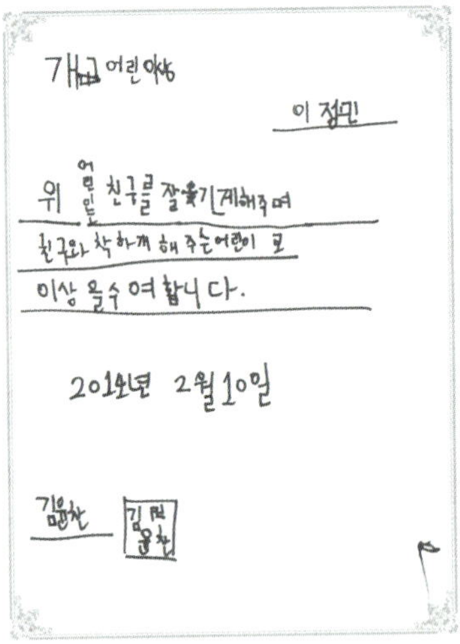

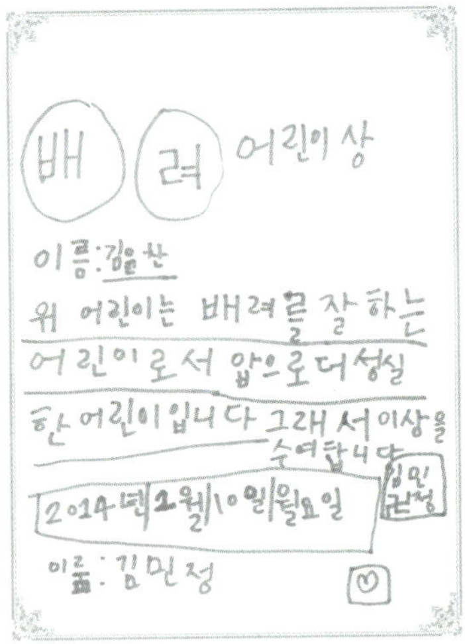

활동의 유의점 교사는 상장을 받지 못하는 유아가 소외감을 느끼지 않도록, 학급의 전체 유아가 골고루 상장을 받을 수 있는 다양한 방법을 모색한다(짝꿍에게 주기, 모둠 친구들에게 주기, 생일인 친구에게 주기 등).

04 두 번째 교사회의: 평가하기

이번 차시에 선정된 질문은 "왜 상을 받아야 할까?"였습니다. 이 질문을 해결하기 위해서는 상이라는 것이 무엇인지 알아야 하기에 이 질문과 관련된 중심주제를 "상의 의미"로 잡았습니다. 교사들이 모여 상에 대해 함께 토의하고 공부를 하면서 상의 의미를 이해하고, 연습문제를 통해 진짜 상을 받을 사람은 누구인지 이야기해 봄으로써 자신들이 내린 상의 정의를 적용해 보는 것으로 토의계획을 잡았습니다.

'상'의 정의에 대해 이야기하면서 상은 좋은 일, 잘한 일, 훌륭한 일을 했을 때 받는 것이라고 정의했습니다. 그러면서 자연스럽게 좋은 일, 잘한 일, 훌륭한 일은 어떤 일인지 이야기하게 되었지요. 좋은 일, 잘한 일, 훌륭한 일은 모두에게 좋은 일이라고 이야기했습니다. 여기까지 이야기한 다음 누가 실제로 상을 받으면 좋을지에 대해 제시된 사례를 놓고 이야기하다가 '좋은 일과 옳은 일을 어떻게 구분해야 할까'라는 새로운 문제가 제기되었습니다. 정해진 토의 시간은 이렇게 새로운 문제를 제기하는 순간에 끝났지만, 우리들의 사고와 우리들의 질문은 계속될 것입니다.

C/H/A/P/T/E/R/ 05

『오월은 푸르구나』-탐구 2: '어린이'란 어떤 존재인가?

01 1차시 철학적 탐구공동체 활동: 그림책 읽기와 질문 선정하기

선정된 질문 - "5월 5일이 왜 어린이날일까?"

오늘은 철학그림책 『오월은 푸르구나』의 두 번째 부분을 읽을 차례입니다. 오늘은 두 팀으로 나누어 한 문장씩 번갈아 가며 읽어 보기로 했습니다. 어떻게 팀을 나누면 좋을지 의견을 나누어 보았습니다. 팀을 구성하는 방법에 관한 여러 의견들이 제기됩니다. 각각의 경우에 어떻게 하면 좋을지에 대해서도 의견을 들어 보았습니다. 공평하게 팀을 나누는 것도 쉬운 문제가 아니네요. 하지만 이런 과정 하나하나가 유아들이 스스로 사고하고 어떻게 하면 민주적으로 합의를 도출해 낼지를 배우는 중요한 경험이 될 것입니다.

어린이집 어린이날 행사를 위해 엄마는 아침 일찍 어린이집에 다녀가셨어.
엄마는 사탕목걸이 만드는 일을 돕고, 일하러 가셨다가 오후에 다시 오신대.
나중에 할머니가 오셔서 교실 활동을 도와 주셨어.
시장놀이할 때 우린 특별한 돈을 사용했어.
우리가 만든 돈이야.
"김밥 얼마예요?" 하고 우리가 물으면
"이백 원." 하고 앞치마 두른 엄마들이 김밥을 바구니에 담아 주셨어.
"막대사탕 주세요." 하고 말하면
"돈을 내세요." 하고 막대사탕 파는 엄마들이 기다리셨어.
우리가 직접 그려서 만든 돈을 내고 맛있는 김밥을 사 먹고,
동글동글 회오리 그림이 있는 커다란 막대사탕도 사고
무지개 색종이를 사서 비행기도 접었어.
진달래 반 선생님은 얼굴에 알록달록 재미있는 모양으로 페인팅도 해 주셨어.
내 얼굴 왼쪽 뺨에 태극기, 오른쪽 뺨엔 월드컵 축구공을 그려 주셨어.
마치 내가 태극전사가 된 기분이었어.

이 글을 함께 읽고 난 다음 한 유아들이 한 질문들은 다음과 같습니다.

"돈을 어떻게 만들어요?"
"색종이를 왜 사요?"
"'특별한'이 무슨 뜻이에요?"
"엄마가 왜 유치원에 갔을까?"
"태극전사가 뭐예요?"
"왜 얼굴에 태극기를 그려 줬어요?"
"어린이날 시장놀이를 왜 할까요?"
"왜 사탕으로 목걸이를 만들어요?"
"5월 5일이 왜 어린이날이에요?"
"왜 할머니가 교실활동을 도우셨을까?"

이 질문들 중에서 가장 많은 유아들이 궁금하다고 뽑은 질문은 "5월 5일은 왜 어린이날이에요?"입니다.

TIP! 토의절차와 방법 등에 대한 토의하기

탐구공동체 활동에서 정해진 질문이나 주제와 관련된 토의도 중요하지만, 또 한 가지 간과할 수 없는 것이 토의절차나 방법에 대한 토의입니다. 그림책을 읽는 방법 결정하기, 공동체의 구성원들이 말한 질문 목록 중에서 토의할 주제의 개수를 정하기, 토의할 주제를 정하는 방법 결정하기, 토의할 때 이야기를 하는 순서를 정하기 등이 토의절차나 방법에 관한 토의에 해당합니다.

예를 들어, 토의할 질문을 선정할 때에도 교사가 임의대로 방법을 정해서 지시하는 것이 아니라, 유아들에게 질문 목록에서 하나의 질문을 선정하는 방법을 제안하고 선택하도록 해야 하는 것이지요. 물론 유아가 처음부터 다양한 방법을 제안하기는 어려우므로 교사가 몇 가지 방법을 예로 들어 주는 것은 좋습니다. 교사는 "너희들이 가장 궁금하거나 토의하고 싶은 주제를 골라서 손을 들 수도 있고, 아니면 종이에 궁금한 질문을 적어서 투표를 할 수도 있어. 또 질문을 하지 않은 친구가 이 질문들 중에서 한 가지를 고르는 방법도 있지.", "우리가 가장 궁금한 질문을 손을 들어서 정하기로 했는데, 손은 몇 번씩 들면 좋을까? 이렇게 많은 질문들 중에서 몇 가지를 고르고 싶니?" 등과 같이 예시를 들어 주거나 방법과 관련된 질문을 하면 됩니다. 이처럼 유아 스스로 토의절차와 방법을 정하는 경험은 유아로 하여금 자신과 관련된 일을 스스로 선택하고 결정하는 태도를 길러 주는 것은 물론, 다른 의견을 가진 여러 사람이 모여 공동의 합의를 이끌어 내는 방법을 알 수 있게 해 주고, 나아가 새로운 방법을 제안하기 위해 창의적인 사고를 하게끔 만들기도 합니다.

02 첫 번째 교사회의: 중심주제 선정과 토의계획 세우기

중심주제 – '어린이'란 어떤 존재인가?

이 글을 읽고 나서 유아들이 뽑은 질문 "5월 5일이 왜 어린이날일까?"를 해결하기 위해서는 먼저 어린이날이 무슨 날인지를 이야기해야겠지요. 어린이날을 이야기하려면 '어린이'란 어떤 존재인지를 함께 이야기해야 합니다. 그런 후에 왜 5월 5일을 어린이날로 지정했는지에 대해 이야기하면 되겠지요.

이 질문으로 함께 토의하기 위해서 가장 중심적으로 이야기할 주제는 '어린이란 어떤 존재인가'하는 것입니다. 어린이란 어떤 존재일까요? 사전에서는 어린이를 다음과 같이 정의하고 있습니다.

어린이: 나이가 적은 아이. 보통 4, 5세부터 초등학생까지의 아이를 가리킨다.

일반적으로 나이가 적다면 몇 살 정도까지가 적은 나이라고 할 수 있을까요? 사전에서는 초등학생까지의 아이를 가리킨다고 했으니 만 12세 정도까지를 어린이라고 할 수 있을 것 같습니다. 중학생부터는 보통 청소년으로 불립니다. 청소년 시기는 대체적으로 2차 성징이 나타나는 시기입니다. 그러므로 어린이란 2차 성징이 일어나기 전 단계까지라고 할 수 있습니다. 결론적으로 '어린이'란 나이로 보면 중학생 이전, 신체적으로 보면 2차 성징이 일어나기 이전 단계의 사람이라고 할 수 있습니다.

'어린이'란 말은 어린 사람이라는 뜻으로 소파 방정환 선생이 만들어서 널리 퍼트린 말이라고 알려져 있습니다. 어린이날을 만든 것도 소파 방정환 선생이지요. 우리나라에서 어린이날은 1923년부터 시작되었다고 합니다. 그 당시에는 5월 1일을 어린이날로 정하고 어린이날 노래 부르기, 기념식 거행, 표어 붙이기, 결의문 외우기 등의 행사를 했습니다. 이때 낭독했던 '소년운동의 기초조항'은 다음과 같습니다(이상금, 2005).

〈소년운동의 기초조항〉

一. 어린이를 재래의 윤리적 압박으로부터 해방하여 그들에 대한 완전한 인격적 예우를 허하게 하라.

二. 어린이를 재래의 경제적 압박으로부터 해방하여 만 14세 이하의 그들에게 대한 무상 또는 유상의 노동을 폐하게 하라.

三. 어린이 그들이 고요히 배우고 즐거이 놀기에 족할 각양의 가정 또는 사회적 시설을 행하게 하라.

오늘날 대부분의 집에서 어린이들은 가정생활에서 가장 중요한 부분을 차지할 만큼 귀하게 대접을 받고 있습니다. 하지만 역사적으로 항상 그랬던 것은 아닙니다. 필립 아리에스는 『아동의 탄생』이란 책에서 어린이는 문화적으로 사회적으로 탄생한 존재라고 이야기합니다. 오래 전 옛날, 어린이는 그저 작은 어른 아니면 노동력이 떨어지는 존재, 먹여 살려야 하는 부담스런 존재, 생존력이 떨어지는 존재 정도로만 인식되었습니다. 그러다가 점차 노동의 생산성이 높아지고 경제력이 향상되면서 가족 중심의 생활이 이루어지게 되었고 어린이가 점점 가족생활의 전면으로 부상하게 되었지요. 오늘날 대부분의 나라에서 어린이는 가족 삶의 구심점 역할을 합니다.

전 세계적으로 어린이의 권리에 대해 강조하며 아동권리헌장 등을 만들기 시작한 것이 1세기, 즉 100년도 채 되지 않습니다. 1929년 국제 연맹에서 '아동권리헌장'을 제정했고, 1959년 국제연합에서 '아동권리선언'을 채택했습니다.

어린이날이란 어린이를 대접하고, 어린이를 생각하고, 어린이가 주인되는 날이지요. 이런 날이 만들어졌다는 것은 역설적으로 어린이를 소중한 존재라고 생각하지만, 실제로는 어린이들이 그만큼 대접받으며 살고 있지 못하다는 것을 의미하기도 합니다.

어린이들이 대접받는다는 것은 어떤 의미일까요? 어린이들이 가지는 권리에는 어떤 것이 있을까요? 평상시 어린이들이 자신들의 권리라고 생각하는 것에는 어떤 것이 있는지 유아들과 함께 이야기를 해 보고자 합니다. 또한 어린이들이 대접받아야 하는 이유는 무엇인지, 더불어 어린이들이 꼭 해야 하는 의무 같은 것이 있는지, 있다면 어떤 것인지도 함께 이야기해 볼 수 있습니다.

어린이들이 생각하는 어린이, 어린이들이 생각하는 어린이들의 권리와 의무에 대해 이야기해 보는 시간을 가져 보고자 합니다.

〈표 5-1〉 철학적 탐구공동체 활동계획안

누리과정 영역과 관련된 활동 목표	▸ 다른 사람의 이야기를 듣고 궁금한 것에 대해 질문하는 능력을 기른다. (의사소통 영역) ▸ 어린이라는 존재가 귀하고 소중한 존재임을 이해하고, 자신을 소중하게 여기는 태도를 기른다. (사회관계 영역) ▸ 토의할 때 지켜야 하는 규칙을 알고 지키는 태도를 기른다. (사회관계 영역) ▸ 탐구하는 과정에서 서로 다르게 생각할 수 있음을 알고, 다른 생각과 의견에 관심을 가진다. (자연탐구 영역)	
시 간	토 의 내 용	준비물 및 유의점
도입 〈10분〉	1. 지난주 철학활동 시간에 읽은 이야기의 내용과 선정된 질문을 회상한다. • 우리가 지난주에 읽었던 이야기의 내용이 기억나니? • 우리는 이 이야기를 읽고 나서 어떤 질문을 했었지? • 우리가 가장 궁금하게 여기며 토의해 보고 싶은 질문은 무엇이었을까?	
전개 〈35분〉	2. "5월 5일이 왜 어린이날일까?"라는 질문을 이야기하기 위해 5월 5일, 어린이날에 관한 o, x 퀴즈를 풀어 본다. 퀴즈를 풀면서 5월 5일 어린이날 제정 배경에 대한 간단한 설명을 한다. 〈o, x 형 퀴즈의 예〉 • 세계 여러 나라 중에 어린이날이 있는 나라는 우리나라뿐이다. • 어린이날이 우리나라에서 맨 처음 만들어졌을 때는 5월 5일이 아니었다. • 어린이날은 2000년에 만들어졌다. • 어린이날을 만든 사람은 미국 오바마 대통령이다. 3. '어린이날'이란 어떤 날인지 함께 이야기해 본다. 4. '어린이날'을 제정한 이유에 대하여 생각해 본다. 5. 어른들이 어린이를 잘 대해 주어야 하는 이유에 대하여 토의한다.	
마무리 〈5분〉	6. 탐구공동체 활동 시간 동안 각자의 태도와 행동에 대해 되돌아보고 평가한다.	평가지

또/다/른/질/문

'『오월은 푸르구나』-탐구 2'의 1차시에서 선정된 질문은 "5월 5일이 왜 어린이날일까?"이며, 여기서 교사는 토의의 중심주제를 '어린이란 어떤 존재인가?'로 계획하여 활동계획안을 수립하였습니다. 만약 유아들이 질문을 선정하는 과정에서 다른 질문을 선정했다면 다른 중심주제로 탐구공동체를 운영해야 하므로, 예상되는 다른 질문과 관련된 중심주제와 토의계획을 소개해 드립니다.

▌선정 예상 질문 - 1. "'특별한'이 무슨 뜻이에요?"

1. 중심주제: 특별하다는 것

그림책 『오월은 푸르구나』에서는 어린이집에서 시장놀이를 할 때 특별한 돈을 사용한다는 말이 나옵니다. 여기서 말하고 있는 '특별한'이란 무슨 뜻일까요? 시장놀이를 하기 위해 특별히 제작한 돈이라는 의미일까요? 그렇다면 시장놀이를 할 때 특별한 돈을 사용하는 이유가 무엇일까요?

사전적 정의로 보면 '특별한'이란 '보통과 구별되어 다름'을 의미합니다. 어린이집 시장놀이에서 우리가 평소에 사용하는 돈과 구별되는 특별한 돈을 사용했는데, 왜 굳이 다른 돈을 사용하는 것일까요? 기존의 돈과 달라야 유아들이 참여하는 시장놀이가 더욱 즐거울 수 있다는 전제일까요? 유아들은 시장놀이에서 실제 돈을 사용하고 싶지는 않았을까요?

일상적인 것과는 다른 '특별하다'는 것이 항상 좋은지 생각해 볼 수 있습니다. 유아들의 입장에서 특별하다는 것은 항상 좋을까요? 좋다면 어떤 점에서 좋을까요? 남과 다른 외모와 능력으로 인해 받는 특별한 대우가 있을 수도 있고, 반대의 경우로 인해 받는 특별한 경험도 있을 수 있을 것입니다. 그리고 특별해서 속상했던 경우가 있었는지, 있다면 왜 그런지에 대해서도 이야기할 수 있습니다.

2. 토의계획

1) '특별하다'는 것의 의미에 대해서 이야기 나눈다.
2) 특별해서 좋았던 일이 있었는지, 있었다면 그 이유는 무엇인가에 대해 이야기를 나눈다.

3) 특별해서 속상한 일은 없었는지, 있었다면 그 이유는 무엇인가에 대해서 이야기를 나눈다.
4) 특별하지 않다는 것은 어떤 것일까에 대해서 생각해 본다.

▌선정 예상 질문 - 2. "왜 얼굴에 태극기를 그려 주었어요?"

1. 중심주제: 상징

올림픽에서 메달을 딴 선수들이 애국가가 울릴 때 태극기를 바라보며 눈물 짓는 장면을 종종 보았습니다. 태극기가 어떤 의미이기에 선수들은 태극기를 보면서 눈물을 흘리는 것일까요? 태극기는 우리나라를 상징하는 것으로 여러 가지 뜻이 담긴 상징 기호로 이루어져 있습니다. 하얀 부분은 평화를 사랑하는 우리의 민족성을 의미하는 것이고 태극무늬는 서로 다른 것들이 함께 어우러져서 발전하는 우주를 뜻합니다. 태극무늬 주위에 있는 네 종류의 검정 막대들은 하늘, 땅, 달, 태양을 의미합니다. 각각의 의미를 합치면 평화를 사랑하는 우리 민족은 하늘, 땅, 달, 태양처럼 서로 다른 것을 함께 어우러지게 하여 발전한다는 뜻이 됩니다. 결국 태극기는 대한민국을 나타내는 것입니다. 이렇듯 상징이란 개념은 매우 다양하고 복잡합니다.

반면에 표시는 단순한 부호나 신호입니다. 즉, 어떤 사물에 대해 알려 주거나 해야 할 일을 가리키는 간략한 방법입니다. 따라서 교사는 유아들에게 상징과 표시를 구분함으로써 토의를 시작할 수 있습니다.

이러한 과정을 통하여 상징이 일반적으로 표시보다 훨씬 더 다양한 의미를 담고 있다는 것을 유아들이 인지하게 될 것입니다. 더 나아가 유아 스스로 상징기호를 만들어 보는 것도 상징의 의미를 쉽게 이해하는 활동이 될 것입니다.

2. 토의계획

1) '태극기'하면 무엇이 떠오르는지에 대해서 이야기 나눈다.
2) 여러 가지 기호와 상징을 보고, 어떤 의미인지를 함께 이야기 나눈다.
3) 연습문제를 통하여 상징과 표시를 만들어 본다.
4) 우리 가족을 상징하는 기호를 만들어 본다.

03 2차시 철학적 탐구공동체 활동: 토의하기

이야기 1. 누가 언제 5월 5일을 어린이날로 정한 걸까?

어린이날을 선정한 이유와 어린이날의 의미에 대해서 토의하기에 앞서 어린이날의 역사에 대해 ○, × 퀴즈를 통해 알아보는 시간을 가졌습니다.

교 사: 선생님이 지금부터 퀴즈를 낼게. 맞는다고 생각하면 ○, 틀리다고 생각하면 ×하는 거야.

- 세계 여러 나라 중에 어린이날이 있는 나라는 우리나라뿐이다.
- 어린이날이 우리나라에서 맨 처음 만들어졌을 때는 5월 5일이 아니었다.
- 어린이날은 2000년에 만들어졌다.
- 어린이날을 만든 사람은 미국 오바마 대통령이다.

교사는 유아들과 ○, × 퀴즈를 풀며, 우리나라의 어린이날은 1923년에 방정환 선생님께서 제정하셨다는 사실을 간단하게 설명했습니다.

이야기 2. 어린이날이란 어떤 날일까?

이번에는 유아들에게 어린이날을 어떤 날이라고 생각하는지 질문하였습니다.

교 사: 어린이날을 언제, 누가 만들었는지 알아보았지? 너희들 생각에 어린이날이란 어떤 날인 것 같으니? 개념을 명료화하기 위한 질문

재 윤: 엄마, 아빠가 우리를 축하해 주는 날. 정의 내리기

유 나: 어른들이 칭찬해 주는 날. 정의 내리기

준 우: 유치원 쉬는 날. 정의 내리기

교 사: 그렇구나. 어린이날은 어린이를 축하해 주고, 칭찬해 주고, 유치원도 쉬는 날이구나. 또 다른 의견은 없니? 대안적인 관점을 묻는 질문

지 은: 선물 받는 날이에요. 정의 내리기

교 사: 그러네. 그럼 어린이날 어른들이 칭찬도 하고, 선물도 하고, 축하도 하는 이유는 뭘까? 이유를 묻는 질문

승 민: 어린이날이니까요. 이유대기

지 은: 어린이들을 위해서요. 이유대기

재 윤: 어린이들이 잘하니까요. 이유대기

교 사: 무엇을 어떻게 했는데? 구체적인 설명을 요구하는 질문

재 윤: 동생도 잘 봐주고, 엄마, 아빠 말씀도 잘 듣고. 구체적으로 설명하기

교 사: 그럼 동생도 잘 안 봐주고, 엄마, 아빠 말씀도 잘 듣지 않은 어린이들은 어린이날 축하받고, 선물 받고 하면 안 되는 거야? 함축된 의미를 묻는 질문

유아들: 네. 의견 제시하기

교 사: 그렇구나. 그럼 어린이날은 엄마, 아빠 말씀 잘 듣고, 동생 잘 돌봐 준 어린이들만의 날인거구나? 토의된 내용의 결론을 검증하는 질문

한 솔: 그건 아니에요. 의견 제시하기

교 사: 왜 아니라고 생각하지? 이유를 묻는 질문

한 솔: 동생이 없는 애도 있어요. 이유 대기

승 민: 어린이날 잘 해 주면 그때부터 엄마, 아빠 말씀 잘 들을 수 있어요. 이유 대기

어린이날이 어떤 날인지에 대해 유아들과 함께 이야기를 나누어 보았습니다. 우리는 살아가면서 잊지 않아야 하는 중요한 날에 '○○날'이라고 이름 붙여 기념하곤 합니다. 그 날이 의미가 있어 시작되었지만, 때로는 그 날의 의미보다는

그 날에 무엇을 하느냐가 더 중요하게 여겨지기도 합니다. 철학적 탐구공동체 활동은 이처럼 평소 별다른 생각 없이 지나쳐 버리는 일상의 사건과 시간의 의미에 대해 잠시 멈추어 서서 함께 생각하고 경험하는 기회를 줍니다.

이야기 3. 어린이날이 왜 필요할까?

어린이날에 대한 유아들의 생각을 들어 보았으니, 이제 본격적으로 어린이날의 의미에 대해 이야기를 나누어 보아야겠지요.

교 사: 그렇구나. 어린이날은 어린이들이 축하받고, 칭찬받고, 선물 받는 날이구나. 그런데 이런 날이 왜 있어야 하는 걸까? 이유를 묻는 질문

재 윤: 어버이날이 있으니까요. 이유 대기

교 사: 그러게. 어버이날, 어린이날 이런 날이 왜 필요하지? 이유를 묻는 질문

재 윤: 아빠가 회사를 쉬어야 하니까요. 이유 대기

유 나: 엄마, 아빠가 회사를 안 가야 같이 놀아 주잖아요. 이유 대기

교 사: 일요일이나 다른 공휴일에 엄마, 아빠가 회사 쉬시면서 너희들이랑 놀아 주시면 되잖아. 반론 제기하기
일요일 말고도 어린이날이 따로 필요하다는 얘기야? 의견을 검증하기 위한 질문

유아들: 네.

교 사: 이유가 뭘까? 이유를 묻는 질문

재 윤: 진짜 잘하라고. 이유 대기

교 사: 뭘 잘하라고? 잘한다는 게 무슨 뜻이지? 개념을 명료화하기 위한 질문

재 윤: 애들한테 잘하라고.

교 사: 너희들 생각에 애들한테 잘하는 게 어떻게 하는 것 같니? 예 제시를 요구하는 질문

지 은: 요리해 주고. 예 제시하기

유 나: 예쁜 옷도 사 주고. 예 제시하기

한 솔: 놀아 주고. 예 제시하기

교　사: 밥 먹여 주고, 놀아 주면 그게 잘해 주는 걸까? 그렇다면, 그건 어린이날만 해 주는 게 아닌데……. 그건 엄마, 아빠가 거의 매일 해 주는 거 아니니? 반론 제기하기

유　나: 그러니까 더 잘하라고.

한　솔: 매일 놀아 주지 않아요. 반론 제기하기

슬　기: 우리 아빠는 매일 늦게 와요. 반론 제기하기

준　우: 우리 엄마도 매일 컴퓨터만 해요. 반론 제기하기

교　사: 아! 그렇구나. 어린이날이 필요한 이유에 대해서 이야기했는데, 누가 우리들의 의견을 정리해서 이야기해 주겠니? 토의를 정리하기 위한 질문

슬　기: 매일 매일 안 놀아 줘도 그날은 꼭 놀아 주라고. 토의된 내용 요약하기

한　솔: 선물 많이 해 주라고. 의견 제시하기

어린이들은 어린이날이 부모가 자녀들에게 보다 더 집중하고, 잘 놀아 주라는 날이라고 이야기합니다. 부모 생각으로는 매일 어린이들과 놀아 주고 잘 대해 주는 것 같은데 어린이들은 막상 그렇게 느끼지 않는 것 같네요. 여러 어린이들이 함께 이야기하면서 저절로 어린이날의 필요성이 무엇인지 알게 되었습니다. 어른들은 바쁜 일상에 쫓기어 어린이들이 얼마나 귀한 존재인지, 어린이들이 얼마나 사랑을 필요로 하는지 종종 잊고 살아갑니다. 어린이날이 있어 어린이들의 존재에 대해 다시 한 번 생각하고, 어린이들에게 마음먹고 사랑을 듬뿍 표현해 주게 된 것이지요.

이야기 4. 어른이 어린이에게 잘 해 주어야 하는 이유는 무엇일까?

어린이날은 어른들이 어린이와 함께 놀아 주고, 선물도 하고, 축하도 하고, 잘 해 주는 날이라고 했습니다. 그렇다면 어른들이 어린이들에게 이렇게 해 주어야

하는 이유는 뭘까요? 어린이에 대한 이런 대접이 당연하다고 생각하는 우리 유아들과 어떤 이유에서 당연한 것인지 함께 생각해 보기로 합니다.

교 사: 우리가 지금 어른들은 어린이날에 어린이들을 위해서 선물도 하고, 축하도 하고, 잘 해 줘야 한다고 했는데, 왜 어른들이 어린이에게 잘 해 주어야 하는 걸까? 이유를 묻는 질문

한 솔: 어린이니까. 이유 대기

교 사: 어린이니까 왜 잘 해 주어야 하는 거지? 이유를 묻는 질문

유 나: 그거야 어른이 아이들을 길러 주어야 하니까 그렇죠. 이유 대기

교 사: 왜 어른이 아이들을 길러 주어야 한다고 생각하니? 이유를 묻는 질문

슬 기: 아이들은 혼자서 못 살잖아요. 이유 대기

교 사: 아이들이 혼자서 살아가지 못하는 게 어른들이 잘해 주어야 하는 이유인 거야? 그럼 잘해 주는 거랑, 길러 주는 거랑 같은 뜻인 거야? 명료화를 위한 질문

슬 기: 아뇨. 달라요. 의견 제시하기

한 솔: 길러 주는 건 그냥 밥 주는 거고, 잘해 주는 건 놀아 주고, 선물 주고, 이야기 들어 주는 거예요. 구별하여 말하기

유 나: 아이를 낳았으면 낳은 사람이 책임져야죠. 의견 제시하기

교 사: 그러니까 잘해 주는 거랑 기르는 거, 책임지는 거랑은 같은 걸까? 다른 걸까? 명료화를 위한 질문

유 나: 달라요. 의견 제시하기

교 사: 어떤 점이 다르지? 구체화를 위한 질문

슬 기: 잘해 주는 건 놀아 주는 거예요. 의견 제시하기

교 사: 그럼 길러 주는 거는? 구체화를 위한 질문

한 솔: 그건 밥을 주는 거예요. 어린이들은 요리를 못 하잖아요. 근거 대기

교 사: 그럼 너희들 생각에 그냥 밥 주면서 키워 주는 게 아니라 잘해 주어야 하는 이유는 무엇인 것 같아? 이유를 묻는 질문

준 우: 자기 자식이니까요. 이유 대기

슬 기: 사랑하니까요. 이유 대기

한 솔: 예쁘잖아요. 애기들은. 이유 대기

교 사: 아, 어른들이 아이들에게 잘해 주어야 하는 이유는 자식이니까, 사랑하니까, 예쁘니까 그런 거구나. 토의내용을 정리하는 이야기

유 나: 저 텔레비전에서 봤는데 자기 자식한테 막 소리 지르고 때리고 그런 사람 봤어요. 반례 제시하기

교 사: 그러게. 나도 그런 사람 봤는데. 그건 왜 그런 걸까? 자기 자식인데도 잘 해 주지 않는 거 말이야. 이유를 묻는 질문

슬 기: 정신이 어떻게 된 거 아니에요? 이유 대기

주 현: 우리 엄마는 내가 세상에서 제일 좋대요. 관련된 경험 이야기하기

준 우: 우리 엄마도 나 좋아하는데! 관련된 경험 이야기하기

교 사: 그러게. 우리를 좋아하는 우리 엄마, 아빠는 우리한테 잘해 주고, 자기 자식이지만 좋아하지 않는 사람은 길러만 주고 잘해 주지는 않을 수 있겠구나. 토의내용 정리하기

어린이들과 함께 어른들이 어린이들에게 잘 해 주어야 하는 이유를 물었습니다. 유아들은 길러 주는 것과 잘해 주는 것을 구별하고 있습니다. 잘해 주는 것은 그냥 책임과 의무만으로 대하는 것이 아니라 애정을 바탕으로 행하는 것이라고 하네요. 듣고 보니 그렇습니다. 누군가에게 잘해 준다는 것은 그 사람을 좋아하고 사랑하고 그 사람에게 관심이 있기 때문입니다. 자신과 아무런 상관이 없는 사람에게 잘해 주지는 않겠지요.

어른이 어린이를 사랑하는 이유는 자기 자식이기 때문에 그렇다고 이야기합니다. 하지만 꼭 자기 자식이 아니어도 어린이들을 사랑할 수는 있는 거지요. 또한 유아들 스스로 반례를 든 것처럼 자기 자식이어도 때로는 사랑하지 않는 것처럼 행동하는 부모들도 있습니다. 유아들은 이러한 토의를 통해 자신들의 경험을 돌아보고 그 의미에 대해 스스로 물어보는 것을 배울 수 있습니다.

이야기 5. 어른들이 잘해 주면, 어린이들은 어떻게 해야 하는 걸까?

우리 유아들은 부모와 성인들이 어린이에게 잘 대해 주어야 한다고 말합니다. 그렇다면 반대로 어린이들은 어떻게 해야 하는 것인지 유아들의 생각을 물어보았습니다.

교 사: 어른들은 자식들에게 어린이날도 챙겨 주고, 선물도 하고, 놀아도 주고, 길러도 주고 그러는데 그럼 어린이들은 아무것도 안 해도 되는 걸까? 아님, 뭔가 해야 하는 건가? 너희들 생각은 어때? 의견을 묻는 질문

지 은: 어린이들도 잘 해야 해요. 의견 제시하기

교 사: 뭘 어떻게 해야 하는 건데? 구체적인 설명을 요구하는 질문

지 은: 엄마, 아빠 말씀 잘 듣고, 공부 잘 하고. 의견 제시하기

재 윤: 밥 먹을 때 흘리지 않아야 해요. 의견 제시하기

주 현: 싸우지 않아야 해요. 정의 내리기

교 사: 그렇구나. 밥 먹을 때 흘리지 않고, 부모님 말씀 잘 듣고, 공부 잘하고, 싸우지 않고 하는 건 엄마, 아빠한테 뭘 해 드리기보다는 그냥 자기 일을 잘 하는 것 같긴 한데, 너희들 생각은 어때? 판단을 요구하는 질문

준 우: 맞아요. 의견 제시하기

지 은: 우리 엄마는요, 자기 할 일 잘하는 게 엄마, 아빠한테 잘 하는 거래요. 의견 제시하기

교 사: 그런데 어른들은 자기 할 일도 하고, 아이들한테도 잘 하고 그러잖아. 반례 제시하기

준 우: 어른이니까요.

교 사: 너희들 생각에 어른은 어떤 사람인 것 같아? 개념을 명료화하기 위한 질문

준 우: 뉴스 보는 사람. 정의 내리기

재 윤: 회사 다니는 사람. 정의 내리기

승 민: 글씨도 작고 그림도 없는 책을 보는 사람이에요. 정의 내리기

한 솔: 중국어 배우고 회사 다니고 선물 사 오는 사람. 정의 내리기

재 윤: 알통 나오는 사람. 정의 내리기
주 현: 아니야. 그런 사람 별로 없어. 정의 내리기
승 민: 씨름 잘 하는 사람. 정의 내리기
유 나: 아이들을 키우는 사람. 정의 내리기
한 솔: 어린이를 사랑하는 사람. 정의 내리기
교 사: 어른들은 자기 할 일도 하고, 어린이들을 키우기도 하고, 어린이들에게 잘해 주고, 어린이들을 사랑해 주는 사람이라는 거로구나. 토의내용 정리하기

어린이에게 잘해 주는 것이 사랑을 바탕으로 한 어른들의 책임과 의무라면 어린이들의 의무는 무엇일까요? 많은 어린이들이 누군가에게 무언가를 베푸는 책임과 의무보다는 스스로 해야 할 일을 잘 하는 것이 필요하다고 이야기합니다. 스스로를 사랑하는 사람이 다른 사람을 사랑할 수 있듯이, 스스로를 책임지는 사람이 다른 사람도 어느 정도는 책임을 질 수 있겠지요. 어린 시절은 이런 사랑과 책임을 배우는 시기인 것 같습니다.

이야기 주제가 자연스럽게 어린이들이 생각하는 어른의 모습으로 바뀌었습니다. 어린이들이 생각하는 어른들의 모습이 참 재미있습니다. 쇼핑하고 회사 다니고 글씨도 작고 그림도 없는 책을 보는 사람이 어른이네요. 알통 나오는 사람이라는 한 친구의 말에 다른 친구가 반박을 합니다. 이런 반박을 통해 '모두'와 '대부분'의 차이를 자연스레 알게 되겠지요.

지금까지 두 차시로 나누어 진행한 탐구공동체 활동을 정리해 보면 다음과 같습니다.

〈표 5-2〉 철학적 탐구공동체 활동 전개과정

<table>
<tr><td>그림책 읽기</td><td>전체 유아를 두 팀으로 나누어 '『오월은 푸르구나』 – 탐구 2'를 한 문장씩 번갈아 가며 읽음.</td></tr>
<tr><td>그림책의 내용과 관련해 궁금한 점 질문하기</td><td>• 돈을 어떻게 만들어요?
• 색종이를 왜 사요?
• '특별한'이 무슨 뜻이에요?
• 엄마가 왜 유치원에 갔을까?
• 태극전사가 뭐예요?
• 왜 얼굴에 태극기를 그려줬어요?
• 어린이날 시장놀이를 왜 할까요?
• 왜 사탕으로 목걸이를 만들어요?
• 5월 5일이 왜 어린이날이에요?
• 왜 할머니가 교실활동을 도우셨을까?</td></tr>
<tr><td>토의하고 싶은 질문 선정하기</td><td>"5월 5일은 왜 어린이날이에요?"</td></tr>
<tr><td>토의하기</td><td>
</td></tr>
</table>

심 / 화 / 활 / 동

방정환 선생님께서 어린이가 소중한 존재임을 알리기 위해 '어린이날'을 제정한 것과 같이 유아들도 소중한 것을 알리기 위해 기념일을 정할 수 있습니다. 유아들이 생각하는 소중한 것은 무엇인지, 여러 사람이 꼭 기억했으면 하는 것이 있는지에 대해 이야기를 나누고, 그것을 많은 사람들에게 알리는 방법에 대해 이야기를 나눕니다. 예를 들어, 집에서 키우는 강아지나 고양이 등 애완동물을 소중하게 여기고 기념하고 싶어 한다면 '애완동물의 날'을 정하고, 많은 사람들이 '애완동물의 날'에 대해 알고 애완동물을 소중하게 여기는 마음을 가질 수 있도록 포스터나 안내문 등을 함께 꾸며 볼 수 있습니다.

아래에 소개한 활동은 유아들이 각 가정의 특별한 날에 관심을 가지고 가족 기념일을 만들기 위한 활동계획안입니다.

활동명: '가족 기념일 만들기'

활동 형태 자유선택활동

활동 영역 언어 영역, 미술 영역

활동 목표
- 우리 집의 특별한 날에 관심을 갖는다.
- 기념일을 정한 이유를 말할 수 있다.
- 다양한 미술재료를 활용하여 꾸며 볼 수 있다.

누리과정 관련요소
- 의사소통 〉말하기 〉느낌, 생각, 경험 말하기
- 사회관계 〉가족을 소중히 여기기 〉가족과 화목하게 지내기
- 예술경험 〉예술적 표현하기 〉미술활동으로 표현하기

활동 자료 가족의 특별한 사진, 기념일 포스터 만들기, 꾸밀 수 있는 재료

활동 방법
1. 유아들이 가정에서 가져온 사진과 함께 가족 기념일을 소개한다.
   - ○○의 가족 기념일은 어떤 날이야?
   - 그 날을 가족 기념일로 정한 이유는 무엇이니?
   - 이 사진이 어떤 사진인지 설명해 줄 수 있니?

2. 선택한 사진을 꾸밀 수 있는 활동지와 미술재료를 소개한다.
   • 어떻게 꾸미면 좋을까?
3. 미술 영역 또는 언어 영역에서 자유롭게 꾸며 본다.
4. 완성한 작품을 교실에 전시한다.

활동의 유의점

- 가정에 가정통신문을 보내 가족들에게 소중한 사람, 특별한 의미 있는 일 등에 대해 유아와 이야기를 나누고, 사진이 있는 경우 보내 달라고 협조를 구한다.
- 가족만이 기억할 수 있는 특별한 날에 대한 다양한 이야기를 수용한다.

04 두 번째 교사회의: 평가하기

이제 2차시 토의에 대한 평가를 해야 할 단계입니다. 오늘은 "5월 5일이 왜 어린이날일까?"라는 질문을 통해 '어린이'라는 존재의 의미에 대해 함께 이야기해 보았습니다. 어린이날은 언제, 어떻게 생겼는지, 어린이날은 왜 필요한지에 대한 생각을 나누었습니다. 토의 중에 어른들이 어린이에게 잘해 주기 위한 날이라는 이야기가 자연스럽게 나왔기에, 어른들이 어린이에게 잘해 주어야 하는 이유는 무엇인지 생각해 보았습니다. 어른들이 어린이들에게 잘해 주어야 하는 이유가 사랑하기 때문이라고 합니다. 이때 그냥 키워 주는 것과 잘해 주는 것은 다르다는 것을 유아들이 이야기했습니다.

토의를 통해 유아들은 모든 어른이 자식들한테 잘해 주는 건 아니라는 것과 모든 어른이 알통이 있는 건 아니라는 것도 이야기했습니다. 어떤 판단을 최종적으로 내리기 위해서는 다양한 측면과 정보들을 충분히 심사숙고해야 함을 유아들이 스스로 배우고 있다는 것을 보여 주는 과정이었습니다.

C/H/A/P/T/E/R/ 06

『오월은 푸르구나』- 탐구 3: '바쁘다'의 의미

01 1차시 철학적 탐구공동체 활동: 그림책 읽기와 질문 선정하기

선정된 질문 - "아빠는 왜 바쁘실까?"

오늘은 그림책 『오월은 푸르구나』의 세 번째 부분을 읽었습니다. 이번에는 교사가 먼저 한 줄, 그리고 유아들이 소리를 모아 다 같이 한 줄, 이렇게 번갈아가며 읽어 보기로 했습니다. 함께 소리 내어 읽어 보는 것도 특별한 경험이 될 수 있습니다. 읽기가 자신 있다고 다른 친구들보다 빨리 읽는 것도 문제가 될 수 있으며, 자기 목소리만 크게 들리는 것보다는 함께 박자와 소리를 맞춰 가는 것이 중요함을 알 수 있는 기회가 되니까요.

해질 무렵에는 아빠들이 많이 오셨어.
우리 아빠는 바쁘셔서 어린이날 행사에 못 오실 것 같다고 하셨어.
그런데 무슨 일이 일어난 줄 아니?
아빠가 나타나신 거야.
어린이날을 축하하고 나와 함께 놀아 주시기 위해 열심히 달려오셨대.

맨 처음 '풍선 빨리 불어 터뜨리기' 게임을 했어.
풍선을 크게 불어서 아빠와 내 가슴 사이에 넣고 힘껏 끌어안고 '뻥!'하고 터뜨리는 게임이야. 아빠가 누구보다 먼저 크게 불려고 풍선에 입김을 세게 불어넣었어.
풍선을 불 때 아빠 얼굴이 어땠는지 상상이 되니?
아빠 두 볼이 불룩불룩 커졌다 작아졌다, 얼굴색이 빨갛게 변하기도 했어.
아빠와 내가 힘껏 껴안아 '뻥!' 하고 풍선이 터질 때 소리란!
아빠도 나도 신나게 웃었어.

아빠는 기다란 풍선을 여러 개 엮어서 내게 멋있는 왕관을 만들어 주셨어.
짜잔, 머리에 풍선 왕관을 쓴 기분은 어떨 것 같아?
나중에는 아빠도 풍선 왕관을 크게 만들어 머리에 쓰고 좋아하셨어.
풍선 왕관을 쓴 아빠와 나는 얼굴을 맞대고 사진도 찍었어.
두 손가락을 펴서 '브이(V)' 사인을 하고 말이야!
사진 속 아빠와 내가 머릿속에 그려지니?

해가 기울고 주위가 점점 어두워지자 불꽃놀이를 시작했어.
아빠, 엄마, 언니, 나, 모두가 가느다란 폭죽을 하나씩 손에 들었어.
'파-팟!' 불꽃이 튀는 폭죽을 손에 들어도 괜찮을까?
뜨거운 불꽃이 튈 것 같아서 겁이 났지만 정말 신기하고 재미있었어.
나중엔 폭죽을 흔들며 노래도 불렀단다.

아빠도 좋아하셨느냐고?
어쩌면 나보다 아빠가 더 즐거워하시는 것 같아.
그런 아빠가 나는 정말 좋아.

이 글을 읽고 유아들이 한 질문은 다음과 같습니다.

"왜 아빠 얼굴이 빨개졌을까?"
"아빠는 왜 바쁘실까?"
"풍선이 터졌는데 왜 웃어요?"
"아빠가 왜 이렇게 잘 놀아 줘요?"
"아빠가 왜 나보다 더 즐거워할까?"
"아빠가 왜 왕관을 만들어 주었을까?"
"머릿속에 그려지는 게 뭐예요?"

이 가운데 유아들은 "아빠는 왜 바쁘실까?"라는 질문을 가지고 함께 이야기해 보기로 결정했습니다.

TIP! 탐구공동체 활동을 두 차시로 나누어 진행한 이유

앞서 설명한 것처럼 한 개의 교재를 중심으로 철학적 탐구공동체 활동을 1회가 아닌 2회에 걸쳐 진행하였습니다. 1차시에는 교재인 그림책을 함께 읽고 유아들이 궁금한 점을 질문한 다음, 이 질문 목록 중에서 토의할 질문을 뽑았으며, 2차시에는 유아들이 선정한 질문을 중심으로 토의를 진행하고, 이와 관련된 심화활동을 진행하였습니다.

2회에 나누어 진행하는 이유는 첫째, 유아들의 집중시간을 고려하기 위함입니다. 책을 읽고 질문을 하며 그 질문의 의미에 대해서 이야기를 나눈 후, 한 가지 질문을 토의주제로 정하기까지도 꽤 많은 시간이 소요되기 때문이지요. 더 중요한 이유는 토의의 내용을 보다 풍부하게 하고 의미 있게 이끌기 위함입니다. 1차시 수업이 끝나면 교사들은 토의하기로 정한 질문의 전제 및 함축된 내용 등에 대해 충분히 검토하고 중심주제를 정한 후, 이와 관련해서 토의할 내용을 미리 생각해 보아야 합니다. 토의를 잘 이끌어 가기 위해서 교사는 자신이 던질 질문, 질문에 대한 유아들의 대답들을 미리 예측하고 토의의 흐름을 잡아 보는 것이 필요합니다. 이와 같은 준비가 되었을 때 탐구공동체 활동은 보다 더 의미 있는 활동이 될 수 있습니다.

02 첫 번째 교사회의: 중심주제 선정과 토의계획 세우기

중심주제 – '바쁘다'의 의미

유아들이 뽑은 "아빠는 왜 바쁘실까?"라는 질문은 그림책의 주인공이 한 말이기도 하지만, 유아들의 일상적인 경험과도 연관이 되는 질문이라 유아들이 관심을 보인 것 같습니다. 유아들이 보는 평상시의 아빠는 대체로 바쁜 사람입니다. 그런데 바쁘다는 것은 무엇일까요? 바쁘다는 것이 무엇인지 알아야, 아빠가 바쁘신지 그렇지 않은지 판단할 수 있으며, 왜 바쁜지 그 이유도 밝혀 낼 수 있습니다. '바쁘다'를 사전에서 찾아보니 이렇게 나와 있네요.

바쁘다: 1) (사람이) 일이 많거나 급해서 분주하고 겨를이 없다.
2) (행동이) 몹시 급하고 빠르다.
3) (시간이나 일정 따위가) 충분하지 않아 여유가 없다.
4) 주로 '–하기가 바쁘게'의 구성으로 쓰여, '그러한 행위를 하자마자 서둘러'의 뜻을 나타내는 말.

"아빠는 왜 바쁘실까?"라는 질문에서 '바쁘다'란 말은 첫 번째 의미로 쓰였습니다. 아빠는 왜 일이 많거나 급해서 분주하고 겨를이 없냐고 묻고 있습니다. 바쁘게 산다는 것은 정해진 시간 안에 뭔가 해 내야 할 일이 많다는 것입니다. 정해진 시간 안에 뭔가를 해 내야 하는 바쁜 삶을 사는 사람들에게는 정해진 시간까지 그 일을 했는지, 못했는지 결과가 중요할 것입니다. 정해진 시간까지 뭔가를 하지 않아도 괜찮은 사람에게는 언제까지 무엇을 했는지보다는 자신에게 주어진 시간을 어떻게 보내느냐 하는 것이 더욱 중요하겠지요.

오늘 날 많은 사람들이 바쁘게 살고 있습니다. 엄마들도, 아빠들도, 심지어 아이들도 나름 바쁜 삶들을 살아 내고 있습니다. 따라서 바쁘게 살아가는 것의 의미에 대해 생각해 보면 좋을 것 같습니다.

벨기에의 철학자이자 신부였던 레끌레르끄는 『게으름의 찬양』에서 이렇게 말했습니다.

> "우리 삶이 제대로 인간적이려면 마냥 한가롭기만 해야 할 것은 없지만 거기에는 느림이 있어야 합니다."

인간적인 삶과 느림, 한가로움은 무척 밀접한 연관이 있습니다. 바쁘게 하루하루를 살아가는 사람은 자신이 보내는 시간을 충분히 즐기고, 만끽하기보다는 시간에 쫓기며 살아갑니다. 결국 나의 시간인데 내가 시간의 주인이 되지 못한다는 것이지요. 내 시간을 내 마음대로, 내가 주체가 되어 쓰지 못합니다. 그런 시간이 계속되면 난 누구인지, 내가 무엇을 하며 살고 있는지 알 수 없게 되곤 합니다.

유아들이 바쁜 것과 무슨 상관이 있겠느냐고 반문할 수 있지만, 실제로 유아들에게 물어보면 그들도 무척 바쁘다고 이야기하곤 합니다. 사실 많은 어른들이 아이들에게 "빨리, 빨리"라는 말을 하곤 합니다. 하루에도 몇 번씩 아이들을 재촉합니다. 물론 아이들을 재촉하는 어른들의 심정을 십분 이해합니다만, 정해진 시간을 어떻게 쓸 것인지를 결정하는 것에 대해 각 개인에게 그다지 많은 선택권이 주어지지 않을 때가 많습니다. 그저 정해진 대로 따라가야 할 때가 종종 있지요.

정해진 시간 안에 해야 할 일들이 쌓여 있어 삶을 바쁘게 사는 것과 한가롭게 사는 것에는 어떤 차이가 있을까요? 레끌레르끄의 말처럼 인간적으로 살아가기 위해서는 어떻게 살아가야 하는 걸까요? 아이들의 눈에 비친 바쁜 아빠는 행복하고 만족스런 모습일까요? 아니면 지치고 힘든 모습일까요?

유아 스스로 자신의 삶에 대해 질문을 던져 볼 수 있을 것입니다. 나의 삶은 바쁜지, 아니면 한가로운지, 바쁘다면 이유는 무엇인지, 바쁜 나의 삶에 스스로 만족하고 있는지 자기 자신에게 물어보고 그 답을 찾아보면 자신의 삶의 방향을 찾는 데 도움이 될 것입니다.

〈표 6-1〉 철학적 탐구공동체 활동계획안

누리과정 영역과 관련된 활동 목표	▸ 근거를 가지고 자신의 의견을 말하며, 자신의 사고에 오류가 있을 때는 기꺼이 수정하는 태도를 기른다. (의사소통 영역) ▸ 다른 사람의 입장에 대해 이해하고, 공감하는 능력을 기른다. (사회관계 영역) ▸ 자신에게 주어진 시간을 소중히 여기고 아끼는 습관을 기른다. (사회관계 영역) ▸ 궁금한 점을 알아보는 탐구과정에 참여하고 즐기는 태도를 기른다. (자연탐구 영역)	
시 간	토 의 내 용	준비물 및 유의점
도입 〈10분〉	1. 지난주 철학활동 시간에 읽은 이야기의 내용과 선정된 질문에 대해 회상한다. • 우리가 지난주에 읽었던 이야기의 내용이 기억나니? • 우리가 가장 궁금하다고 뽑은 질문은 무엇이었을까?	
전개 〈35분〉	2. '바쁘다'는 말의 개념을 정의해 본다. 3. '바쁘다'라는 개념을 명료화하기 위하여 반대말을 찾아본다. 4. 사람들에게는 모두 똑같은 시간이 주어짐에도 불구하고, 왜 어떤 사람은 바쁘고 어떤 사람은 그렇지 않은지에 대하여 생각해 본다. 5. 유아 스스로가 바쁘다고 생각한 경우가 있는지, 있다면 그 이유는 무엇인지에 대해 이야기 나눈다. 6. 아빠가 바쁘신 이유에 대해 생각해 본다.	
마무리 〈5분〉	7. 탐구공동체 활동 시간 동안 각자의 태도와 행동에 대해 되돌아보고 평가한다.	평가지

또 / 다 / 른 / 질 / 문

'『오월은 푸르구나』—탐구 3'의 1차시에서 선정된 질문은 "아빠는 왜 바쁘실까?"이며, 여기서 교사는 토의의 중심주제를 '바쁘다'의 의미로 계획하여 활동계획안을 수립하였습니다. 만약 유아들이 질문을 선정하는 과정에서 다른 질문을 선정했다면 다른 중심주제로 탐구공동체를 운영해야 하므로, 또 다른 예상 질문과 관련된 중심주제와 토의계획을 소개해 드립니다.

▌선정 예상 질문 - 1. "아빠가 왜 이렇게 잘 놀아 줘요?"

1. 중심주제: 아빠의 모습

유아들의 눈에 비친 아빠는 어떤 모습일까요? 아빠는 항상 바쁘셔서 유치원에서 열리는 행사에 당연히 엄마가 참여하는 것으로 인식하고 있지는 않나요? 그림책 속의 아빠가 너무나 재미있게 놀아 주는 장면을 본 유아들은 이러한 장면이 어색한 모양입니다. 요즈음 아빠들은 친구 같은 아빠가 되고자 노력들을 한다고 하지만 현실 속 아빠들의 모습은 그렇지만은 않은 것 같습니다.

유아들이 생각하는 자신의 아빠는 어떤 사람이고, 이상적인 아빠의 모습은 어떠한지를 함께 이야기해 볼 수 있습니다. 너무나 익숙한 존재이기에 그 존재의 의미에 대해 미처 생각해 보지 않았다면 이 시간을 통해 생각해 보고 이야기할 수 있습니다. 또한 이런 토의내용을 바탕으로 아빠에 대한 동시 짓기 심화활동을 할 수 있습니다.

2. 토의계획

1) 아빠는 어떤 사람인지 생각해 본다.
2) 아빠랑 무엇을 할 때 가장 좋은지 이야기 나눈다.
3) 어떤 아빠가 좋은 아빠일까 생각해 본다. 미래에 나는 어떤 아빠가 되고 싶은지 이야기 나눈다.
4) 아빠에 대한 동시를 지어 본다.

▌선정 예상 질문 - 2. "풍선이 터졌는데 왜 웃어요?"

1. 중심주제: 웃음의 의미

웃음은 사람의 마음을 표정 변화나 소리로 나타내는 방식의 하나입니다. 사람들은 저마다 다른 방법으로 즐겁거나 행복한 마음을 표현합니다. 어떤 사람은 소리를 내면서 웃는가 하면, 소리 내지 않고 눈으로만 웃는 경우도 있습니다. 웃음의 형태는 다르지만 사람의 마음을 나타낸다는 점에서 공통점을 가지고 있습니다. 유아들과 웃음의 의미에 대해서 알아볼 수 있습니다. 유아들은 웃음을 어떻게 생각하고 있는지, 어떤 상황일 때 웃는지를 함께 이야기할 수 있습니다. 그리고 웃으면 안 되는 상황이 있는지, 웃으면 안 되는 이유는 무엇인지에 대해서도 함께 이야기하며 웃음이라는 것이 상황에 따라 꼭 좋은 것은 아닐 수 있다는 것도 알아볼 수 있습니다. 이러한 내용을 통해 웃음과 연관된 여러 사회적 맥락을 이해할 수 있습니다.

2. 토의계획

1) 웃음의 의미에 대하여 알아본다.
2) 우리는 어떤 상황일 때 웃는지 알아본다.
3) 웃는 것은 항상 좋을까에 대해 알아본다.
4) 웃으면 안 되는 경우도 있을까? 만약에 그렇다면 왜 웃으면 안 되는지를 생각해 본다.

03 2차시 철학적 탐구공동체 활동: 토의하기

이야기 1. '바쁘다'는 것이 어떤 뜻일까?

"아빠는 왜 바쁘실까?"라는 질문에 대한 답을 찾기 위하여, 먼저 '바쁘다'는 것의 의미를 묻는 것으로 토의를 시작하였습니다.

교 사: 지난주 우리가 뽑은 질문은 '아빠는 왜 바쁘실까?'였어. 너희들의 아빠도 바쁘시니?

유아들: 네.

교 사: 그런데 '바쁘다'는 게 뭘까? 개념을 명료화하기 위한 질문

유 나: 일이 많아 가지고, 어디에 못 오거나 축제에 못 오는 것. 정의 내리기

한 솔: 수업도 많이 하고 회사에도 일이 많은 것. 정의 내리기

지 은: 아주 일이 많은 것. 정의 내리기

승 민: 아빠가 회사 가서 바빠요. 정의 내리기

교 사: 회사를 가면 다 바쁜 걸까? 회사에서 바쁘지 않을 때는 없을까? 반례를 탐색하기 위한 질문

승 민: 회사 가면 바빠요. 회사에서 일이 아주 많아서 오랫동안 회사에 있어서 집에 잘 못 오는 거예요. 의견 제시하기

주 현: 회사에서 돈도 벌고 회사에 많이 있는 게 바쁜 거예요. 의견 제시하기

교 사: 그렇구나. 아빠가 회사 가서 집에도 늦게 들어오시고, 일이 아주 많아서 오랫동안 회사에 머무르는 것이 바쁜 거구나. 토의를 정리하는 이야기

'바쁘다'의 의미를 묻는 것으로 탐구공동체 활동이 시작되었습니다. 우리가 흔히 쓰는 단어들도 그 의미가 무엇인지를 물으면 머뭇거리게 됩니다. 상황에 따라 생각나는 단어들을 습관적으로 사용하거나, 동일한 단어를 다른 사람과는 다른 의미로 사용하기도 합니다. 그래서 똑같은 단어를 사용해도 사람마다 해석이 달라질 수 있기에 소통에 혼선을 빚기도 합니다. 함께 대화를 통해 공동으로 탐구해 나가기 위해서는 각각 생각하는 의미가 무엇인지를 밝히고 어떤 차이가 있는지, 어떤 의미로 사용해야 하는지를 함께 이야기하는 것이 필요합니다. 유아들은 '바쁘다'의 의미에 대해 자기 집에서의 경험을 기초로 하여 아빠가 회사에 일이 많아 오랫동안 회사에 머물면서 집에도 잘 들어오지 못하는 것이라고 이야기했습니다.

이야기 2. '바쁘다'의 반대는 무엇일까?

'바쁘다'의 의미를 반대말을 통해 좀 더 구체적으로 명료하게 알아보고자 합니다.

교 사: 일이 아주 많고, 회사에 출근하면 집에도 잘 못 오고, 다른 어디에도 잘 못 가고 하는 것이 바쁜 거구나. 그럼 '바쁘다'의 반대는 뭘까? 개념을 명료화하기 위한 질문

슬 기: 시간이 많다. 의견 제시하기

재 윤: 안 바쁘다. 의견 제시하기

준 우: 논다. 의견 제시하기

교 사: '바쁘다'의 반대말이 '논다'일까? 그럼 '논다'의 반대말은? 개념을 명료화하기 위한 질문

재 윤: 일한다. 의견 제시하기

교 사: 그럼 일하는 거랑 바쁜 거랑 같은 말일까? 의견을 검증하기 위한 질문

지 은: 아니요.

교 사: 그럼 놀면서도 바쁠 수 있을까? 예 제시를 요구하는 질문

지 은: 네. 우리 엄마는 매일 저보고 노느라고 바쁘다고 그래요. 예 제시하기

주 현: 우리 엄마도 집에서 노는 게 제일 바쁘다고 그래요. 예 제시하기

교 사: 그러네. 놀면서도 바쁠 수 있는 거니까 바쁜 것의 반대말이 '노는 것'은 아니겠네. 토의된 내용 정리하기

교 사: 다시 한 번 '바쁘다'의 반대말을 생각해 볼까? 개념을 명료화하기 위한 질문

한 솔: 심심하다. 의견 제시하기

교 사: 바쁘지 않으면 심심한 걸까? 의견을 검증하기 위한 질문

지 은: 아니요. 의견 제시하기

교 사: 그럼 '바쁘다'의 반대말은 뭘까? 개념을 명료화하기 위한 질문

유 나: 안 바쁜 거요. 의견 제시하기

교 사: 그렇구나. 안 바쁜 것. 아까 너희들이 처음 이야기했을 때 바쁜 것의 반대가 안 바쁜 것, 시간이 많은 것이라고 했는데 그럼 바쁘면 시간이 없고, 안 바쁘면 시간이 많은 것이라고 할 수 있을까? 토의된 내용의 결론을 검증하는 질문

유 아: 네.

'바쁘다'의 반대를 유아들은 '시간이 많다', '안 바쁘다', '논다', '심심하다'라고 말했습니다. 그 가운데 '논다'에 대해서 생각해 보니, 놀면서도 바쁠 수 있기에 반대말이 될 수 없다고 했습니다. '안 바쁘다'는 반대말이긴 하지만 '바쁘다'를 단순 부정한 것이기에 '안 바쁘다'를 통해 '바쁘다'의 개념을 이해하고 확장하긴 힘듭니다. '심심하다'라는 말도 역시 바쁘지 않아도 꼭 심심한 것은 아니기에 '바쁘다'의 반대말이 될 수 없습니다. 그래서 결국 남은 것은 '시간이 많다'입니다.

이야기 3. 왜 누구는 시간이 많고, 누구는 시간이 적을까?

'시간이 많다'는 것이 '바쁘다'의 반대말이 될 수 있을지에 대해 이어서 이야기해 보기로 했습니다.

교　사: 그럼 '시간이 많다'는 '바쁘다'의 반대말이 될 수 있을까? 의견을 검증하기 위한 질문

유아들: 네.

교　사: 왜 그렇게 생각하니? 근거를 요구하는 질문

슬　기: 안 바쁘면 시간이 많아져요. 바쁘면 시간이 없고요. 근거 제시하기

교　사: 그렇구나. 그런데 하루는 몇 시간인지 알고 있니?

슬　기: 12시간이요.

교　사: 왜 12시간이라고 생각했어? 근거를 요구하는 질문

슬　기: 시계에 12시까지 있잖아요. 근거 제시하기

교　사: 그런데 사실 하루는 24시간이래. 하루에 작은 시계 바늘이 시계를 두 바퀴 돌거든. 오전에 12시간이 있고, 오후에 또 12시간이 있어서 모두 24시간이야. 그런데 참 이상하지. 이렇게 하루의 시간은 똑같이 정해져 있는데 왜 누구는 시간이 많다고 생각하고, 누구는 시간이 적다고 생각할까? 이유를 묻는 질문

슬 기: 그건 하는 일이 다르기 때문이에요. 이유 대기

교 사: 하는 일에 따라 시간이 많아지기도 하고, 적어지기도 하는 거니? 함축된 의미를 묻는 질문

슬 기: 네. 하는 일이 많으면 시간이 적어지고, 하는 일이 적으면 시간이 많아져요. 구체적으로 설명하기

교 사: 그렇구나. 그것 참 이상하네. 왜 그렇게 되는 걸까? 이유를 묻는 질문

슬 기: 음…….

교 사: 이럴 수는 없을까? 똑같은 시간에 시간을 쪼개서 많은 일을 했다면, 일을 많이 했으니까 시간이 더 많다고 느낄 수 있지 않을까? 의견 제시하기

슬 기: 이거 하고 저거 하고 막 그래야 하니까 시간이 없는 거죠. 반대 의견 제시하기

교 사: 그럼 여러 가지 일을 하면 시간이 적어지는 거니? 의견 확인을 위한 재질문

슬 기: 그게 아니라, 이거 끝나고 이거 하고, 이거하고 또 저거하고 그런 게 바쁜 거죠. 의견 제시하기

재 윤: 맞아요. 나 유치원 끝나고, 철학하고 또 축구하러 가야 돼요. 바빠요, 바빠. 의견 제시하기

유 나: 나도 바빠요.

승 민: 나도 게임하느라 바빠요.

같은 시간 안에 더 많은 일을 하면 바쁘고 시간이 없는 것이며, 같은 시간 안에 하는 일이 많지 않으면 안 바쁘고, 시간이 많은 거라고 합니다. 미하엘 엔데의 소설 『모모』에서 시간 도둑들이 이런 식으로 시간을 훔쳐 갔고, 사람들은 같은 시간에 많은 일을 하면서 시간을 저축한다고 생각했지요. 어린이들은 같은 시간에 어떤 일을 얼마나 하는지에 따라 시간을 느끼는 것이 달라진다는 것을 잘 알고 있었습니다. 이야기를 하며 너도 나도 자신들이 바쁘다고 이야기합니다.

이야기 4. 너희들은 언제 바쁘니?

대부분의 어린이들이 자신이 바쁘다고 말했는데, 유아들은 언제 바쁘다고 느끼며, 어떤 일 때문에 바쁜 것인지에 대해 이야기를 좀 더 나누어 보기로 했습니다.

교 사: 그렇구나. 바쁜 친구들이 많네. 무엇 때문에 바쁜 거야? 구체적인 설명을 요구하는 질문

승 민: 나는 게임하느라 바빠요. 게임 돈 모으느라고. 자신의 경험 말하기

교 사: 무슨 게임을 하는데?

승 민: 자동차 게임.

주 현: 유치원에서 심부름 하느라 바빠요. 자신의 경험 말하기

한 솔: 월화수목금까지 계속 미술학원 가고 피아노 가고 그래야 해요. 자신의 경험 말하기

슬 기: 동생이랑 놀아 주면서 제가 가게주인을 할 건데요. 그때 어떤 물건을 몇 원으로 할까 정해야 하고 그래서 바빠요. 자신의 경험 말하기

교 사: 무슨 가게를 할 건데?

슬 기: 여러 가지 팔 거예요. 책도 팔고, 옷도 팔고 그럴 거예요. 그리고 동생한테 정리하라고 알려 줘야 하고요.

재 윤: 미술도 가야 하고, 축구도 가야 하고, 과학도 가야 하고. 자신의 경험 말하기

지 은: 나도 피아노도 가야 하고, 미술도 가야 하고, 오빠도 데리러 가야 해요. 자신의 경험 말하기

교 사: 우와, 다들 바쁘네. 그럼 '난 안 바빠요, 난 아주 한가해요' 하는 사람은 없어? 아무도 없는 거야? 반례를 탐색하기 위한 질문

주 현: 피아노, 미술 끝나고 와서 씻고 엄마랑 게임하는 게 안 바빠요. 자신의 경험 말하기

준 우: 저는 유치원에서 놀기만 하면 안 바빠요. 자신의 경험 말하기

교 사: 놀기만 하면 안 바쁜 거니? 의견을 검증하기 위한 질문

준 우: 네. 노니까요.

교 사: 우리 아까 놀면서도 바쁠 수 있다고 하지 않았니? 의견 확인을 위한 재질문

준 우: 바쁠 때도 있고 안 바쁠 때도 있고.

교　사: 놀면서 어떨 때 바쁘고, 어떨 때 안 바쁘니? 예 제시를 요구하는 질문

승　민: 엄마가 놀다가 '그만 놀아라' 그럴 때 바빠져요. 예를 들어 설명하기

슬　기: 밤에 자기 전에 엄마가 '얼른 자라' 그러면 놀다가 바빠져요. 예를 들어 설명하기

교　사: 그렇구나. 끝나는 시간이 정해져 있으면 한가하게 놀다가도 갑자기 바빠질 수 있는 거구나. 유아의 의견 재진술하기

교　사: 그럼 만약에 엄마가 언제까지든 실컷 놀라고 하면 안 바쁘게 놀 수 있는 거니? 함축된 의미를 묻는 질문

유아들: 네.

교　사: 그럼 끝나는 시간이 정해져 있으면 바쁘고, 끝나는 시간이 정해져 있지 않으면 안 바쁘다고 말할 수 있을까? 의견을 검증하기 위한 질문

유아들: 네.

교　사: 그렇구나. 그런데 엄마들도, 선생님들도 매일 몇 시까지 뭐해라, 5분 있다 정리해라, 그러잖아. 어른들은 왜 시간을 정해 놓고 언제까지 뭐 해라 그런 얘기를 하는 걸까? 이유를 묻는 질문

슬　기: 안 그러면 하루가 그냥 가 버리잖아요. 이유 대기

유　나: 맞아요. 밥 먹는 시간을 정해 놓지 않으면 하루 종일 놀지도 못하고 밥만 먹잖아요. 이유 대기

교　사: 그렇구나. 그럼 너희들은 어른들이 뭐뭐 할 시간을 정해 놓고 그때까지 뭐 해라 하는 것에 대해서 불만이 없니? 구체적인 사례 속에서 판단을 요구하는 질문

준　우: 있어요. 의견 제시하기

교　사: 어떤 불만? 구체적인 설명을 요구하는 질문

준　우: 매일 빨리 하라고 그래요. 구체적으로 설명하기

재　윤: 엄마가 매일 소리치고 짜증내요.

준　우: 저번엔 엄마가 빨리 오라고 팔을 확 잡아 당겼어요.

교　사: 그럼 너희들은 스스로 언제까지 뭘 할지 결정할 수 있니?

유아들: 네.

재　윤: 저는 늦게까지 안 잘 수 있어요.

교　사: 늦게 자고 아침에 유치원에 늦지 않게 혼자서 일어날 수 있니?

재　윤: 아니요.

교 사: 그렇구나. 뭐든 마음대로 하면 좋겠지만 유치원 가는 시간, 유치원에서 돌아오는 시간 같은 게 정해져 있으니까 마음대로 할 수도 없을 때도 있구나. 토의된 내용 정리하기

재 윤: 그럼 유치원을 안 가면 되잖아요. 해결 방안 제시하기

교 사: 유치원을 안 가고 싶니?

슬 기: 아니요. 유치원 안 가면 심심해요. 반론 제기하기

교 사: 그럼 유치원을 아무 때나 가는 건 어떨까? 대안 제시하기

주 현: 다른 친구들이 없잖아요. 반론 제기하기

지 은: 선생님도 없고. 반론 제기하기

교 사: 그러네. 그럼 또 시간을 정해 놓고 가야 하는 거네. 토의된 내용 정리하기

시간을 정해 놓고 뭔가를 하는 것이 결국 바쁘게 되는 원인이라는 것을 유아들과 함께 이야기했습니다. 어른들이 생각하기에 유아들은 바쁠 일이 없을 것 같은데, 아이들은 실제로 자기들이 많이 바쁘다고 생각하네요. 어른들이 빨리 하라고 서두르는 것에 대해 불만을 가지고 있습니다.

하지만 시간을 안 정해 놓을 수도 없는 일입니다. 함께 뭔가를 해야 하는 거니까요. 시간을 정해 놓지 않으면 함께 할 수가 없다는 걸 이야기를 통해 알게 되었습니다. 결국 시간을 어떻게 정하고, 정해진 시간 안에 어떻게 일을 해 나가는지가 관건이 될 것입니다.

이야기 5. 아빠는 왜 바쁘실까?

'바쁘다'의 의미와 바쁜 이유를 차례로 이야기했으니, 이제 다시 처음의 질문으로 돌아가 보고자 합니다. 아빠는 정말 왜 바쁘실까요?

교　사: 시간을 정해 놓고 뭔가를 하다 보니까 바쁘게 되는 것 같구나. 그런데 우리 처음의 질문, '아빠는 왜 바쁘실까'의 답을 한번 생각해 볼까? 이유를 묻는 질문

주　현: 하는 일이 많아서요. 이유 대기

교　사: 하는 일은 많지만 시간도 많으면 바쁠까? 판단을 요구하는 질문

주　현: 정해진 시간이 있어서 그 시간 안에 해야 해서 그런 거예요. 의견 제시하기

교　사: 그럼 그 시간을 누가 정하는 걸까?

주　현: 아빠가요.

교　사: 아빠가 스스로 시간을 정하는 것 같아?

유　나: 아니요. 회사에서요.

교　사: 너희들 유치원 오는 시간은 누가 정한 거니?

한　솔: 유치원에서요.

유　나: 선생님이요.

교　사: 너희들은 정하지 않았니?

유아들: 네.

교　사: 그럼 아빠 회사의 시간은 누가 정하는 걸까?

한　솔: 회사에서요. 의견 제시하기

슬　기: 아빠는 어른이잖아요. 의견 제시하기

교　사: 어른이니까 아빠가 스스로 시간을 정할 수 있다고 생각하는 거야? 함축된 의미를 묻는 질문

슬　기: 네. 어른들은 자기가 알아서 할 수 있어요. 의견 제시하기

주　현: 맞아요. 어른들은 자기 마음대로 할 수 있어요. 의견 제시하기

교　사: 그렇구나. 지금까지 우리가 한 이야기로 보면 아빠가 바쁜 것은 정해진 시간 안에 일을 끝내야 하기 때문에 그런 건데, 그 시간은 누가 정했는지는 잘 알 수가 없구나. 어떻게 하면 알 수 있을까? 구체적인 설명을 요구하는 질문

유　나: 아빠한테 물어봐요. 해결 방안 제시하기

교　사: 그래. 그게 제일 확실한 방법이겠네.

아빠가 회사에서 바쁜 이유가 정해진 시간 안에 해야 할 일이 많아서라면, 그 시간을 누가 정하는지 이야기해 보았습니다. 일을 하는 사람이 일을 끝내는 시

간을 정하면 그렇게 바쁠 일은 없지만 그 시간을 항상 스스로 정할 수 있는 게 아니니까 모든 사람들이 바쁘게 살아가는 것이겠지요. 시간을 스스로 정하며 살 수 있는 방법은 없는 걸까 하는 생각을 해 봅니다.

지금까지 두 차시로 나누어 진행한 탐구공동체 활동을 정리해 보면 다음과 같습니다.

〈표 6-2〉 철학적 탐구공동체 활동 전개과정

그림책 읽기	'『오월은 푸르구나』-탐구 3'을 교사가 한 문장을 읽은 다음 유아들이 다 같이 한 문장을 읽는 것을 번갈아 하며 읽음.
그림책의 내용과 관련해 궁금한 점 질문하기	• 왜 아빠 얼굴이 빨개졌을까? • 아빠는 왜 바쁘실까? • 풍선이 터졌는데 왜 웃어요? • 아빠가 왜 이렇게 잘 놀아 줘요? • 아빠가 왜 나보다 더 즐거워할까? • 아빠가 왜 왕관을 만들어 주었을까? • 머릿속에 그려지는 게 뭐예요?
토의하고 싶은 질문 선정하기	"아빠는 왜 바쁘실까?"
토의하기	'바쁘다'의 의미 '바쁘다'의 반대말 찾기 어떤 사람은 시간이 많고, 어떤 사람은 시간이 적은 이유 유아들이 바빴던 경험과 이유 아빠가 바쁘신 이유

심/화/활/동

아빠의 외모에 대해서 유아들과 함께 이야기해 봅니다. 눈, 코, 입은 어떻게 생기셨는지 아빠가 무엇을 좋아하시는지에 대해서도 구체적으로 생각해 봅니다. 아빠가 좋아하시는 음식, 색깔, 계절에 대해 이야기하면서 아빠에 대해 곰곰이 다시 생각해 보게 될 것입니다.

앞서 이야기한 내용을 바탕으로 교사가 준비한 종이 위에 아빠에 대한 짧은 글을 적어 봅니다. 유아들이 혼자서 동시를 완성하기 어려울 경우는 반 전체가 참여하여 하나의 동시를 완성할 수도 있습니다.

활동명: '아빠에 관한 동시 짓기'

활동 형태	대소집단 활동
활동 영역	언어 영역
활동 목표	▸ 아빠의 특징을 안다. ▸ 아빠의 소중함을 알고 아빠에 관한 마음을 글로 적어본다.
누리과정 관련요소	▸ 의사소통 〉말하기 〉느낌, 생각, 경험 말하기 ▸ 의사소통 〉쓰기 〉쓰기에 관심가지기 ▸ 사회관계 〉가족을 소중히 여기기 〉가족과 화목하게 지내기
활동 자료	색상지, 사인펜, 연필, 지우개
활동 방법	1. 아빠의 외모(생김새)에 대해서 이야기 나눈다. • 아빠가 어떻게 생기셨는지 이야기해 줄 수 있니? • 눈은 어떻게 생기셨을까? • 코는 어떻게 생기셨을까? • 입은 어떻게 생기셨을까? 2. 아빠가 좋아하는 것에 대해서 이야기 나눈다. • 아빠는 어떤 음식을 좋아하실까? • 아빠는 어떤 색깔을 좋아하실까?

- 아빠는 어느 계절을 좋아하실까?
- 아빠는 어떤 음식을 좋아하실까?

3. 아빠가 좋은 이유에 대해서 이야기 나눈다.
   - ○○는 아빠의 어떤 점이 좋아요?
   - 아빠가 좋은 이유가 또 있을까?
4. 아빠에 관한 동시를 지어 본다.
5. 친구들에게 동시를 소개한다.

활동의 유의점

- 각 가정의 상황에 따라 아빠에 대한 감정이 좋은 유아들도 있고 그렇지 못한 유아들이 있음을 인식하고, 교사는 유아 가정의 분위기를 미리 정확하게 파악하여 이야기를 나눈다.
- 다양한 가족의 형태를 인정하고 유아들이 서로 다른 가족 형태에 대한 편견을 갖지 않도록 배려한다.
- 유아들이 동시를 각각 혼자서 완성하기 어려울 경우, 유아들 모두가 참여하여 하나의 동시를 만들어 완성할 수 있도록 한다.

04 두 번째 교사회의: 평가하기

이번 차시에는 "아빠는 왜 바쁘실까?"라는 질문 속에서 '바쁘다'의 의미를 생각해 보는 것으로부터 시작했습니다. 바쁜 것은 회사에서 일을 많이 하는 것이며, 바쁜 것의 반대는 시간이 많은 것이라고 이야기했습니다. 모든 사람들은 똑같이 하루 24시간을 살아가는데 왜 누구는 시간이 많고, 왜 누구는 시간이 적을까요? 유아들의 의견에 따르자면 하는 일이 많은 사람은 시간이 적은 거고, 하는 일이 별로 없는 사람은 시간이 많은 거라고 합니다. 결국 시간의 많고 적음은 일의 많고 적음에 반비례하는 거군요.

하는 일의 많고 적음을 이야기하다가 유아들은 자신들이 바쁘다고 이야기합니다. 하는 일이 많다는 것이지요. 유아들이 하는 일이 많아 바쁘다고 생각한다는 것에 주목할 필요가 있습니다. 많은 유아들이 자신들이 원하는 것과 자신들의 능력에 맞지 않게 주어지는 일들에 대해 부담을 느끼는 것 같습니다.

유아들은 어떤 시간에 무엇을 할지 스스로 결정하고 싶어 합니다. 다시 말해 유아 스스로 시간의 주인이 되기를 원하는 것이지요. 바쁜 우리의 일상은 우리 스스로 시간의 주인이 되는 것을 어렵게 만듭니다. 시간의 주인이 되지 못하는 것은 어른들뿐만 아니라 유아들도 마찬가지인 것 같네요.

시간이란 사람들에게 똑같이 주어진 것입니다. 그래서 사람들이 모여서 뭔가를 할 때는 함께 모이는 시간을 정하고 정해진 시간에 맞추어 행동해야 할 때가 생깁니다. 이러한 의무들이 어른이 될수록 점점 많아지기에 아빠도 역시 바쁜 것입니다. 그러나 유아들은 어른들이 자신들보다 훨씬 많은 결정권을 가지고 있다고 생각하고 있습니다. 자신의 시간을 스스로 결정할 수 있다면 바쁘게 살 것인지, 그렇지 않을 것인지 또 생각해 보아야겠네요. 그렇게 이야기는 또 새로운 질문으로 이어지는데 이 이야기는 미처 꺼내 보지 못하고 이번 차시는 마무리되었습니다.

C/H/A/P/T/E/R/ 07

『오월은 푸르구나』 – 탐구 4: '어버이날'의 의미

01 1차시 철학적 탐구공동체 활동: 그림책 읽기와 질문 선정하기

선정된 질문 – "어버이날은 왜 있을까?"

오늘은 그림책 『오월은 푸르구나』의 네 번째 부분을 읽을 차례입니다. 이번에는 교사가 먼저 처음부터 끝까지 읽은 다음, 유아들이 돌아가면서 한 줄씩 읽어 보았습니다. 읽기에 능숙하지 못한 유아들이 돌아가면서 한 줄씩 읽을 때 글자 하나하나를 읽느라 전체 맥락을 놓치기 쉽기 때문입니다. 그런 점에서 교사가 전체 내용을 읽어 주는 것이 맥락 파악에 도움이 될 수 있습니다.

"아름아, 그런데 어버이날에는 우리에게 무엇을 해 줄거니?"

아빠가 말씀하셨어.

"그래, 맞다. 내일 모레면 어버이날이네. 어떡하지, 아름아?"

엄마는 옆에서 빙그레 웃으며 나를 바라보셨어.

"어린이날에는 엄마랑 아빠가 아름이를 위해 즐겁게 해 주었지. 그럼 어버이날에는 아름이가 언니랑 같이 아빠, 엄마에게 무언가 해 줘야 하잖아?"

"또 할아버지, 할머니께도 효도해야지?"

아빠랑 엄마가 번갈아 가며 말씀하셨어.

효도?

효도가 무슨 말이지?

어떻게 하는 게 효도하는 걸까?

여러 번 들어 본 것 같은데 무슨 뜻인지 잘 모르겠어.

한참 생각했지만, 결국 물어보지는 못했어.

5월 8일 어버이날이야.

아침에 유치원에서 만든 빨간 카네이션 꽃을 들고 안방으로 갔어.

"내가 만든 거예요. 달아 드릴게요."

"빨간 색종이로 예쁜 카네이션을 만들었네. 아름이가 만들었니? 고맙다."

아빠랑 엄마가 왼쪽 가슴에 꽃을 달고 기뻐하셨어.

가위질을 잘 하지 못해서 빨간 색종이 꽃잎이 삐뚤빼뚤해졌어.

그래도 선생님이 칠판에 써 주신 글자를 보고 초록색 색종이에 연필로 '축 어버이날'이라고 내가 열심히 글씨를 써서 꽃 밑에 달았어.

근사할 것 같지 않니?

"아름아, 할아버지, 할머니 카네이션은 어디에 있니?"

엄마가 두리번거리며 카네이션 꽃을 또 찾으셨어.

"유치원에서 두 분께 드릴 꽃도 만들었니?"

"맞다. 아빠, 엄마보다 할아버지, 할머니가 아름이를 훨씬 많이 돌보아 주시는데 감사 선물을 드려야지? 아름인 어떤 선물을 준비했니?"

엄마와 아빠가 할아버지, 할머니께 드릴 선물이 있는지 내 손을 바라보셨어.

"유치원에서 엄마, 아빠 것 두 개만 만들었는데요?"

"할아버지, 할머니 카네이션은 없니?"

"네."

아빠, 엄마 얼굴을 번갈아 보며, 걱정이 되어 조그만 목소리로 대답했어.

글을 함께 읽고 나서 유아들이 던진 질문은 다음과 같습니다.

"'효도'가 뭐예요?"
"'모레'가 뭐예요?"
"어버이날이 왜 있을까?"
"어린이날이 왜 있을까?"
"이름이 왜 아름이에요?"
"5월은 왜 푸를까?"
"왜 감사 선물을 드려요?"

이 중에서 유아들이 가장 토의하고 싶다고 선정한 질문은 "어버이날은 왜 있을까?"입니다.

02 첫 번째 교사회의: 중심주제 선정과 토의계획 세우기

중심주제 – '어버이날'의 의미

유아들이 뽑은 질문은 "어버이날은 왜 있을까?"입니다. 먼저 어버이날이란 어떤 날인지 생각해 볼 필요가 있겠지요. 어버이날이란 어떤 날일까요? 보통 어버이날에는 어머니와 아버지의 가슴에 카네이션을 달아 드리며 낳아 주시고 키워 주셔서 감사하다고 인사를 드립니다. 부모님과 떨어져 먼 곳에 사는 사람들은 찾아가서 인사도 하고, 선물을 드리거나 같이 식사도 합니다. 어버이날에는 이렇게 어머니, 아버지에게 감사와 사랑을 표현하는 날이라고 할 수 있습니다. 이런 어버이날이 왜 있을까요? 부모님에게 왜 감사드려야 할까요? 부모님을 사랑해야 하는 이유는 무엇일까요?

"어버이날은 왜 있을까?"라는 질문을 통해 우리는 엄마와 아빠는 어떤 사람인지, 엄마와 아빠에게 감사하고, 엄마와 아빠를 사랑해야 하는 이유에 대해 생각해 볼 수 있습니다. 물이나 공기처럼 항상 우리 곁에 계시기에 오히려 당연하게 여기고 관심 두지 않았던 부모님이라는 존재에 대해 생각해 봄으로써, 자신의 존재의 근원인 부모님에 대해 감사하는 마음을 새로 가질 수 있을 것입니다.

그런데 어린이날과 마찬가지로 어버이날을 정해 놓은 이유는 무엇일까요? 부모님을 사랑하고, 부모님에게 감사하는 것이야말로 1년 내내, 평생 동안 해야 하는 일임에도 불구하고 사랑과 감사를 표현하는 특별한 날을 정한 이유는 무엇일까요? 사실 우리는 당연하다고 생각함에도 불구하고, 그 당연함을 잘 실천하지 못할 때가 종종 있습니다. 특히 가족 간에는 서로 사랑하면서도 그 사랑을 잘 표현하지 못할 때가 많습니다. 그래서 어버이날, 어린이날을 정해 놓고, 부모님에 대한 사랑과 자녀에 대한 사랑을 마음껏 표현하기로 한 것 같습니다.

그럼 왜 평상시에 엄마, 아빠에게 사랑을 전하고, 표현하는 것이 잘 되지 않는 걸까요? 사랑함에도 불구하고 사랑을 표현하지 않는다면 그건 사랑하는 걸까요? 사랑하지 않는 걸까요? 부모님을 사랑한다면 어떻게 해야 하는 걸까요?

우리는 때때로 상대가 무엇을 원하는지는 상관없이 사랑이라는 이름으로 자신의 욕구를 충족시키려 하거나, 상대를 구속하기도 합니다. 그래서 에리히 프롬은 사랑은 그냥 저절로 할 수 있는 것이 아니라 어떻게 하면 제대로 사랑할 수 있는지 그 기술을 배워야 한다고 했습니다. 에리히 프롬은『사랑의 기술』에서 인간은 모두 고독한 존재이기에 사랑하지 않을 수 없다고 했습니다. 어린이들을 보면 특히나 사랑받는 것이 얼마나 중요한지를 온몸으로 보여 주고 있습니다. 사랑받는 아이와 그렇지 않은 아이들은 다른 사람에게 사랑을 나눠 주는 장면에서 극명한 차이를 보입니다. 에리히 프롬은 사랑에서 중요한 것은 사랑을 받는 것이 아니라 사랑을 하는 능력에 있다고 했습니다.

어린이들은 사랑을 받음으로써 사랑하는 능력을 가지게 됩니다. 부모님들의 사랑을 통해 어린이들은 사랑을 느끼고 배우며, 사랑이 자라게 되고 또 그 사랑을 나누게 됩니다. 어린이들 입장에서 부모님을 사랑하는 마음을 어떻게 표현하는 것이 좋을지 이야기해 보는 것은 부모님으로부터 받은 사랑을 다시 사랑하는 능력으로 만들어 나가는 데 아주 중요한 계기가 될 것입니다. 부모님을 사랑하는 것은 결국 자기 자신에 대한 사랑이며, 자신을 사랑하는 것은 또한 자신이 존재하는 세계와 이 세계를 함께 살아가는 사람들을 사랑하는 것입니다.

〈표 7-1〉 철학적 탐구공동체 활동계획안

<table>
<tr><td>누리과정 영역과 관련된 활동 목표</td><td colspan="2">▸ 다양한 낱말을 사용하여 상황에 맞게 말하는 능력을 기른다. (의사소통 영역)
▸ 가족의 의미와 소중함을 알고, 가족을 위하여 내가 할 수 있는 일을 알아보고 실천하는 태도를 기른다. (사회관계 영역)
▸ 다른 사람의 감정을 알고 공감하며, 배려하는 행동을 한다. (사회관계 영역)
▸ 궁금한 점을 알아보는 탐구과정에 참여하고 즐기는 태도를 기른다. (자연탐구 영역)</td></tr>
<tr><td>시 간</td><td>토 의 내 용</td><td>준비물 및 유의점</td></tr>
<tr><td>도입
〈10분〉</td><td>1. 지난주 철학활동 시간에 읽은 이야기의 내용과 선정된 질문에 대해 회상한다.
• 우리가 지난주에 읽었던 이야기의 내용이 기억나니?
• 우리는 이 이야기를 읽고 나서 어떤 질문을 했었지?
• 우리가 가장 궁금하다고 뽑은 질문은 무엇이었을까?</td><td></td></tr>
<tr><td>전개
〈35분〉</td><td>2. 어버이날이란 어떤 날인지에 대해 토의한다.
3. 유아들이 생각하는 엄마와 아빠는 어떤 분인지에 대해 이야기 나눈다.
4. 부모님께 감사해야 하는 이유에 대하여 이야기 나눈다.
5. 부모님을 사랑해야 하는 이유와 사랑을 표현하는 방법에 대하여 토의한다.</td><td></td></tr>
<tr><td>마무리
〈5분〉</td><td>6. 탐구공동체 활동 시간 동안 각자의 태도와 행동에 대해 되돌아보고 평가한다.</td><td>평가지</td></tr>
</table>

또 / 다 / 른 / 질 / 문

'『오월은 푸르구나』 – 탐구 4'의 1차시에서 선정된 질문은 "어버이날은 왜 있을까?"이며, 여기서 교사는 토의의 중심주제를 '어버이날의 의미'로 계획하여 활동계획안을 수립하였습니다. 만약 유아들이 질문을 선정하는 과정에서 다른 질문을 선정했다면 다른 중심주제로 탐구공동체를 운영해야 하므로, 기타 다른 질문과 관련된 중심주제와 토의계획을 소개해 드립니다.

▌선정 예상 질문 - 1. "이름이 왜 아름이에요?"

1. 중심주제: 이름의 의미

'이름'의 사전적 정의를 찾아보니 '다른 것과 구별하기 위하여 사물, 단체, 현상 따위에 붙여서 부르는 말'입니다. 이 정의에 따르면 이름을 정하는 이유는 어떠한 것을 다른 것과 구별하기 위해서입니다. 그렇다면 이름을 정하는 방법에는 어떠한 것들이 있을까요? 사람으로 생각하면 우선 남자아이인지 여자아이인지 성별에 따라 이름이 달라지기도 합니다. 우리나라에서는 돌림자라고 해서 집마다 전해 내려오는 이름 정하는 방법을 사용하기도 하지요. 그러고 보면 이름을 정하는 일은 꽤 어려운 작업인 것 같습니다.

하지만 이름은 내가 정하는 것이 아니라 대부분 누군가가 부여해 주는 것이기에 세월이 흘러 마음에 들지 않아서 개명을 하는 경우도 있습니다. 자기 이름이 마음에 흡족하든 그렇지 않는 누구나 이름을 가지고 있습니다. 도대체 이름이 있어야 하는 이유는 무엇일까요?

유아들과 이름의 의미에 대해서 이야기할 수 있습니다. 이름을 누가 처음에 만드는지, 왜 만드는지, 어떠한 방법으로 만드는지에 대해서 이야기 나누고, 마지막으로 어떤 사물에 대해서 이름을 만들어 보는 과정을 통해 가장 그 사물을 잘 나타낼 수 있는 이름이 무엇인지 생각해 보는 것도 흥미롭겠습니다. 이러한 과정을 통해 이름이 의미하는 것을 구체적으로 사고해 봅니다.

2. 토의계획

1) 이름이란 무엇인지에 대해서 생각해 본다.
2) 이름을 누가 만드는지에 대해서 이야기 나눈다.

3) 이름을 왜 만드는지에 대해서 알아본다.
4) 이름을 만들어 보도록 한다.

▌선정 예상 질문 - 2. "'모레'가 뭐예요?"

1. 중심주제: 시간의 의미

시간의 사전적 정의를 살펴보면 '과거로부터 현재를 통해 미래로 움직이는 것', 즉 '끊임없이 움직이는 비공간적인 연속체'를 말합니다. 비공간적인 연속체란 무슨 말일까요? 우리는 흔히 '시간이 흐른다', '시간이 간다'라는 말을 사용하는데 과연 시간은 움직이고 우리 눈에 보이는 걸까요? 사실 우리는 시간의 움직임을 보는 것이 아니라 시간에 따른 사물의 변화를 보는 것이지요. 계절이 바뀌고 어린 아이가 어른이 되어 가고 씨앗이 자라 결국 열매를 맺는 변화를 보면서 시간이 흘러감을 알 수 있습니다.

우리는 시간이 지나가는 속도를 상황에 따라 다르게 느끼곤 합니다. 어떤 일을 할 때는 순식간에 시간이 지나가는 것 같고, 또 다른 일을 할 때는 시간이 멈추어 있는 것 같이 지루한 경험을 한 적이 있을 것입니다. 즉, 심리적인 시간의 흐름이 다름을 경험한 것이지요. 결국 시간이란 변화이며, 시간을 재는 시계가 우리의 필요에 의해 만들어진 것이라면, 시간에 쫓겨 생활하는 것이 아닌 저마다의 삶의 주체로서 시간의 주인이 되는 것이 어떤 것인지 함께 이야기 나누어 볼 수 있을 것 같습니다.

2. 토의계획

1) '모레'라는 단어의 의미에 대하여 이야기를 나눈다.
2) 오늘, 내일, 모레는 어떻게 다른지에 대해서 생각해 본다.
3) 시간이 눈에 보일지에 대해서 생각해 본다.
4) 시간이 빠르게 지나간다고 느낀 경험을 이야기한다.
5) 시간이 느리게 지나간다고 느낀 경험을 이야기한다.
6) 시간을 잘 사용한다는 것은 어떤 것인지 생각해 보고, 어떻게 사용해야 할지 이야기 나눈다.

03 2차시 철학적 탐구공동체 활동: 토의하기

이야기 1. '어버이날'은 어떤 날일까?

"어버이날은 왜 있을까?"라는 질문을 가지고 이야기 나누기 위해서는 어버이날이 어떤 날인지 먼저 이야기해야 합니다. 교사는 유아들에게 어버이날이 어떤 날인지에 대해 물어보았습니다.

교 사: 어버이날은 어떤 날인 것 같아? 개념을 명료화하기 위한 질문
유 나: 할머니 집에 가는 날. 정의 내리기
재 윤: 어른들의 날. 정의 내리기
주 현: 할아버지, 할머니의 날. 정의 내리기
준 우: 엄마가 우리에게 안아 주고 뽀뽀해 주고 매일매일 밥해 주고 옷 입혀 주고 옷 사 주고 씻겨 주고 해서 고마워서 만든 날. 정의 내리기
슬 기: 우리 아빠도 씻겨 주고 잠재워 주는데. 반례 제시하기
재 윤: 어른들이 서로 축하해 주는 날. 정의 내리기
슬 기: 어린이날만 있으면 어른들이 없어서 슬플 것 같아서 어른들의 날을 만든 게 어버이날이에요. 정의 내리기
한 솔: 어버이날은 엄마, 아빠 카네이션 달아 주는 날이에요. 정의 내리기
승 민: 어버이날은 어린이날에 엄마랑 아빠가 봉사하셨으니까 어린이들이 엄마랑 아빠가 되는 날이에요. 정의 내리기
교 사: 그러니까 어버이날은 어린이들이 엄마, 아빠께 감사하고, 축하하고, 카네이션도 달아 드리고, 엄마, 아빠의 역할을 대신하기도 하는 그런 날이구나. 토의내용 정리하기

어버이날이 어떤 날인지 함께 이야기하면서 어버이날과 관련된 다양한 생각

과 경험을 들을 수 있었습니다. 유아들은 부모님의 노고에 감사해야 하고, 어린이날만 있으면 어른들이 슬플 수도 있다고 이야기합니다. 유아들이 마냥 자기중심적으로 사고하는 것이 아니라 다른 사람의 입장을 생각하고 배려하고 있음을 알 수 있습니다.

📖 이야기 2. 어떻게 하면 엄마와 아빠가 될 수 있을까?

엄마와 아빠가 된다는 것이 어떤 것인지 이야기하면 자연스레 엄마와 아빠의 역할에 대해 생각해 볼 수 있을 것 같아서 교사는 "어떻게 하면 엄마와 아빠가 될 수 있을까?"라는 질문을 던졌습니다.

교 사: 어린이들이 엄마, 아빠가 된다고? 어떻게 하면 엄마, 아빠가 될 수 있을까? 구체적인 설명을 요구하는 질문

준 우: 난 아빠가 되기 싫어요. 아빠가 되면 빨리 죽으니까. 죽으면 입에 모래가 들어가요. 의견 제시하기

재 윤: 난 몸이 뻣뻣해져서 아빠가 되기 싫어요. 의견 제시하기

한 솔: 아빠가 되면 수염이 생겨요, 사람들이 그거 보고 싫어할까봐 아빠 되기 싫어요. 의견 제시하기

교 사: 면도하면 되잖아. 해결 방안 제시하기

한 솔: 저는 회사 다니기 지겨워요. 의견 제시하기

교 사: 왜 회사 다니는 게 지겨워? 재미있는 회사는 없을까? 이유를 묻는 질문

한 솔: 회사는 다 지겨워요. 이유 대기

교 사: 그럼 엄마가 되는 건 어떠니? 판단을 요구하는 질문

유 나: 엄마가 되기 싫어요. 의견 제시하기

교 사: 싫은 이유가 뭐지? 이유를 묻는 질문

유 나: 밥도 해 줘야 하고 힘드니까. 이유 대기

교 사: 밥 해 주는 게 힘들어? 의견을 검증하기 위한 질문

유 나: 눈이 매워요. 이유 대기

지 은: 양파 썰 때 눈이 매워요. 지지하기

교 사: 너희들 이야기 들으니까 너희들은 엄마, 아빠가 되는 걸 싫어하는구나. 회사 다니기 지겹고, 밥 해 주는 게 힘들고 그래서 말이야. 그런 힘든 일을 너희들 엄마와 아빠는 매일 하고 계신 거네. 토의내용을 정리하기

"어떻게 하면 엄마와 아빠가 될 수 있을까?"라는 질문에 유아들은 모두 엄마와 아빠가 되기 싫다는 이야기를 합니다. 어른이 되었을 때 나타나는 신체적 변화와 회사를 가는 것, 밥을 해 주는 것과 같은 부모의 역할이 힘들다는 이야기를 합니다. 아이들의 눈에 비친 어른들은 항상 가기 싫은 회사를 가야 하고, 힘든 집안일을 하고 있었나 봅니다. 어른들이 스스로 자신의 일을 즐거워하면서 만족하며 살아가지 않는다면 어린이들도 미래의 전망을 세우고 즐거이 미래를 위해 노력하는 것이 힘들겠구나 생각을 해 봅니다.

이야기 3. 아빠와 엄마는 어떤 사람이니?

유아들이 생각하는 엄마와 아빠의 모습이 어떤 것인지 좀 더 구체적으로 알아보기 위해 엄마와 아빠는 어떤 사람인지 물어보았습니다.

교　사: 너희들이 생각할 때 아빠는 어떤 분이시니? 지금부터 자기가 생각하는 아빠를 '아빠는 OOOO입니다'라고 말해 보자. 개념을 명료화하기 위한 질문
재　윤: 아빠는 아버지입니다. 정의 내리기
준　우: 아빠는 친구입니다. 정의 내리기
슬　기: 아빠는 멋집니다. 특징 설명하기
승　민: 아빠는 컴퓨터만 합니다. 특징 설명하기
주　현: 아빠는 뉴스 보는 사람. 정의 내리기
준　우: 아빠는 신문지 보는 사람이에요. 정의 내리기
한　솔: 아빠는 좋아요. 왜 좋으냐면 목마 태워 주고 밤에 숨바꼭질도 해 줘요. 특징 설명하기
재　윤: 아빠는 야구 좋아하는 사람입니다. 정의 내리기
지　은: 아빠는 우리가 못 고치는 것도 탁탁 잘 고치는 사람. 정의 내리기
유　나: 아빠는 뚱뚱해요. 특징 설명하기
승　민: 우리 아빠는 뚱뚱해서 살 빼려고 굶고 있어.
교　사: 그럼 엄마는 어떤 분이실까? 개념을 명료화하기 위한 질문
주　현: 엄마는 우리한테 밥을 줘요. 특징 설명하기
승　민: 우리 엄마는 우리 잘 때 컴퓨터로 고스톱해요. 특징 설명하기
재　윤: 우리 엄마는 가요를 좋아해요. 특징 설명하기
준　우: 우리 엄마는 청소를 해요. 특징 설명하기
슬　기: 엄마는 날 좋아해요. 특징 설명하기
유　나: 엄마는 장을 봅니다. 특징 설명하기
주　현: 엄마는 드라마를 좋아하는 사람입니다. 정의 내리기

유아들이 보는 엄마와 아빠의 모습은 참으로 다양합니다. 엄마와 아빠가 하는 일, 좋아하는 것, 평소의 모습 등을 다양한 언어로 표현합니다. 어린이들은 어른의 거울이라는 말이 생각납니다. 어린이들의 눈에 비친 어른의 모습을 어린이들은 닮아 가겠지요?

이야기 4. 너희들이 되고 싶은 엄마와 아빠는 어떤 모습이니?

이번에는 유아들이 이상적으로 생각하는 엄마와 아빠의 모습이 어떤 것인지 물어보았습니다. 현실의 부모와 이상 속의 부모 모습이 어떤 차이가 있는지 들어 보지요.

교 사: 그럼 혹시 너희들이 되고 싶은 엄마와 아빠는 어떤 모습이야? 구체적인 설명을 요구하는 질문

준 우: 아이들하고 놀아 주고 흙장난도 해 주고, 먹고 싶은 거 다 사 주고, 간식이나 음식 다 사 주고, 동물도 많이 사 주고, 마트 갔을 때 유모차랑 카트 다 태워 주는 그런 아빠. 구체적으로 설명하기

한 솔: 돈 많이 버는 아빠. 구체적으로 설명하기

교 사: 돈 많이 버는 아빠가 왜 되고 싶어? 이유를 묻는 질문

한 솔: 돈 많이 벌면 아이스크림 사 주고, 차 사 주고. 이유 대기

지 은: 돈 많이 벌면 아이를 잘 키울 수 있어요. 이유 대기

준 우: 돈 많이 벌면 사고 싶은 거 다 사 줄 수 있으니까. 이유 대기

교 사: 돈 많이 벌어서 사고 싶은 거 다 사 주면 좋은 아빠가 될 수 있을까? 의견을 검증하기 위한 질문

슬 기: 욕만 먹어요. 돈 낭비한다고, 사람들한테. 의견 제시하기

교 사: 돈 많이 벌어서 사고 싶은 거 다 사 주면 어떻게 될 것 같아? 구체적인 설명을 요구하는 질문

지 은: 힘들어요. 의견 제시하기

교 사: 어떤 점이 힘들어? 구체적인 설명을 요구하는 질문

지 은: 물건을 사려고 돌아다녀야 하니까. 구체적으로 설명하기

교 사: 그럼 돈 많이 버는 아빠 말고 다른 아빠가 되고 싶은 사람이 있니? 대안적인 관점을 묻는 질문

승 민: 그냥 아이들을 예뻐해 주고, 사랑해 주는 아빠가 될 거예요. 대안 제시하기

대부분의 유아들이 돈을 많이 버는 것이 좋은 부모가 되는 조건이라고 생각했습니다. 아마도 어른들의 이야기를 듣고 그렇게 생각하게 된 것은 아닐까 생각해 봅니다. 어른들이 종종 "회사에 가서 돈을 벌어야 장난감을 사 주지" 또는 "돈이 없어서 사 줄 수가 없어"라고 말하는 것을 듣고, 유아들은 돈을 많이 벌어야 자식들에게 무엇이든 다 해 주는 부모가 될 수 있다고 생각하는 건 아닐까요?

돈 많이 버는 부모와 아이들을 예뻐해 주고 사랑해 주는 아빠를 비교한다면 유아들은 어떤 아빠를 선택할까요?

이야기 5. 부모님을 사랑해야 하는 이유가 무엇일까?

유아들이 원하는 부모는 자신들과 놀아 주고, 자신들의 요구를 들어 주고, 자신들을 사랑해 주는 부모입니다. 부모와 자식 사이에 제일 기본적인 것은 사랑인데 그 사랑을 표현하는 방식은 사람마다 조금씩 다른 것 같습니다. 부모가 자식을 사랑한다는 것, 자식이 부모를 사랑한다는 것이 어떤 의미인지 조금 더 구체적으로 알아보고자 합니다.

교 사: 너희들의 부모님은 너희를 사랑하시니? 판단을 요구하는 질문
유아들: 네.
교 사: 그걸 어떻게 알 수가 있지? 근거를 요구하는 질문
준 우: 제가 원하는 걸 다 해 주시니까요. 근거 제시하기
교 사: 원하는 걸 다 사 주면 사랑하는 걸까? 의견을 검증하기 위한 질문
유아들: 네.
교 사: 선생님은 딸을 사랑하는데 딸이 뭐 사 달라고 하면 '안 돼, 돈 없어' 그럴 때가 많은데 그럼 사랑하지 않는 걸까? 구체적 사례 속에서 판단을 요구하는 질문

유아들: 네.

슬 기: 공부 잘 하면 딱 한 개 사 준다고 하세요. 해결 방안 제시하기

승 민: 우리 엄마는 비싼 걸 사 주셨는데. 근거 제시하기

유 나: 우리 아빠는 사랑한다고 말해 줬어요. 근거 제시하기

재 윤: 그게 거짓말일지도 모르잖아. 반론 제기하기

유 나: 우리 아빠는 거짓말 안 한다고 말해. 반론 제기하기

재 윤: 그것도 거짓말일지 모르잖아. 반론 제기하기

교 사: 그럼 아빠가 우리한테 사랑한다고 하는 말이 참말인지 거짓말인지 알 수 있는 방법이 있을까? 구체적인 설명을 요구하는 질문

슬 기: 느낌으로 알 수 있어요. 의견 제시하기

교 사: 어떤 느낌인지 설명해 줄 수 있니? 구체적인 설명을 요구하는 질문

슬 기: 그냥 느낌이 와요. 거짓말이 아닌 느낌. 의견 제시하기

준 우: 난 '그럭저럭'인 것 같아요. 의견 제시하기

교 사: 무엇이 '그럭저럭'이라는 말이니? 혹시 아빠가 널 사랑하는 게?

준 우: 네.

승 민: 나도 사실 느낌이 안 왔어요. 의견 제시하기

교 사: 왜 '그럭저럭'이라고 생각해? 이유를 묻는 질문

준 우: 아빠가 화낼 때가 있어서요. 이유 대기

승 민: 우리 아빠가 화내면 심하게 내. 지지하기

유 나: 아빠가 안 놀아 줘요. 의견 제시하기

승 민: 우리 아빠도 거짓말하고 안 놀아 준 적 있는데. 의견 제시하기

유 나: 우리 아빠는 화낸 적은 없는데 '알았어. 있다가 놀아 줄게' 그러고 안 놀아 줬어요. 의견 제시하기

교 사: 아빠가 '조금 있다가 놀아 줄게', '내일 놀아 줄게'라고 말씀하시고, 다음날 되면 또 '내일 놀아 줄게' 그러시면서 안 놀아 줬어? 의견 확인을 위한 질문

승 민: 참 비참해요. 의견 제시하기

재 윤: 왜 비참하다는 거야? 이유를 묻는 질문

승 민: 계속 내일로 미루면 결국 안 놀아 준다는 거잖아. 자기 아들이나 딸인데 안 놀아 줬다는 거잖아. 그러니까 비참하지. 이유 대기

교　사: 아빠가 한 번도 안 놀아 주면 그런 생각이 들 수 있을 것 같아. 그런데 아빠가 안 놀아 주고, 화내신다면 그건 안 사랑한다는 걸까? 의견을 검증하기 위한 질문

유　나: 네. 의견 제시하기

준　우: '그럭저럭'이라 그런 것 같아요. 의견 제시하기

슬　기: 아빠가 사랑하는데 아이가 잘못해서 화가 나는 거잖아요. 반론 제기하기

교　사: 슬기는 사랑하는데도 안 놀아 줄 수 있다는 거구나. 그럼 너희들은 어떠니? 부모님을 사랑하니?

유아들: 네.

교　사: 부모님을 사랑하는 이유가 뭘까? 이유를 묻는 질문

주　현: 우릴 낳아 줬잖아요. 이유 대기

지　은: 키워 줬잖아요. 이유 대기

부모님이 나를 사랑한다는 것을 어떤 친구들은 말로 해 주어서 알고, 어떤 친구들은 느낌으로 안다고 합니다. 진심으로 사랑한다면 그 표현방식과 상관없이 진심이 전달될까요? 그러나 부모의 사랑에 대해 확신을 가지지 못하는 친구들도 있습니다. 일관되지 못한 부모의 행동을 보면서 의심이 싹트기도 하는 것 같습니다.

우리는 모두 알게 모르게 '사랑한다면 어떻게 해야 한다'라는 생각을 가지고 있습니다. 유아들도 엄마와 아빠의 모습을 보면서 '사랑한다면 저렇게 화를 낼 수는 없어'라는 판단을 하기도 합니다. 유아들이 사랑에 대해 어떻게 생각하는지, 사랑을 어떻게 표현해야 한다고 생각하는지 그 생각을 들어 보았습니다.

이야기 6. 사랑을 어떻게 표현해야 하는 걸까?

교 사: 그렇구나. 그런데 너희들은 부모님을 사랑한다는 걸 어떻게 표현하니? 예 제시를 요구하는 질문

유 나: 뽀뽀하고. 예를 들어 설명하기

승 민: 말도 잘 들어요. 예를 들어 설명하기

슬 기: 엄마가 힘들다고 하면 도와 줘요. 예를 들어 설명하기

교 사: 그렇구나. 그런데 이럴 때가 있어. 엄마가 설거지를 하는데 힘들어 보여. 그래서 내가 도와주고 싶어서 도와준다고 했는데 엄마가 놔두라고 그래. 그럴 때 어떻게 하는 것이 엄마를 더 사랑하는 걸까? 구체적 사례 속에서 판단을 요구하는 질문

한 솔: 도와주는 거요. 의견 제시하기

재 윤: 엄마 말을 듣는 거요. 의견 제시하기

교 사: 그렇게 생각하는 이유는 뭐야? 이유를 묻는 질문

한 솔: 엄마가 힘드니까요. 이유 대기

재 윤: 엄마 말을 잘 들어야 하니까요. 이유 대기

교 사: 이럴 때 정말 어떻게 하면 좋을까? 판단을 요구하는 질문

유 나: 엄마한테 다시 물어봐요. 의견 제시하기

교 사: 그렇구나. 내가 하고 싶은 것이 있고, 엄마가 원하는 것이 있다면 내가 엄마를 사랑할 때 어떤 걸 하는 것이 좋을까? 판단을 요구하는 질문

유 나: 엄마가 원하는 거요. 의견 제시하기

교 사: 그렇구나. 그럼 사랑을 표현할 때는 사랑하는 사람이 원하는 대로 해 주는 게 필요한 걸까? 토의된 내용의 결론을 검증하는 질문

유아들: 네.

결국 사랑이란 내가 원하는 것을 해 주는 것이 아니고 상대가 무엇을 필요로 하는지, 상대가 무엇을 원하는지를 듣고 그걸 해 주는 것이 사랑이라고 어린 친

구들이 말합니다. 그렇습니다. 서로의 말에 귀 기울이고, 서로의 얼굴을 주의 깊게 살피는 것이 바로 사랑의 시작입니다.

TIP! 유아들과 오늘의 탐구공동체 활동에 대해 평가하기

이 책에서는 생략되어 있지만, 철학적 탐구공동체 활동을 마무리할 때는 항상 탐구공동체 활동에 대해 평가하는 시간을 가졌습니다. 평가는 탐구공동체 시간 동안 자신의 태도와 행동을 되돌아보며 정리하는 것으로, 조금씩 나아진 모습을 갖추기 위해 꼭 필요한 것입니다. 평가의 내용은 주로 자신의 생각을 잘 이야기했는지, 다른 사람의 이야기를 잘 들었는지, 질문을 잘 하였는지, 탐구공동체에서 정한 약속을 잘 지켰는지 등입니다.

우리가 선택한 방법은 평가내용이 담긴 평가지에 유아들이 스스로 ○, △, × 등의 기호로 표시하는 방법이었지만, 평가지와 필기구를 모든 유아들이 나누어 갖고 표시할 시간이 부족한 경우에는 다른 방법을 취하기도 하였습니다. 유아들이 각자 탐구공동체 활동 시간 동안의 자신의 태도와 느낌에 대해 자유롭게 이야기해 보기도 하였으며, 위의 평가내용과 관련된 교사의 질문(예: "오늘 탐구공동체 활동 시간에 다른 사람의 이야기를 잘 들었나요?")에 대한 긍정과 부정을 몸으로 표현해 보기도 하였습니다.

지금까지 두 차시로 나누어 진행한 탐구공동체 활동을 정리해 보면 다음과 같습니다.

〈표 7-2〉 철학적 탐구공동체 활동 전개과정

그림책 읽기	'『오월은 푸르구나』 – 탐구 4'를 교사가 처음부터 끝까지 한 번 읽어 준 후, 유아들이 차례대로 한 문장씩 읽음.
그림책의 내용과 관련해 궁금한 점 질문하기	• '효도'가 뭐예요? • '모레'가 뭐예요? • '어버이날'이 왜 있을까? • '어린이날'이 왜 있을까? • 이름이 왜 아름이에요? • 5월은 왜 푸를까? • 왜 감사 선물을 드려요?
토의하고 싶은 질문 선정하기	"어버이날은 왜 있을까?"
토의하기	'어버이날'에 대한 유아들의 생각: 엄마와 아빠의 역할 대신하기 ↓ 엄마와 아빠가 하는 일 ↓ 유아들의 눈에 비친 엄마와 아빠의 모습 ↓ 유아들이 되고 싶은 엄마와 아빠: 아이들을 사랑하는 엄마와 아빠 ↙ ↘ 자녀를 사랑하는 방법 / 부모를 사랑하는 이유 ↓ (부모를 사랑하는 이유에서) 부모님에 대한 사랑을 표현하는 방법

심/화/활/동

유아들과 함께 사랑하는 마음을 표현하는 방법에 대해서 이야기를 나누어 봅니다. 사랑하는 마음을 표현하는 노래를 들어본 적이 있는지, 사랑하는 마음을 표현하는 춤을 본 적이 있는지 이야기를 나눈 후에 관련 동영상과 음악을 감상하며 좀 더 구체적으로 생각해 봅니다. 이후 사랑하는 마음을 전하고 싶은 대상을 머리에 떠올리며 그 대상을 위한 노래와 춤을 만들어 보고 발표해 봅니다. 친구들의 음악과 춤을 보고난 뒤 소감을 공유해 볼 수 있습니다.

활동명: '사랑의 춤과 음악'

활동 형태 대집단 활동

활동 영역 예술경험 영역

활동 목표
- 사랑하는 마음을 표현하는 예술작품을 감상한다.
- 사랑하는 마음을 표현하는 몸짓과 음악을 만들어 본다.

누리과정 관련요소
- 예술경험 〉 예술 감상하기 〉 다양한 예술 감상하기
- 예술경험 〉 예술적 표현하기 〉 음악으로 표현하기, 움직임과 춤으로 표현하기

활동 자료 사랑의 세레나데, 사랑을 표현한 무용 동영상

활동 방법
1. 사랑의 마음을 표현하는 방법에 대해서 이야기 나눈다.
   • 사랑하는 마음을 표현한 노래를 들어본 적이 있니?
   • 사랑하는 마음을 표현한 춤을 본 적이 있니?
2. 동영상과 음악을 함께 감상한 후 이야기 나눈다.
   • 어떤 느낌이 드니?
3. 사랑하는 마음을 표현한 노래와 움직임을 만들어 본다.
   • 누구를 생각하며 만든 노래니?
   • 어떤 마음을 표현한 춤일까?
4. 친구들의 음악과 춤을 보고난 뒤 느낌을 이야기한다.

활동의 유의점

- 다양한 표현이 존중되고, 자유스런 분위기 안에서 표현될 수 있도록 한다.
- 표현을 보다 자유롭고 풍부하게 하기 위해 부드럽고 화려한 천 등 기타 자료를 준비한다.
- 캐스터네츠, 탬버린과 같은 타악기나 손쉽게 연주할 수 있는 악기를 준비하여 음악적 표현을 보다 풍부하게 할 수 있게 한다.

04 두 번째 교사 회의: 평가하기

이번 차시의 질문은 "어버이날은 왜 있는 걸까?"입니다. 이 질문에 답하기 위해 어버이날이 어떤 날인지를 묻는 것으로 시작했습니다. 유아들은 경험에 기초하여 어버이날이 어떤 날인지 이야기했습니다. 어버이날이 어떤 날인지 이야기하면서 엄마와 아빠가 되어 보는 날이 어버이날이라고 말합니다. 어버이의 입장과 심정을 하루라도 느끼고 경험하는 날이 어버이날이라는 의미로 말한 듯 여겨집니다.

그래서 엄마와 아빠는 어떤 사람인지를 알아보는 방향으로 자연스럽게 토의가 이어졌습니다. 그런데 뜻밖에 유아들이 생각하는 엄마와 아빠의 모습은 힘들고 어려운 일을 하는 것이었습니다. 게다가 앞으로 되고 싶은 부모의 모습을 이야기해 보자고 했더니, 돈 많이 버는 부모가 되어 아이가 원하는 걸 다 사 주고 싶다는 이야기를 합니다. 왜 이런 이야기들이 나오게 되었을까요? 돈에 휘둘리고, 돈에 끊임없이 영향을 받는 부모들의 삶이 고스란히 아이들 눈에 비친 결과는 아닐까요?

부모가 아이들을 위해 회사를 다니고 밥을 해 주는 것이 힘든 일이라고 생각한다면 부모에 대해 감사한 마음이 더욱 커져야 하겠지요? 부모가 자식을 사랑하고, 자식이 부모를 사랑하는 부분에서는 유아들 역시 지극히 당연한 것으로 받아들이고 있습니다.

하지만 현실의 부모가 유아들 자신을 지극히 사랑하는지에 대해서는 조금씩 회의를 가지고 있네요. 상대가 나를 사랑하는지는 어떻게 알 수 있을까요? 아마도 사랑한다면 이러이러해야 한다는 식의 사랑의 표현에 대한 나름의 기준을 가지고 있을 것입니다.

그래서 마지막으로 사랑을 어떻게 표현할 것인지에 대해서 이야기했습니다. 자신이 원하는 것을 상대에게 베푸는 것이 아니라 상대가 원하는 것을 들어주는 것이 사랑의 표현이라고 했습니다. 그러기 위해서는 상대가 원하는 것이 무엇인지 알아야겠지요. 상대가 원하는 것이 무엇인지 알려면 서로 솔직하게 소통해야 합니다. 그렇지 않으면 상대를 이해하고 아는 데 한계가 있지요. 그렇다면 사랑은 자신을 솔직하게 표현하는 것에서부터 시작되는 것은 아닐까요?

C/H/A/P/T/E/R/ 08

『오월은 푸르구나』 – 탐구 5: '효도'의 의미

01 1차시 철학적 탐구공동체 활동: 그림책 읽기와 질문 선정하기

선정된 질문 – "어버이날 카네이션을 달아 드리면 내가 효도한 걸까?"

그림책 『오월은 푸르구나』의 마지막 부분입니다. 이번 학기 마지막으로 그림책을 읽고 질문을 정하는 시간이기도 하고요. 이번 시간에는 다시 처음으로 돌아가 한 줄씩 읽기로 했습니다.

그때 다운이 언니가 환하게 미소 지으며 들어왔어.

두 손에는 예쁜 카네이션 두 송이를 들고 있었어.

"언니랑 할아버지, 할머니께 카네이션 달아 드리러 갈래?"

"그래, 할아버지, 할머니께 가서 '우리를 잘 키워 주셔서 감사합니다.' 하고 가슴에 달아드려라."

엄마가 웃으며 말씀하셨어.

아! 다행이다. 역시 우리 언니야.

유치원에서 만든 카네이션이 모자라서 얼마나 걱정했는데…….

"자, 한 송이는 네가 달아 드려."

"누구? 할아버지? 할머니?"

"아름이는 누구 달아 드리고 싶어?"

"할아버지."

"그럼 내가 할머니께 달아 드릴게."

"언니, 고마워."

언니 얼굴을 다시 한 번 바라보며 말했어.

오늘따라 언니 얼굴이 더 예뻐 보이는 건 당연하겠지?

언니와 함께 할아버지, 할머니께 예쁜 카네이션을 달아 드렸어.

"할아버지, 할머니, 잘 키워 주셔서 고맙습니다."

"고맙다. 우리 아름이랑 다운이 언니가 예쁜 선물을 주었네."

"오늘 가슴에 달고 밖에 가서 우리 효손이 달아 줬다고 자랑해 볼까?"

할머니가 나를 안고 뽀뽀해 주셨어.

유치원 가는 길에 갑자기 궁금한 것이 떠올랐어. 효손? 할머니가 내게 '효손'이라고 하신 말씀이 생각났어.

지난번에 할아버지가 효손이란 '효도하는 손자'라고 가르쳐 주셨는데…….

내가 효도한 걸까?

어버이날 카네이션을 달아 드리면 효손일까?

가만, 〈효녀 심청〉 이야기에는 카네이션이 없잖아?

글을 읽고 나서 유아들이 던진 질문은 다음과 같습니다.

"왜 가슴에 꽃을 달아 드리는 걸까?"
"'다행'이란 무엇일까?"
"왜 언니한테 고마울까?"
"〈효녀 심청〉이야기가 궁금해요."
"잘 키워 줬다는 게 뭐예요?"
"궁금한 것이 생각난 게 아니라 왜 떠올랐다고 해요?"
"어버이날 카네이션을 달아 드리면 내가 효도한 걸까?"

그 가운데 오늘의 질문으로 뽑힌 것은 "어버이날 카네이션을 달아 드리면 내가 효도한 걸까?"입니다.

02 첫 번째 교사회의: 중심주제 선정과 토의계획 세우기

중심주제 – '효도'의 의미

여러 질문 중에서 유아들이 선정한 질문 "어버이날 카네이션을 달아 드리면 내가 효도한 걸까?"를 토의하기 위해서는 먼저 효도란 무엇인지를 이야기해야 하겠지요. 효도란 무엇인지, 어떻게 하는 것이 효도인지 이야기한 다음, 이를 근거로 카네이션을 달아 드리는 행위가 효도인지 아닌지 이야기해 볼 수 있습니다.

효도란 무엇일까요? 사전에는 이렇게 정의하고 있습니다.

효도: 자식들이 어버이를 공경하고 잘 섬김. 자식들이 어버이를 공경하고 잘 섬기는 도리

효도는 부모님을 공경하고 섬기는 것이라고 나와 있습니다. 어버이를 공경하는 건 또 뭘까요? 공경의 정의는 이렇습니다.

공경: 남을 대할 때 몸가짐을 조심스럽게 하고 받듦

또한 효도는 공경하고 섬김이라고 했는데, 섬김은 또 뭘까요?

섬기다: 공경하여 받들어 모시다.

자식이 어버이를 받드는 것이 효도라고 할 수 있겠습니다. 받드는 건 또 뭘까요? 어떤 사람이 다른 사람의 명령이나 뜻, 말을 받아들여 지지하고 소중히 여기거나 공경하여 받들어 모시는 것이라고 합니다. 결국 효도란 부모님의 뜻이나 말을 지지하고 소중히 여기며, 높이 모시는 것이라고 사전에서는 정의하고 있네요. 부모님의 말을 지지하고 소중히 여겨야 하는 이유는 무엇이며, 부모를 받들어 모셔야 하는 이유는 또 무엇일까요?

유교 사상의 영향과 전통이 남아 있는 우리나라는 효도를 무척 중요하게 생각해 왔습니다. 율곡은 『성학집요』에서 효는 사람의 모든 행동 가운데 으뜸이 되는 것이며, 가정을 바로 잡는 길이라고 했습니다.

효가 사람의 모든 행동 가운데 으뜸이 되어야 하는 이유가 무엇일까요? 『명심보감』에서는 효도하는 이유를 두 가지로 이야기합니다. 하나는 부모가 나를 낳아 주신 은혜 때문이고, 또 하나는 부모가 나를 길러 주신 은혜 때문이라고 합니다. 나의 존재의 근원이자, 현재 내가 살아가는 데 가장 결정적인 역할을 해

주신 분들이기에 당연히 효도를 해야 한다는 것이지요.

효도를 해야 하는 이유가 이렇다면, 남은 문제는 '어떻게 하는 것이 효도하는 것인가'입니다. 부모의 말과 뜻을 지지하고 소중히 여기는 것, 부모를 높이 모시는 것이 효도라면 그것은 구체적으로 어떤 행동을 말하는 걸까요? 부모를 높이 모시는 것이 효도라면 부모와 자식의 관계가 상하 관계가 되어야 함을 전제하고 있습니다. 전통적인 효 사상에서는 부모 자식 관계를 위계가 분명한 상하 관계로 보고 있지요. 이를 바탕으로 자식이 부모의 말씀에 순종하는 것을 당연하게 여겼습니다. 자식이 부모 말씀에 순종하지 않으면 그것이 바로 불효가 되는 것이지요. 하지만 오늘날의 부모 자식 관계는 많이 변했습니다. 오늘날의 부모 자식은 위계가 엄격한 상하 관계라기보다는 애정과 상호 존중을 바탕으로 한 평등한 관계를 지향하고 있습니다. 부모가 말하고, 자식이 따르는 관계가 아니라 부모는 자식이 원하는 것이 무엇인지 귀 기울이고자 하고, 자식은 부모의 뜻보다는 자신이 원하는 바를 찾아 살고자 하며 부모는 이런 자식을 지지하고자 합니다.

효에 대한 생각과 효를 실천하는 구체적인 행동은 이렇게 부모와 자식 간의 관계 변화에 의해서도 영향을 받기도 합니다. 부모를 우러러 높이 모시는 것이 효의 주요한 실천이 아니라 부모와 자식이 서로 사랑하며 서로의 뜻을 상호 존중하는 것이 효의 실천이라는 뜻으로 변화한 것입니다.

그런 점에서 부모와 자식 사이의 가장 근본은 사랑이라고 할 수 있습니다. 부모의 자식에 대한 사랑과 자식의 부모에 대한 사랑이지요. 어버이날 카네이션을 달아 드리는 것은 자식의 부모에 대한 이런 사랑을 표현하는 행위라고 할 수 있겠지요. 그렇다 하면 이 행위가 진정으로 효도가 되기 위해서는 사랑에 기초하고 있는지, 진정한 사랑에서 우러난 것인지, 단지 남들도 하는 것이기에 형식적으로 그냥 따라하는 것인지 등을 살펴보아야 할 것 같습니다.

효도란 무엇인지, 효도를 해야 하는 이유는 무엇인지, 효의 근원이 무엇인지를 함께 이야기한 다음, 이를 기초로 "어버이날 카네이션을 달아 드리면 내가 효도한 걸까?"라는 질문의 답을 함께 이야기해 보고자 합니다. 함께 읽은 텍스트에서도 〈효녀 심청〉 이야기가 나오고 유아들의 질문에도 〈효녀 심청〉 이야기가 나오기에, 진정한 효도가 무엇인지를 〈효녀 심청〉 이야기를 통해 함께 해 보고자 계획했습니다.

〈표 8-1〉 철학적 탐구공동체 활동계획안

누리과정 영역과 관련된 활동 목표	▸ 다른 사람의 이야기를 끝까지 주의 깊게 듣는 태도를 기른다. (의사소통 영역) ▸ 주제와 관련된 자신의 느낌, 생각, 경험을 적절한 낱말과 문장으로 말하는 능력을 기른다. (의사소통 영역) ▸ 부모님의 소중함을 알며, 부모님을 위해서 하고 싶은 일을 계획하고 실천하는 능력을 기른다. (사회관계 영역) ▸ 탐구과정에서 서로 다른 생각에 관심을 가지고, 자신의 사고에 오류가 있을 때는 기꺼이 수정하는 태도를 기른다. (자연탐구 영역)	
시 간	토 의 내 용	준비물 및 유의점
도입 〈10분〉	1. 지난주 철학활동 시간에 읽은 이야기의 내용과 선정된 질문에 대해 회상한다. • 우리가 지난주에 읽었던 이야기의 내용이 기억나니? • 우리는 이 이야기를 읽고 나서 어떤 질문을 했었지? • 우리가 가장 궁금하다고 뽑은 질문은 무엇이었을까?	
전개 〈35분〉	2. '효도'라는 말의 개념에 대해 생각해 본다. 3. 효도를 해야 하는 이유와 효도를 하는 방법에 대해 이야기 나눈다. 4. 전래동화 〈효녀 심청〉 이야기를 들려준 후, 주인공인 심청의 행동을 효도라고 할 수 있는지에 대해 토의한다. 5. 유아들이 선정한 질문으로 돌아와, 어버이날 카네이션을 달아 드리는 것을 효도라고 볼 수 있는가에 대해 생각해 본다.	
마무리 〈5분〉	6. 탐구공동체 활동 시간 동안 각자의 태도와 행동에 대해 되돌아보고 평가한다.	평가지

또/다/른/질/문

'『오월은 푸르구나』-탐구 5'의 1차시에서 선정된 질문은 "어버이날 카네이션을 달아 드리면 내가 효도한 걸까?"이며, 여기서 교사는 토의의 중심주제를 '효도'의 의미로 계획하여 활동 계획안을 수립하였습니다. 만약 유아들이 질문을 선정하는 과정에서 다른 질문을 선정했다면 다른 중심주제로 탐구공동체를 운영해야 하므로, 선정 가능한 다른 질문과 관련된 중심주제와 토의계획을 소개해 드립니다.

▌선정 예상 질문 - 1. "잘 키워 줬다는 게 무슨 말이에요?"

1. 중심주제: '잘 키웠다'는 의미

그림책에서 어버이날 할머니와 할아버지께 카네이션을 달아 드리며 "잘 키워 주셔서 감사하다"고 인사드리는 장면이 나옵니다. 사전적 의미로의 '키우다'는 '보살피고 돌보아 기른다'는 뜻입니다. 그러면 '잘 키웠다'는 것은 어떤 말일까요? 신체적으로 건강하게 성장시켰다는 것일까요? 인지적으로 뛰어나게 키웠다는 것인가요? 아니면 두 가지를 합쳐 건강하고 똑똑하게 키웠다는 것일까요? 우리는 흔히 자녀가 좋은 학교에 가거나 사회적으로 유명인사가 되면 잘 키웠다고 말하곤 합니다. 그렇다면 좋은 학교에 진학하지 못하고 사람들에게 알려지지 않는다면 잘 못 키운 걸까요? 우리나라 평생 자녀교육비가 OECD 국가 중 최고인 점을 고려해 보면 부모가 자녀들을 잘 키웠다는 것의 결론적인 모습은 분명 인성적인 면에서 다른 사람을 돕고 건강하게 키운다기보다는 자녀가 좋은 대학에 가고, 좋은 직장을 갖는 것을 말하는 것 같습니다.

이러한 점에서 '잘 키운다'는 의미가 어떤 것인지 알아볼 필요가 있습니다. 그리고 잘 키운다는 개념을 통해 인생의 목적과 행복의 의미까지 확장하여 생각해 볼 수 있을 듯합니다. 인생의 목적이 무엇인지 고민한다면 자녀를 어떻게 양육해야 할지 그 방향과 내용도 구체화되겠지요. 물론 유아들 역시 '잘 큰다'는 것의 의미가 어떤 것인지 생각해 봄으로써 자신의 삶의 방향에 대해 생각해 보는 계기가 될 것입니다.

2. 토의계획

1) '잘 키웠다'는 것이 어떤 뜻인지 생각해 본다.

2) '잘 키웠다'라고 생각하는 사례를 이야기해 본다.
3) 각 사례들이 어떤 점에서 잘 키운 것이라고 말할 수 있는지 근거를 이야기하고, 반론을 제기해 본다.
4) '나는 잘 크고 있다'고 생각하는지 이야기 나눈다.
5) '나는 어떻게 크고 싶은가'에 대해 이야기 나눈다.

▌선정 예상 질문 - 2. "'다행이다'가 무슨 말이에요?"

1. 중심주제: '다행'의 의미

사전적 정의로, '다행'이란 주로 '-이다'와 함께 쓰이며, '잘 안 될 것으로 여겨 걱정했던 일이 뜻밖에 잘 풀려 마음이 놓이고 흡족한 것'을 의미합니다. 그리고 다행의 두 번째 의미는 '좋지 않은 일을 당한 것이 아주 심한 정도는 아니어서 그나마 달가움을 나타내는 경우'입니다. 전자의 예로는 아이를 잃어버린 줄 알았는데 찾아서 '다행'인 경우를 들 수 있고, 후자의 예로는 사고가 났는데 많이 다친 줄 알았지만 조금만 다친 경우를 생각할 수 있습니다.

유아들과 다행의 의미를 함께 생각해 봄으로써 유아들이 최근에 걱정했던 일이 무엇인지도 알 수 있겠지요. 또한 다행일 수 있었던 이유가 무엇인지, 개인적인 이유인지 환경에 의한 이유인지 함께 이야기할 수 있습니다. 더 나아가 다행이라고 생각한 경험을 이야기하면서 감사하는 마음을 가질 수도 있습니다.

2. 토의계획

1) '다행'의 의미가 무엇인지 알아본다.
2) 다행이라고 생각한 경험이 있는지를 알아본다.
3) 그 경험을 다행이라고 생각한 이유가 있을까? 있다면 무엇인지에 대해서 이야기 나눈다.

03 2차시 철학적 탐구공동체 활동: 토의하기

이야기 1. '효도'란 무엇일까?

"어버이날 카네이션을 달아 드리면 내가 효도한 걸까?"라는 질문에 대한 답을 찾아보기 위해서 먼저 효도가 무엇인지 함께 이야기해 보았습니다.

교 사: 효도란 무엇이라고 생각하니? 개념을 명료화하기 위한 질문

주 현: 절 같은 거 하는 거요. 정의 내리기

교 사: 왜 절하는 게 효도라고 생각해? 이유를 묻는 질문

주 현: 잘하는 모습이니까. 이유 대기

교 사: 누구한테?

주 현: …….

교 사: 또 다르게 생각하는 친구 있니? 대안적인 관점을 묻는 질문

유 나: 말을 잘 듣거나 선물을 주는 게 효도인 것 같아요. 의견 제시하기

교 사: 부모님 말씀을 잘 들어야 하는 이유는 뭐지? 이유를 묻는 질문

유 나: 부모님을 도와주는 거니까. 이유 대기

교 사: 부모님을 도와 드려야 하는 이유는? 이유를 묻는 질문

유 나: 혹시라도 힘든 일이 생길까봐. 이유 대기

교 사: 어떤 일들이 힘든 일이라고 생각하니? 명료함을 추구하는 질문

유 나: 집에 애기가 있으면 엄마가 힘드니까 우리가 우유를 먹여 줘야 해요. 의견 제시하기

교 사: 그렇구나. 우리가 힘들 때 누가 도와주면 어떨까? 의견을 검증하기 위한 질문

유아들: 좋아요. 의견 제시하기

교 사: 그럼 부모님이 힘들 때 우리가 도와드리면 부모님 마음이 좋으실 것 같네. 토의된 내용 정리하기

재 윤: 우리가 힘들 때 부모님이 도와주시고요. 타인의 의견을 지지하고 확장하기

슬 기: 나는 설날에 부모님 떡 만드는 거 도와주고, 부모님이 청소를 하고 있을 때 너무 팔이 아프면 도와주고, 부모님이 얘기하고 있을 때, 잠깐 동안 하던 말을 멈춰 주는 게 효도라고 생각해요. 자신의 경험 말하기, 다른 관점 덧붙이기

교 사: 왜 말을 멈추고 부모님 말씀을 듣는 게 효도라고 생각해? 이유를 묻는 질문

슬 기: 부모님한테 잘 해 주면 부모님이 칭찬해 주고, 사랑하고, 우리 아이를 좋아하시잖아요. 손자니까, 딸이니까. 이유 대기

한 솔: 부모님 뭐 고쳐드리는 게 효도인 것 같아요. 의견 제시하기

교 사: 뭘 고치는데?

한 솔: 컴퓨터나 게임. 뭐든 척척박사에요.

주 현: 효도는 청소를 하는 거예요. 의견 제시하기

교 사: 왜 청소를 하는 게 효도일까? 이유를 묻는 질문

주 현: 청소를 하면 입에 먼지가 들어가니까. 이유 대기

교 사: 입에 먼지가 들어가서 엄마 건강이 나빠질까봐 너희가 대신 청소를 한다는 거야? 의견을 검증하기 위한 질문

주 현: 네.

교 사: 그렇구나.

효도의 의미에 대해 함께 이야기하는 것으로 이야기를 시작했습니다. 효도란 무엇인지에 대해 많은 유아들은 부모가 힘들 때 도와주는 것이라고 이야기합니다. 말을 잘 듣거나, 선물을 드리거나, 힘들 때 도와 드리는 것은 모두 부모님의 마음을 기쁘게 만드는 일이라고 할 수 있습니다.

이야기 2. 효도는 왜 해야 하는 걸까?

유아들이 생각하는 효도의 공통점은 부모님의 마음을 기쁘게 해 드리는 거라고 할 수 있습니다. 그러면 왜 부모님의 마음을 기쁘게 해 드려야 하는 걸까요?

이 질문이 자연스럽게 이어서 나오겠지요.

교 사: 효도란 부모님을 도와 드리고, 부모님 말씀을 들어드리고, 부모님을 걱정하고, 부모님 마음을 좋게 만드는 것이 효도인 것 같네. 토의된 내용 정리하기
그런데 왜 효도를 해야 하는 거지? 이유를 묻는 질문
주 현: 엄마, 아빠가 우릴 낳아 준 거잖아요. 이유 대기
교 사: 그렇구나. 우리를 세상에 있게 해 주신 분들이니까 효도를 해야 하는 거구나. 또 다른 이유는 없을까? 대안적인 관점을 탐색하는 질문
승 민: 우리가 효도를 해야지 엄마, 아빠도 우리한테 잘해 줘요. 의견 제시하기
재 윤: 자식은 당연히 효도를 해야 하는 거예요. 의견 제시하기
교 사: 왜 그렇게 생각하지? 이유를 묻는 질문
재 윤: 당연하다니까요.
교 사: 왜 당연하다고 생각하니? 이유를 묻는 질문
재 윤: 당연하니까 당연하죠.
교 사: 당연하니까 당연하다는 것이 당연한 것의 이유가 될 수 있을까? 판단을 요구하는 질문
준 우: 아니요.
교 사: 그럼 설명이 될 수 있는 이유를 찾아볼래? 이유를 묻는 질문
재 윤: …….
교 사: 다른 이유를 말해 볼 사람은 없니? 대안적인 관점을 묻는 질문
지 은: 엄마, 아빠가 우릴 길러 주었으니까요. 의견 제시하기
교 사: 그렇구나. 우릴 세상에 태어나게 해 주셨고, 기저귀도 갈아 주고, 밥도 먹여 주고, 유치원도 보내 주고 그러시면서 우릴 보살펴 주셨으니까 효도를 해야 하는 거구나. 토의된 내용 정리하기

유아들은 자식이 부모에게 효도를 해야 하는 이유를 낳아 주고, 길러 주었기 때문이라고 합니다. 또 효도를 해야 부모도 자식에게 잘해 주기 때문이라고 말

합니다. 주고받는 관계만을 따지는 것 같지만 부모의 은혜를 입어 내가 세상에 태어나고 자랄 수 있었기에 그 은혜에 보답하는 것이 효도의 근본이라면, 유아들은 바로 그 점을 정확하게 잘 알고 있는 것으로 보입니다.

철학적 탐구공동체에서 탐구할 때 가장 중요한 것은 근거를 가지고 생각하고 이야기하는 것입니다. 철학적 탐구공동체 활동에 참여하면서 유아들은 다른 무엇보다도 지속적으로 근거를 묻는 질문을 받고, 그런 질문에 대해 함께 토의하기 때문에 각자 근거를 가지고 이야기해야 한다는 것을 자연스레 받아들이게 됩니다. 그러나 가끔 근거 없이 동어 반복의 주장을 하는 친구들이 있습니다. '당연하니까 당연하지요', '그냥요' 등과 같은 말을 할 때, 그것이 아무것도 설명하지 못하고, 근거를 말하지 않기에 논의가 앞으로 나갈 수 없다는 것을 분명하게 짚어 주어야 합니다. 이러한 과정을 통해 유아들은 근거를 가지고 말해야 할 필요성을 저절로 알게 됩니다.

이야기 3. 효녀 심청은 효도를 한 걸까?

효도 이야기를 〈효녀 심청〉의 이야기를 통해 진전시켜 보고자 합니다. 예전부터 '효도'의 대표적인 예로 전해져 내려오고, 그림책에서도 언급되었으며, 유아들이 질문을 할 때도 〈효녀 심청〉 이야기가 무엇인지 물었기 때문입니다.

교 사: 그렇구나. 여기 〈효녀 심청〉 이야기가 나오잖아. 선생님은 〈효녀 심청〉 이야기를 떠올릴 때마다 심청이처럼 하는 게 효도일까 하는 의문이 들어. 너희들은 어떻게 생각하니? 판단을 요구하는 질문

승 민: 심청이가 어떻게 했는데요? 구체적인 설명을 요구하는 질문

교 사: 선생님이 〈효녀 심청〉 이야기를 들려줄게.

– 〈효녀 심청〉 이야기를 들려준다. –

교 사: 너희들은 심청이가 효도를 했다고 생각하니? 판단을 요구하는 질문

준 우: 효도한 거예요. 목소리 며칠 안 듣다가 갑자기 듣고 깜짝 놀라서 눈을 뜨게 됐잖아요. 의견 제시하기

주 현: 효도가 아니에요. 반대 의견 제시하기

교 사: 왜 효도가 아니라고 생각하니? 이유를 묻는 질문

주 현: 목숨 때문에. 자기 목숨을 안 지켰으니까. 이유 대기

교 사: 자기 목숨을 안 지킨 게 왜 효도가 아니라고 생각해? 이유를 묻는 질문

주 현: 엄마, 아빠가 슬프니까. 이유 대기

교 사: 그렇구나. 아버지 소원을 들어드리려고 목숨을 바쳤는데 그게 결국 아버지를 슬프게 한 일이 될 수 있구나. 유아의 의견 정리하여 재진술하기

슬 기: 그렇지만 다시 살아났잖아요. 아버지도 눈을 떴고요. 그러니까 효도한 거죠. 반론 제기하기

주 현: 죽을 수도 있었잖아. 반론 제기하기

승 민: 맞아. 아버지는 혼자 걸어가다가 신호등도 못 보고, 그래서 죽을 수도 있고. 지지하기

유 나: 딸 얼굴도 영원히 못 보고 죽을 수도 있으니까. 지지하기

주 현: 차도 못 타고, 운전도 못하고, 사고 날 수도 있잖아요. 지지하기

준 우: 그 시대에는 자동차가 없었거든. 의견의 오류 지적하기

교 사: 그렇구나. 딸이 아버지를 위해 목숨을 바치고 아버지는 눈을 떠서 사고가 안 나고 그러면 딸을 잃은 슬픔을 참을 수 있을까? 의견을 검증하기 위한 질문

준 우: 그래도 못 참죠. 의견 제시하기

슬 기: 엄마, 아빠가 자기를 키워 주셨는데, 키워 주신 분이 앞을 볼 수 없으니까 슬프죠. 반론 제기하기

교 사: 그러네. 딸을 잃어도 슬프고 앞을 못 봐도 슬픈데, 어떤 슬픔이 더 클까? 구체적 사례 속에서 판단을 요구하는 질문

지 은: 딸을 잃은 슬픔. 의견 제시하기

교 사: 왜 그렇게 생각하니? 이유를 묻는 질문

지 은: 외톨이가 되잖아요. 이유 대기
주 현: 앞을 못 보면 밥을 못 먹고, 굶어 죽을 수도 있어요. 반론 제기하기
준 우: 딸이 없으면 기절해서 죽을 수도 있어. 반론 제기하기
교 사: 아버지를 기쁘게 해 드리려고 물에 뛰어 들었는데 아버지가 눈을 뜬 다음 사랑하는 딸이 이미 세상에 없다는 걸 알면 기분이 어떨까? 의견을 검증하기 위한 질문
주 현: 아주 안 좋아요. 의견 제시하기
슬 기: 그래도 눈도 뜨고 살아났으니까 좋은 거예요. 의견 제시하기
교 사: 하지만 심청이가 바다에 뛰어 들 때는 살아날 줄 몰랐잖아. 반론 제기하기
슬 기: 끝이 좋으면 좋은 거예요. 의견 제시하기
주 현: 그래도 생각도 안 하고 들어갔으니까 그건 쫌 그래요. 반론 제기하기
준 우: 처음부터 알고 해야 진짜 좋은 거예요. 의견 제시하기
교 사: 너희들 이야기가 아주 재미있는데! 끝이 좋으면 다 좋은 건지, 아니면 시작부터 알고 해야 진짜 좋은 건지 이야기해 보면 정말 재미있을 것 같아. 그런데 지금 거의 끝나가는 시간이라 다음 시간에 이 이야기를 꼭 해 보도록 하자. 토의 정리하기

심청의 효도 방식에 대해 유아들은 서로 다른 의견을 이야기했습니다. 아버지를 위해서이지만 목숨을 바친 것이 문제가 있다고 보는 유아들도 있었고, 결국 모든 게 좋게 해결되었기 때문에 효도를 한 것이라고 주장하는 유아들도 있었습니다. 하지만 이 유아들 역시 처음부터 목숨을 던져 아버지 눈을 뜨게 하려고 한 것이 문제가 있다는 것을 부정하지는 않습니다.

하나의 일치된 의견으로 나아가지는 못했지만 어쨌든 유아들은 심청의 의도와 결과를 구분하여 사태를 판단하고 있습니다. 의도와 결과를 구분하여 판단하는 것은 차원 높은 도덕적 판단을 내리는 데 아주 중요한 부분입니다. 이 부분은 충분히 논의되어야 할 필요가 있는데 시간이 허락하지 않아 아쉽게 접어야

했습니다.

효도란 부모님 마음을 기쁘게 해 드리는 것이라는 전제를 가지고 유아들이 심청의 사례를 바라보고 있었습니다. 토의의 과정을 통해 생각이 바뀌고, 생각이 성장하는 것을 알 수 있습니다.

이야기 4. 어버이날 카네이션을 달아 드리는 게 효도하는 걸까?

그럼 이제 다시 처음의 질문으로 돌아가 봅니다.

교 사: 우리는 지금까지 효도가 무엇인지, 효도를 왜 해야 하는지, 심청이가 효도를 한 것인지에 대해 이야기했어. 그럼 우리 다시 처음의 질문으로 돌아가 보자. 너희들은 어버이날 카네이션을 달아 드리는 게 효도라고 생각하니? 판단을 요구하는 질문

지 은: 효도한 거예요. 의견 제시하기

교 사: 왜 그렇게 생각하지? 이유를 묻는 질문

지 은: 엄마, 아빠를 기쁘게 해 드린 거잖아요. 이유 대기

교 사: 그렇구나. 그런데 이럴 수도 있을 것 같아. 엄마, 아빠를 기쁘게 해 드릴 생각은 요만큼도 없고, 카네이션을 달아 드리면서 용돈을 달라고 하면 엄마, 아빠가 용돈을 주실 것 같아서 카네이션을 달아 드렸어. 그럼 이것도 효도한 걸까? 의견을 검증하기 위한 질문

한 솔: 그래도 엄마 아빠가 기쁜 마음으로 돈을 주면 그것도 효도예요. 의견 제시하기

준 우: 그건 아닌 것 같아요. 진심으로 해야 해요. 반론 제기하기

교 사: 왜 그렇게 생각하지? 이유를 묻는 질문

준 우: 엄마, 아빠를 위한 게 아니라 자기를 위한 거니까요. 이유 대기

교 사: 그럼 어버이날 카네이션을 달아 드리는 게 정말 효도가 되려면 어떻게 해야 할까? 구체적인 설명을 요구하는 질문

주 현: 엄마, 아빠를 기쁘게 하려고 달아 드려야 해요. 의견 제시하기

유아들은 "어버이날 카네이션을 달아 드리면 내가 효도한 걸까?"하는 문제에 대한 해답을 자신들이 찾은 효도의 의미에 비추어 판단하고 효도라고 결론 내립니다. 이때 다시 문제가 되는 것은 카네이션을 달아 드리는 사람의 의도입니다. 겉으로 나타난 행위뿐만 아니라 의도를 함께 고려하여 판단해야 한다는 것을 유아들은 여러 차례 토의의 과정을 통해 알게 된 것으로 보입니다.

지금까지 두 차시로 나누어 진행한 탐구공동체 활동을 정리해 보면 다음과 같습니다.

〈표 8-2〉 철학적 탐구공동체 활동 전개과정

그림책 읽기	'『오월은 푸르구나』 – 탐구 5'를 유아들이 앉은 순서대로 한 문장씩 읽음.
그림책의 내용과 관련해 궁금한 점 질문하기	• 왜 가슴에 꽃을 달아 드리는 걸까? • '다행'이란 무엇일까? • 왜 언니한테 고마울까? • 〈효녀 심청〉 이야기가 궁금해요. • 잘 키워 줬다는 게 뭐예요? • 궁금한 것이 생각난 게 아니라 왜 떠올랐다고 해요? • 어버이날 카네이션을 달아 드리면 내가 효도한 걸까?
토의하고 싶은 질문 선정하기	"어버이날 카네이션을 달아 드리면 내가 효도한 걸까?"
토의하기	유아들이 생각하는 '효도'의 개념 │ 효도를 해야 하는 이유 │ 효녀 심청의 행동은 효도일까? │ 어버이날 카네이션을 달아 드리는 것은 효도일까?

심/화/활/동

〈효녀 심청〉 그림책을 본 후 내용을 회상하면서 심청이 어떤 사람이었는지, 왜 바다에 뛰어내렸으며 어떻게 다시 바다 속에서 나왔는지 등에 대해 생각해 볼 수 있습니다. 이러한 질문과 내용은 동극을 할 때 유아들의 내용 이해를 돕기 위함이지 내용을 기억하고 있는지 확인하기 위한 목적은 아닙니다. 따라서 유아들이 내용을 파악할 수 있도록 즐거운 분위기에서 수업을 하는 것이 중요합니다. 그러고 나서 동극을 하기 위해 필요한 것은 무엇인지 유아들과 구체적으로 논의하고 동극을 진행한 후 평가하고 심화활동을 마무리할 수 있습니다.

활동명: '효녀 심청 동극하기'

활동 형태 대집단 활동

활동 영역 역할 영역

활동 목표
- 역할을 나누어 즐겁게 표현할 수 있음을 안다.
- 가족의 고마움을 안다.

누리과정 관련요소
- 사회관계 〉가족을 소중히 여기기 〉가족과 화목하게 지내기
- 예술경험 〉예술 표현하기 〉극놀이로 표현하기

활동 자료 배 만드는 재료, 블록, 다양한 꾸미기 재료 등

활동 방법

1. 〈효녀 심청〉 그림책을 보면서 내용을 회상한다.
   - 효녀 심청은 어떤 사람이었나?
   - 효녀 심청은 왜 바다에 뛰어 내렸을까?
   - 효녀 심청은 어떻게 다시 바다 속에서 나왔을까?
   - 심봉사는 어떻게 눈을 뜨게 되었을까?
2. 동극을 하는 데 필요한 것에 대해 이야기를 나눈다.
   - 동극을 하려면 무엇이 필요할까?
   - 무대를 어떻게 꾸미면 좋을까?
   - 동극 준비를 어떻게 하면 좋을까?

3. 동극을 하기 전에 각자 하고 싶은 역할을 나누어 정해 본다.
   - 동극을 하기 위해서 어떤 역할들이 필요할까?
   - 해 보고 싶은 역할은 무엇이니?
   - 어떻게 역할을 정할까?
4. 동극을 할 때 지켜야 할 약속에 대해서 이야기를 나눈다.
5. 해설에 맞추어 동극을 한다.
6. 동극을 한 후 평가한다.
   - 동극을 하고 난 후의 느낌은 어떠니?
   - 어떤 점이 기억에 남니?

활동의 유의점

- ▸ 유아들이 동극의 내용을 많이 바꾸고 싶어 할 경우에도 수용하여 준다.
- ▸ 사전에 그림책을 들려주고 동극에 필요한 배경은 미리 자유선택놀이 시간에 만든다.

04 두 번째 교사회의: 평가하기

"어버이날 카네이션을 달아 드리면 내가 효도한 걸까?"라는 질문에 대한 답을 찾기 위해, 먼저 효도란 무엇인지 묻는 것으로 이야기를 시작했습니다. 유아들은 경험에 근거하여 다양하게 효도를 정의했지만 그 공통점은 부모님을 위하는 것, 부모님을 기쁘게 해 드리는 것, 부모님을 흐뭇하게 해 드리는 것입니다.

전통적 '효'의 개념이 '받들어 모시는 것'이라고 한다면, 유아들과 함께 생각하고 정의 내린 '효'란 '부모님 마음을 기쁘게 해 드리는 것'입니다. 부모와 자식의 관계가 좀 더 상호적이고 평등한 관계로 바뀐 것을 반영하는 정의가 아닌가 생각합니다.

많은 개념들이 그러하듯이 어떤 개념은 일정 부분 시대성과 사회성을 반영하게 됩니다. 달라지는 부모 자녀 관계에 따라 효의 개념도 달라질 수밖에 없습니다. 이런 점에서 효녀 심청은 현대적인 시각을 통해 효의 의미를 새롭게 해석해 볼 수 있는 좋은 이야기라고 할 수 있습니다.

"효녀 심청이 정말 효도를 한 것일까?"라는 문제에 대해 유아들은 저마다 자기 주장을 펼칩니다. 그러나 이 주장들에서 하나같이 공통적 근거를 삼고 있는 것은 심청의 아버지 입장입니다. 이 부분에서 유아들은 이미 효도란 부모님 입장에서 생각해 봤을 때 정말 기쁜 일을 하는 것이라고 전제하고 있음을 알 수 있습니다.

〈효녀 심청〉 이야기는 다시 의도와 결과 문제로 이어졌습니다. 한 친구가 '효녀 심청이 효도를 했다'라고 주장하는 근거로 '끝이 좋으니까 모든 게 좋은 거다'라는 주장을 펼쳤습니다. 셰익스피어 희곡의 제목이기도 한 이 이야기를 유아가 말했다는 것이 놀라웠습니다. 어떤 일이 잘 되었다고 판단할 때는 시작, 과정, 결과, 그리고 목적과 목표, 방향 모든 것이 잘 어우러질 때이겠지요. 유아들은 심청의 의도와 목적은 훌륭하였지만 수단의 선택에 잘못된 점이 있다고 이야기했습니다. 하지만 결국 끝이 좋게 끝났기에 좋은 것이 아니냐는 유아의 반론에 대해서는 더 이상 토의가 진행되지 않은 채 끝났습니다. 시간이 거의 끝나가는 즈음에 나온 이야기라 다음 기회로 미루어야 했습니다. 논의를 확장하고 심화하기 위해 교사의 사전 계획도 어느 정도 필요하기도 하고요.

철학적 탐구공동체를 진행하는 데 있어 교사에게 필요한 가장 핵심적 능력은 탐구하고자 하는 성향입니다. 하지만 성향만 가지고는 부족하다는 것을 늘 느낍니다. 탐구를 진행할 수 있는 구체적 방법에 대한 지식, 기술, 철학적 배경 지식이 필요합니다. 하지만 이렇게 늘 부족하다는 생각이 들기에 또 노력하며 성장할 수 있는 거겠지요. 이렇게 위안을 하며 『오월은 푸르구나』 마지막 수업의 평가를 마칩니다.

TIP! 탐구공동체 활동에 대한 교사의 자기 장학

유아들에게 탐구공동체 활동에 대한 평가의 시간이 중요한 것 이상으로 교사들에게 탐구공동체 활동에 대한 평가는 필수적이며 매우 중요합니다. 교사가 자신의 모습을 보다 정확하게 되돌아보기 위한 방법으로 탐구공동체 활동을 녹음하거나 녹화하는 것을 권해 드립니다.

녹음된 자료를 듣다 보면 활동시간에는 다른 유아와 이야기를 나누느라 듣지 못했던 유아의 목소리가 들리기도 하며, 미처 이해하지 못했던 유아가 한 말의 의미를 깨닫게 되는 경우도 있습니다. 또한 각 상황에서 교사 자신이 했던 질문과 반응에 대한 객관적인 조망이 가능해 지며, 유아들의 사고를 좀 더 진전시키기 위해 교사가 했더라면 좋았을 질문이 떠오르기도 합니다.

녹음된 자료를 들으면서 교사들이 자신의 역할을 평가하기 위하여 살펴보아야 할 사항은 유아들의 이야기를 잘 들어 주었는지, 유아의 말을 교사의 언어로 정리하면서 왜곡한 부분은 없는지, 유아의 사고가 심화될 수 있도록 적절한 질문을 했는지, 유아들의 반응과 흥미를 고려하여 탐구를 이끌었는지, 모든 유아들이 탐구공동체 활동에 참여할 수 있도록 적절히 이끌어 주었는지 등입니다.

유아들의

철학적 탐구공동체 활동

[PART 03]

실제편 Ⅱ. 야! 여름이다

C/H/A/P/T/E/R/ 09

『야! 여름이다』 – 탐구 1: '추천'의 의미

01 1차시 철학적 탐구공동체 활동: 그림책 읽기와 질문 선정하기

선정된 질문 – "엄마는 왜 바다를 추천했을까?"

오늘은 철학그림책 『야! 여름이다』의 첫 번째 부분을 읽을 차례입니다. 2학기가 되어서인지 유아들의 글 읽는 능력들이 제법 늘었습니다. 한 문장씩 돌아가면서 읽기로 했습니다. 이제 막 글자를 배워 읽기 시작한 유아들은 소리 내어 읽는 걸 무척 좋아합니다.

"자람아, 자람아! 일어나야지."

요즘 아침마다 우리 형을 깨우는 소리야.

여름방학이라고 초등학생 형이 매일 늦잠을 자고 있어.

형은 유치원에 다니는 나보다 훨씬 더 늦게까지 잠을 자곤 해.

왜 형은 날마다 늦게 일어나는 걸까?

이렇게 늦잠꾸러기인데 방학이 아닐 때는 어떻게 일찍 일어나 학교에 가지?

학교 다닐 때는 졸리지 않나?

저녁 식사 후, 아빠가 식구들에게 말씀하셨어.

"우리, 날씨도 덥고, 또 우람이와 자람이 여름방학이니까 여행을 떠나도록 하자."

그리고 우리들의 생각을 물으셨어.

"어디로 갈까? 산으로 갈까? 설악산? 월악산? 지리산?"

"바다는 어때요? 동해 바다도 좋고, 아니면 서해도 가 보고 싶은데……. 저기 남쪽 섬에는 우람이도 가 본 적이 없지, 아마?"

엄마는 바다 여행을 추천하셨어.

"잠깐만! 날씨가 너무 많이 더우니까, 힘들게 멀리 가지 말고 가까이 갈까? 자람이는 여름 캠프 가지? 우람이는 어디 어디 가 봤더라?"

아빠가 식구들 얼굴을 돌아보며 여기저기 생각하시더니 말씀하셨어.

"이번 여름에는 자람이 형 여름 캠프 장소인 경주로 갈래?"

"경주에 가면 남산, 첨성대, 황룡사지에도 갈 수 있고, 불국사, 석굴암처럼 세계문화유산도 볼 수 있어."

"맞아, 가까운 곳에 남산도 있고 감포 해수욕장도 있지."

"그렇지. 경주에 가면 산, 바다, 유적지 모두 가 볼 수 있으니까 좋을 것 같지 않아? 자, 가족 여러분 생각은 어떠하신지요?"

아빠는 TV 드라마에 나오는 말투로 우리들에게 물어보셨어.

유아들은 이 글을 읽고 다음과 같은 질문을 하였습니다.

"자람이네 식구들은 어디로 여행을 갈까?"
"방학에도 공부를 해야 하는데, 왜 형은 공부는 안 하고 잠만 잤을까?"
"집에서 에어컨 틀고 쉬면 되지. 왜 굳이 여행을 갈까?"
"아빠는 왜 TV에 나오는 사람처럼 말하셨을까?"
"엄마는 왜 바다를 추천했을까?"
"세계문화유산이 뭐예요?"
"형은 왜 늦잠을 잤어요?"

이 중에 가장 많은 유아들이 궁금하다고 한 질문은 "엄마는 왜 바다를 추천했을까?"입니다.

02 첫 번째 교사회의: 중심주제 선정과 토의계획 세우기

중심주제 - '추천'의 의미

유아들이 선정한 질문은 "엄마는 왜 바다를 추천했을까?"입니다. 교사들은 이 질문을 어떻게 철학적으로 탐구할 수 있을지 회의를 했습니다. 이 질문을 해결하기 위해서는 먼저 '추천'이 무슨 뜻인지를 알아야 할 것입니다. 그래서 이 질문과 연관된 중심주제는 '추천'으로 정하였습니다. 추천의 의미를 사전에서 찾아보았더니 다음과 같이 정의하고 있습니다.

추천: 좋거나 알맞다고 생각되는 것을 남에게 권하거나, 어떤 조건에 적당한 대상을 책임지고 소개하는 것

추천을 하기 위해서는 어떤 것이 좋거나 알맞은지 판단을 해야 합니다. 또한 누군가를 추천한다고 했을 때는 그 대상을 책임지고 소개해야 합니다. 그러므로 추천을 하기 위해서는 두 가지 주요한 측면을 고려해야 합니다. 첫 번째는 상대방입니다. 추천을 받는 상대가 누구이고, 그 사람에게 적당한 것이 무엇인지 판단해야 하는 것입니다. 두 번째, 추천에는 책임이 따른다는 것입니다. 추천은 그냥 인사말이나 자신의 느낌을 이야기하는 것과 달리 어떤 대상이나 사물, 정보 등을 소개하는 것이기 때문에 상대에게 미칠 영향이 직접적이고 구체적입니다. 따라서 추천을 하는 행위 자체에는 어느 정도 책임이 따릅니다.

먼저, 첫 번째 측면부터 생각해 볼까요? 누군가 "일곱 살 남자 아이 생일선물로 뭐가 좋을까?"라고 내게 묻는다면, 어떻게 대답해야 할까요? 이때, 가능한 사고의 과정을 생각해 봅시다. 먼저, 내가 알고 있는 일곱 살 남자 아이들을 떠올려 봅니다. 그들이 무엇을 좋아하는지, 무엇에 관심이 있는지를 생각해 봅니다. 내가 알고 있는 일곱 살 아이들이 좋아하는 것이 모두 다 똑같지는 않습니다. 그렇다면 추천을 부탁한 사람에게 질문을 해 볼 수가 있지요. "그 아이는 어떤 아이인가요?" 이렇게 상대에게 좋거나 알맞다고 생각하는 것을 남에게 권하기 위해서는 자신의 경험과 지식, 정보 등에 근거하여 추론해야 합니다. 그런 추론이 상대에게 적절한지 검증하기 위해서는 상대가 어떤 사람인지도 잘 알아야 하겠지요. 좋거나 알맞다고 생각하는 것을 추천하기 위해서는 이렇게 논리적 추론과 구체적 지식이 결합되어야 합니다. 추천이 무엇인지를 밝히다 보니 추천하기 위해서는 상당히 논리적인 사고가 전제되어야 함을 알 수 있습니다.

이제 추천의 두 번째 측면, 어떤 조건에 적당한 대상을 책임지고 소개하는 것에 대해서 생각해 볼 수 있습니다. 예를 들어, "우리 유치원에서 일할 선생님을

좀 추천 해 주세요."라는 부탁을 들었다고 생각해 볼까요? 그럴 때, 선생님을 추천한다는 것은 추천을 부탁한 상대에게 직접적인 영향을 줄 수 있습니다. 내가 추천한 선생님이 그 유치원에서 유아들과 잘 지낸다면 상관없지만, 유치원에서 문제를 일으키거나 아이들과 잘 지내지 못하여 나의 추천을 받아들인 상대가 괴로워한다면 대개는 도의적 책임감을 느끼게 되지요.

이렇듯 '추천'에는 논리적 사고과정을 통한 최선의 판단과 도의적 책임이라는 문제가 내포되어 있음을 알고 교사는 '추천'으로 유아들과 어떻게 이야기를 풀어 나갈지 계획을 세웁니다.

우선 '추천'이라는 용어의 개념에 대하여 함께 생각하며 정의를 내려 보는 것으로 이야기를 시작하려 합니다. 또한 추천을 하는 이유는 무엇이며 무엇을 추천할 수 있을지에 대해서 생각해 본 후, 여러 대상을 놓고 추천할 수 있을지 여부에 대하여 논의해 볼 것입니다. 우리가 무엇인가에 대해 추천을 할 수 있는 경우는 어떤 경우가 있을까요? 반대로 어떤 것을 추천할 수 없을까요? 추천하는데 기본이 되는 필수적인 요건이 무엇인지를 연습문제를 통해 유아들 스스로 찾을 수 있기를 기대합니다. 그리고 본격적으로 우리가 궁금했던 토의 질문인 '엄마는 왜 바다를 추천했는지'에 대한 생각을 나누어 볼 예정입니다. 이러한 과정을 통해 유아들은 추천을 하기 위해서는 타당한 이유와 좋은 근거가 있어야 함을 알고, 또 다른 사람의 주장을 잘 판단하기 위해서는 그 이유가 적합한지에 대해 판단해야 함을 깨달을 수 있을 것입니다. 마지막으로 추천의 예를 연습해 보기 위해 각자가 좋은 근거를 가지고 봄 소풍 장소를 추천하고, 추천 받은 장소 중에 가장 마음에 드는 곳을 선택하려고 합니다. 이는 추천을 받았을 때 어떻게 선택을 해야 하는지, 선택에 따른 결과를 누가 책임져야 하는지에 대해 생각해 보기 위해서입니다.

〈표 9-1〉 철학적 탐구공동체 활동계획안

<table>
<tr><td>누리과정
영역과
관련된
활동
목표</td><td colspan="2">▸ 근거를 가지고 자신의 의견을 말하며, 자신의 사고에 오류가 있을 때는 기꺼이 수정하는 태도를 기른다. (의사소통 영역)
▸ 공동체 안에서 다른 사람과 도움을 주고받고, 서로 협력하며 더불어 생활하는 태도를 기른다. (사회관계 영역)
▸ 다른 사람을 위해 내가 할 수 있는 일에 대해 안다. (사회관계 영역)
▸ 일상생활의 문제를 해결하는 과정에서 탐색, 비교, 예측 등의 탐구기술을 활용하는 능력을 기른다. (자연탐구 영역)</td></tr>
<tr><td>시 간</td><td>토 의 내 용</td><td>준비물
및
유의점</td></tr>
<tr><td>도입
〈10분〉

전개
〈35분〉</td><td>1. 지난주 철학활동 시간에 읽은 이야기의 내용과 선정된 질문에 대해 회상한다.
• 우리가 지난주에 읽었던 이야기의 내용이 기억나니?
• 우리는 이 이야기를 읽고 나서 어떤 질문을 했었지?
• 우리가 가장 궁금하다고 뽑은 질문은 무엇이었을까?

2. '추천'이라는 용어의 개념을 정의해 본다.
• '추천'이란 무엇일까?
3. '추천'을 누가, 왜 하는 것인지에 대해 이야기를 나눈다.
• 누가 추천을 해 줄 수 있을까?
• 추천을 왜 하는 것일까?
4. 유아들이 추천할 수 있는 것은 무엇인지에 대해 생각해 본다.
• 우리는 무엇을 추천할 수 있을까?
5. 추천을 하기 위해 미리 알아야 하거나 필요한 것은 무엇인지에 대해 토의한다.
6. 몇 가지 사례를 보면서 우리가 추천할 수 있는지 없는지를 판단하고, 판단의 근거를 생각해 본다.
• 선생님의 5세 남자 조카에게 줄 선물
• 남아메리카 칠레의 여행지
• 유치원생을 위한 생일파티 음식
• 올해에 새로 뽑을 대통령 후보
• 맛있는 음식점
• 엄마, 아빠와 같은 가족이나 친척
• 재미있는 만화 영화
7. 유아들이 선정한 질문으로 되돌아가, 엄마가 바다를 추천한 이유에 대해 생각해 본다.</td><td></td></tr>
</table>

마무리 〈5분〉	8. 타당한 근거를 가지고 추천하는 연습을 해 본다. • 다른 사람들에게 봄 소풍 장소를 추천해 줄 수 있니? 9. 탐구공동체 활동 시간 동안 각자의 태도와 행동에 대해 되돌아보고 평가한다.	평가지

또 / 다 / 른 / 질 / 문

'『야! 여름이다』 – 탐구 1'의 1차시에서 선정된 질문은 "엄마는 왜 바다를 추천했을까?"이며, 여기서 교사는 토의의 중심주제를 '추천'의 의미로 계획하여 활동계획안을 수립하였습니다. 만약 유아들이 질문을 선정하는 과정에서 다른 질문을 선정했다면 다른 중심주제로 탐구공동체를 운영해야 하므로, 다른 질문과 관련된 중심주제와 토의계획을 소개해 드립니다.

▌선정 예상 질문 - 1. 형은 왜 늦잠을 자는 것일까?

1. 중심주제: 늦잠

늦잠이란 아침에 늦게까지 자는 잠을 말합니다. 평상시에는 일찍 일어나서 학교를 가는데 왜 방학을 하면 늦잠을 자는 것일까요? 방학이 되면 그동안 부족했던 잠을 보충하려는 것일까요? 그런데 늦잠은 몇 시까지 자야 늦잠일까요? 평상시보다 늦게 일어나면 늦잠일까요? 만약에 어떤 사람이 밤늦게까지 일을 하다가 새벽에 잠이 들어 늦은 아침에 일어나도 늦잠이 될까요? 같은 시간에 일어나도 어떤 집에서는 당연한데, 왜 다른 집에서는 늦잠을 잤다고 혼나야 하는 것일까요? 늦잠에는 어떤 시간적 기준이 있는 것일까요? 아니면 개인적인 기준이 적용되는 것일까요?

유아들과 늦잠의 개념 및 늦잠의 기준은 무엇인지, 늦잠이 괜찮은 건지 나쁜 건지, 나쁘다면 왜 나쁜지, 괜찮다면 왜 괜찮은지 구체적으로 이야기해 볼 수 있습니다. 그리고 더 나아가 늦잠이 사람이나 환경에 따라 주관적이고 상대적일 수 있다는 점에 대해 이야기를 나눌 수 있습니다.

2. 토의계획

1) 늦잠이란 무엇일까 생각해 본다.

2) 몇 시까지 자야 늦잠이라고 할 수 있을까 이야기 나눈다.
3) 사람마다 늦잠의 기준이 같은지 다른지에 대해서 생각해 본다.
4) 늦잠을 자는 것이 나쁜 걸까? 나쁘다면 이유가 무엇인지에 대해서 생각해 본다.
5) 늦잠을 자는 것이 괜찮은 걸까? 괜찮다면 이유가 무엇인지에 대해서 생각해 본다.
6) 다음은 늦잠인지 아닌지에 대해서 생각해 본다.
   - 늦게 퇴근한 아빠가 아침에 밤늦게 잠자리에 들어 아침에 늦게 일어난 경우
   - 몸이 약해서 아침 늦게까지 자고 일어나는 경우
   - 저녁에 일찍 자서 아침 늦게 일어나는 경우
   - 밤에 늦게까지 게임하다가 자고 아침에 늦게 일어나는 경우

▌선정 예상 질문 - 2. 세계 문화유산이 뭐예요?

1. 중심주제: 소중함

유산이란 사전적 의미로 선조가 남긴 가치 있는 물질적, 정신적 전통을 말합니다. 이러한 의미에서 세계 여러 나라에는 각 나라의 고유하고 독특한 유산이 많이 있습니다. 물론 5천 년이라는 긴 역사를 가진 우리나라 역시 훌륭한 유산이 많이 있지요.

유네스코(UNESCO: 국제연합 교육과학문화 기구)에서는 세계 여러 나라의 유산들 가운데 인류를 위해 보호할 가치가 있는 것을 선정하여 세계유산으로 지정하고 있습니다. 즉, 유네스코에서 세계유산으로 지정되었다는 것은 각각의 나라에서 중요한 유산일 뿐 아니라 더 나아가 인류 모두의 차원에서 인정받는 유산이라는 것입니다.

세계문화유산을 보호해야 하는 이유는 위에서 언급한 것처럼 세계문화유산이 인류에게 소중한 가치를 지니고 있기 때문입니다. 여기서 소중하다는 것은 무엇일까요? 소중함의 개념을 알아야 세계문화유산을 이해할 수 있습니다. 그래서 '세계유산이 뭐예요?'라는 질문의 중심주제를 '소중함'으로 선정하여 유아들이 소중하게 여기는 것은 무엇이며 왜 소중하게 생각하는지 이야기해 볼 수

있습니다. 또한 지금 소중하게 여겨지는 것이 오랜 시간이 지난 후에도 계속 소중하게 여겨질지에 대해서도 토의해 볼 수 있습니다. 더불어 어떤 것을 세계문화유산으로 지정하면 좋을지 이야기하면서, 개인적으로 소중한 것과 인류 전체 차원에서 소중한 것을 왜 구분해야 하는지도 함께 토의할 수 있습니다.

2. 토의계획

1) 세계문화유산이란 무엇인가에 대해서 이야기 나눈다.
2) 세계 여러 나라에서 세계문화유산을 보호하고 후손에게 물려주려는 이유를 생각해 본다.
3) 세계문화유산의 예를 통해 보존해야 하는 이유에 대해서 생각해 본다.
4) 어떤 것을 세계문화유산으로 지정하면 좋을지에 대해서 생각해 본다.
- 우리 할아버지 묘의 비석
- 내가 태어났을 때 입었던 배냇저고리
- 구석기 시대 사람들이 살았던 흔적이 남은 곳
- 풍경이 아주 아름다운 절벽과 폭포

03 2차시 철학적 탐구공동체 활동: 토의하기

이야기 1. '추천'이란 무슨 뜻일까?

지난주에 우리가 선정했던 토의주제를 상기해 보는 것으로 토의는 시작됩니다. 일주일이라는 시간이 지나기는 했지만, 꽤 여러 친구가 토의주제를 기억하고 있습니다. 아마 공동체 활동에 모여 다른 반 친구들이랑 만나서 새로운 방법으로 토의를 해 본 것이 유아들에게는 꽤 신선하고 재미있는 기억이었나 봅니다. 우선 중심주제인 '추천'의 개념을 알아보는 것으로 토의를 시작합니다.

교 사: 우리가 지난 시간에 『야! 여름이다』라는 책을 읽고서 제일 많이 궁금하다고 뽑은 질문이 있었어요. 어떤 질문이었을까?

준 우: 엄마랑 바다.

교 사: 준우가 지금 말한 것을 조금 더 자세하게 설명해 줄 수 있니? 구체적인 설명을 요구하는 질문

슬 기: 엄마가 왜 바다를 추천하셨을까?

교 사: 슬기가 잘 기억하고 있네. 그림책에서 엄마가 '바다는 어때요?'라고 추천을 하셨다고 했어. 그런데 추천이라는 말은 무슨 뜻일까? 개념을 명료화하기 위한 질문

준 우: 가는 거. 정의 내리기

교 사: 추천을 왜 가는 거라고 생각했니? 이유를 묻는 질문

준 우: 바다에 가자고 했잖아요. 맥락에 비추어 유추하기

교 사: 준우는 어디를 가는 것이라고 했어요. 다르게 생각하는 친구가 있니? 대안적인 관점을 탐색하는 질문

유아들: …….

교 사: 너희들 혹시 추천이라는 말을 들어 본 적 있니? 상대방의 경험에 대한 질문

유아들: 네.

교 사: 어디에서 들어봤어? 구체적인 설명을 요구하는 질문

슬 기: TV에서요.

교 사: TV에서 추천에 관해 어떤 이야기를 들었니? 구체적인 설명을 요구하는 질문

슬 기: 동화가 재미있으면 동화를 추천하고 재미있었다고 말해 줘요. 예를 들어 설명하기

교 사: 그렇구나. 추천은 자기가 재미있는 동화를 읽었으면 다른 사람에게도 재미있다고 읽어 보라고 말해 주는 것 같구나. 토의내용 정리하기

'추천'의 개념에 대해 유아들은 어렴풋하게 이해하고 있는 것처럼 보입니다. '동화를 재미있다고 말해 주는 것'이라는 유아의 이야기는 어떤 것을 다른 사람들에게 소개하고 알리는 것이라는 의미를 경험적으로 체득하고 있음을 보여 줍

니다. 경험 속에서 체득한 이해를 자신의 언어로 표현하면서 생각이 점차 명료해집니다. 생각이 명료해져야 생각에 대한 생각이 가능하며, 생각이 더욱 심화될 수 있습니다.

TIP! 유아가 자신의 의견을 명확하게 밝히도록 돕는 방법

만 5세 유아들은 우리가 흔히 알고 있는 것보다 훨씬 많은 지식을 가지고 있으며, 훨씬 더 논리적으로 사고하는 능력도 있습니다. 하지만 자신의 생각을 매끄럽고 분명하게 표현하는 언어능력이 조금 부족합니다. "네가 지금 말한 것을 조금 더 자세하게 설명해 줄 수 있겠니?", "네가 지금 말한 ○○란 무슨 뜻이니?" 등으로 구체적인 설명을 요구하는 질문과 개념을 명료화하기 위한 질문을 통해, 교사는 유아의 생각을 보다 구체적으로 읽어 내고 재진술할 기회를 줌으로써 유아들이 원활하게 토의할 수 있도록 지원해 주어야 합니다. 이때 교사는 유아의 의도를 미루어 짐작하고 자의적으로 해석함으로써 유아의 의견을 왜곡하는 우를 범해서는 안 됩니다.

이야기 2. 추천은 왜 하는 것일까?

TV 프로그램에서 동화를 추천해 주는 것을 본 유아 개인의 경험을 토대로 추천을 하는 이유에 대한 탐구를 이어 나갑니다.

교 사: 그런데 추천은 왜 하는 거지? 이유를 묻는 질문
슬 기: 얘기를 해 줘서 알려 주는 거예요. 의견 제시하기
한 솔: 무엇을 알려 줘? 구체적인 설명을 요구하는 질문
슬 기: 재미있고 좋은 거를 알려 주는 거지. 설명하기
교 사: 추천이란 알려 주는 거구나. 그러면 너희들은 혹시 다른 사람에게 무엇인가를 추천한 적이 있니? 상대방의 경험에 대한 질문

유 나: 아니오. 모르겠어요.
교 사: 누가 너희들에게 추천을 해 달라고 한 적이 있니? 상대방의 경험에 대한 질문
지 은: 없는 거 같은데…….

추천을 왜 하는지, 추천을 언제 하는지를 유아들의 경험에 기초하여 이야기해 보려고 했는데 유아들은 추천을 해 본 적이 없거나, 누군가에게 추천을 해 달라고 부탁해 본 적이 없다고 합니다. 추천이라는 말이 유아들에게 생소해서 그런 걸까요? 아니면, 정말로 유아들은 추천을 하거나 받을 필요가 없어서 그런 걸까요? 아침에 "엄마, 나 뭐 입어?"라고 물어보는 것은 추천을 해 달라는 것인가요? 아니면, 그냥 물어본 걸까요? 유치원에서 친구들한테 "우리 뭐하고 놀까?"라고 물어보는 건 놀이를 추천해 달라고 한 것일까요? 이번 활동에서 토의를 해 보지는 않았지만, 추천과 연관된 유아들의 경험을 조금 더 생각해 보고 이와 같은 예를 들어 그 예가 추천인지, 아니면 다른 의미인지 함께 이야기해 볼 수도 있을 것입니다.

이야기 3. 무엇을 추천할 수 있니?

일단 유아들은 추천을 하는 이유가 재미있거나 좋은 것을 알려 주는 것이라고 합니다. 그렇다면 우리가 알려 줄 수 있는 재미있거나 좋은 것은 어떤 것들일까요? 무엇을 추천할 수 있는지에 대한 이야기로 토의를 이어 나갑니다.

교 사: 만약에 우리가 누구에게 무엇을 추천해야 한다면, 우리는 무엇을 추천할 수 있을까? 판단을 요구하는 질문

유 나: 책. 의견 제시하기

교 사: 어떤 책을 추천하는 거지? 구체적인 설명을 요구하는 질문

한 솔: 바다가 나오는 책. 의견 제시하기

슬 기: 재미있는 책. 의견 제시하기

교 사: 재미있는 책. 또 다른 의견이 있니? 대안적인 관점을 탐색하는 질문

유 나: 신나는 거. 의견 제시하기

준 우: 재미없는 거. 의견 제시하기

교 사: 책을 추천하는 것은 다른 사람에게 그 책을 어떻게 하라는 뜻일까? 함축된 의미를 묻는 질문

지 은: 책을 읽어 보라고요. 함축된 의미 찾아내기

교 사: 그렇다면 재미없는 책을 추천해 주어도 좋을까? 판단을 요구하는 질문

슬 기: 아니요. 재미없다고 화를 낼 거예요. 의견 제시하기

준 우: 그럼 좋은 거를 추천해 줘요. 지지하기

교 사: 그래. 재미있거나, 신나거나, 좋은 거를 추천해 주는 게 좋겠다. 그런 게 뭐가 있을까? 예 제시를 요구하는 질문

지 은: 장난감. 의견 제시하기

준 우: 아이스크림. 의견 제시하기

한 솔: 먹는 것도 추천이에요? 의견을 검증하기 위한 질문

교 사: 그래, 내가 어제 음식점에 갔는데 양념갈비가 너무 맛있었어요. 다음에 꼭 가서 드셔 보세요. 이렇게 추천해 주는 거야. 그럼 이런 거는 추천할 수 있는지 없는지 한 번 생각해 봐. '제가 어제 빵집에 갔는데, 아주 불친절하고 빵도 맛이 없었어요. 여러분도 그 빵집에 꼭 가 보세요'라고 추천할 수 있을까? 안 될까? 구체적인 사례 속에서 판단을 요구하는 질문

유아들: 안 될 거 같아요.
돼요.
안 돼요.

교 사: 그럼 '맛없고 친절하지 않은 빵집을 추천할 수 있다'고 생각하는 사람? (두 명의 유아가 손을 든다) 그럼 '맛없고 친절하지 않은 빵집은 추천하면 안 된다'라고 생각하는 사람? (여섯 명의 유아가 손을 든다.) 판단을 요구하는 질문

교 사: 우선 맛없고 친절하지 않은 빵집을 추천해도 된다고 생각한 이유는 무엇이니? 이유를 묻는 질문

준 우: 정말 맛이 없어서 '우웩'하고 토할 거 같아요. 이유 대기

교 사: 준우는 정말 맛이 없어 토할 것 같기 때문에 추천해야 한다고 말했어. 준우에게 질문하고 싶은 사람 있니? 질문을 유도하는 질문

재 윤: 맛이 없는 걸 추천해 주면 어떡해? 빵 사지 말라고 해야지. 반론 제기하기

교 사: 준우가 대답해 줄래?

준 우: 생각이 바뀌었어요. 추천하면 안 될 것 같아요. 자신의 의견 철회하고 수정하기

추천의 의미는 좋거나 알맞다고 생각되는 것을 남에게 권하는 것입니다. 그런 점에서 좋지 않거나 알맞지 않은 경우는 추천할 수 없다는 것을 유아들과 함께 이야기해 보았습니다.

이야기 4. 추천을 하기 위해 필요한 것은 무엇일까?

어떤 상황을 놓고 이것이 추천이 될 수 있을지, 없을지 함께 이야기하는 것을 통해 추천의 의미를 명료하게 알 수 있습니다. 그래서 교사가 준비한 사례를 하나씩 분석하며 토의해 봅니다.

교 사: 선생님이 한 가지씩 예를 들어 볼게. 너희들이 추천을 할 수 있을지 없을지에 대해서 생각을 해봐. 선생님의 다섯 살짜리 남자 조카에게 사줄 선물을 너희들이 추천해 줄 수 있겠니? 구체적 사례 속에서 판단을 요구하는 질문

유아들: 네. 의견 제시하기

주 현: 자동차. 의견 제시하기

교 사: 주현이는 자동차를 추천해 주고 싶구나. 자동차를 추천하는 이유가 뭐지? 이유를 묻는 질문

주 현: 자동차를 좋아하니까. 이유 대기

교 사: 다섯 살짜리 남자 아이들은 자동차를 좋아한다는 말이니? 의견을 검증하기 위한 질문

주 현: 네.

승 민: 기차. 다섯 살 남자 애들이 기차를 잘 가지고 노는 걸 봤어요. 의견 제시하기

한 솔: 장난감 비행기를 선물하고 싶다. 예전에 우리 아빠가 비행기를 사다 주셨는데 좋았어. 의견 제시하기

유아들은 추천을 하는 상대가 다섯 살(만 3세; 토의에 참여하고 있는 유아는 일곱 살로 만 5세) 유아라는 것을 잘 알고 있었습니다. 그래서 다섯 살 유아를 보았던 자신의 경험을 이야기합니다. 추천을 할 때 상대에게 알맞은 것을 추천해야 한다는 것을 유아들은 잘 알고 있습니다.

교 사: 그럼 다음 문제, 잘 들어 보세요. 선생님이 비행기를 타고서 여행을 가고 싶어요. 그런데 어디를 갈 거냐면 칠레라는 나라를 갈 예정이야.

유아들: 알아, 알아.

유 나: 남아메리카.

교 사: 칠레에서 어떤 도시를 가면 좋을까? 너희들이 추천해 줄 수 있니? 구체적 사례 속에서 판단을 요구하는 질문

재 윤: 네. 페루. 의견 제시하기

준 우: 제주도. 의견 제시하기

교 사: 페루는 다른 나라의 이름이고, 제주도는 우리나라에 있는 섬이잖아. 선생님은 칠레로 여행을 가고 싶은 것이기 때문에, 칠레에 있는 도시나 지역 중에서 말해 주면 좋을 것 같은데……. 너희들 지금 칠레에서 여행할 도시를 추천해 줄 수 없니? 의견 확인을 위한 재질문

유아들: 네.

교 사: 칠레 여행에 관해서 왜 추천을 못 해 주는 걸까? 이유를 묻는 질문

슬 기: 칠레에 도시가 뭐 있는지 몰라요. 이유 대기

유 나: 저도 거기 안 가 봤어요. 이유 대기

잘 알지 못하는 대상에 관해서 다른 사람에게 추천해 줄 수 없음을 유아들이 잘 알고 있네요.

교 사: 칠레에 가 본적도 없고, 어떤 도시가 있는지 모르기 때문에 추천해 줄 수 없대. 그럼 이건 추천해 줄 수 있니? 선생님이 이번 주 토요일에 집에서 만화영화를 보고 싶은데, 어떤 만화영화가 재미있는지 추천해 줄 수 있니? 구체적 사례 속에서 판단을 요구하는 질문

준 우: 당연히 추천할 수 있죠. 한반도의 공룡. 의견 제시하기

교 사: 한반도의 공룡이 재미있어?

준 우: 영화로 봤는데 아주 재미있었어요. 자신의 경험을 근거로 제시하기

지 은: 나도 그거 본 적 있는데…….

승 민: 메탈 블레이드.

교 사: 왜 추천해 주고 싶니? 이유를 묻는 질문

승 민: 팽이가 재미있으니까. 이유 대기

유 나: 쥬블스. 의견 제시하기

재 윤: 그건 남자 애들은 다 싫어하고, 여자 애들만 좋아하는데……. 반론 제기하기

슬 기: 공이었다가 동물로 변신하는 거예요. 구체적으로 설명하기

추천을 해야 하는 것과 관련된 경험이 많으면 많을수록 추천을 하는 내용도 훨씬 더 구체적이며 다양할 수 있다는 것을 유아들이 말해 줍니다.

교 사: 그럼 이것도 추천해 줄 수 있니? 선생님이 조카 생일날 친구들을 초대할 건데, 어떤 음식을 준비해 주면 좋을지 추천해 줄 수 있을까? 구체적 사례 속에서 판단을 요구하는 질문
주 현: 과일을 여러 가지 뾰족한 데다 꽂으면 좋을 거 같아요. 의견 제시하기
교 사: 왜 과일을 추천하고 싶니? 이유를 묻는 질문
주 현: 과일을 좋아할 수 있으니까. 이유 대기
슬 기: 스파게티. 의견 제시하기
교 사: 왜 스파게티를 추천하는 거야? 이유를 묻는 질문
슬 기: 유치원에서 스파게티도 나오고 그러니까. 이유 대기
교 사: 유치원에서 스파게티를 주기 때문에 생일날도 스파게티를 주어야 하는 걸까? 의견을 검증하기 위한 질문
슬 기: 네. 유치원에서 스파게티가 나오면 아이들이 잘 먹어요. 근거 대기
유 나: 케이크.
교 사: 왜 케이크를 주어야 하는 걸까? 이유를 묻는 질문
유 나: 과일이 있으니까. 이유 대기
교 사: 또 다른 이유가 있니? 이유를 묻는 질문
유 나: 생일파티니까. 이유 대기
슬 기: 미역국. 의견 제시하기
승 민: 왜? 이유를 묻는 질문
슬 기: 생일 때 원래 미역국 먹는 거야. 이유 대기
재 윤: 아니야. 생일 때 케이크 먹어. 반론 제기하기
슬 기: 케이크도 먹지만 미역국도 먹는 거야.

생일날 원래 미역국을 먹는 것이라고 말한 유아는 추천을 할 때 직접 경험, 간접 경험도 근거가 되지만 추천하는 것과 관련된 사회적 관습이나 문화 같은

것을 고려하여 추천할 수 있다는 것을 보여 줍니다.

교 사: 그럼 이것도 추천할 수 있는지 생각해 봐. 할머니, 할아버지를 모시고 외식을 하고 싶은데 어떤 음식점을 가면 좋을지에 대해서 너희들이 추천해 줄 수 있니? 구체적 사례 속에서 판단을 요구하는 질문

유 나: 외식이 뭐예요? 개념을 명료화하기 위한 질문

슬 기: 음식을 사 먹으러 가는 거야. 정의 내리기

준 우: 스파게티. 의견 제시하기

교 사: 할머니랑 할아버지도 스파게티를 좋아하실까? 의견을 검증하기 위한 질문

준 우: 나는 스파게티 좋아하는데…….

교 사: 너희들을 위해서가 아니고 할머니, 할아버지를 위해서 가는 건데? 의견을 검증하기 위한 질문

준 우: 약 가게. 의견 제시하기

재 원: 약 가게에서 음식을 팔지는 않잖아. 의견의 오류 지적하기

교 사: 할머니, 할아버지는 어떤 음식을 좋아하실까? 예 제시를 요구하는 질문

주 현: 미역국. 의견 제시하기

준 우: 고기. 의견 제시하기

슬 기: 죽집. 의견 제시하기

교 사: 왜 죽집에 모시고 가고 싶니? 이유를 묻는 질문

슬 기: 할머니, 할아버지들이 아프면 죽을 드시니까요. 이유 대기

추천을 하는 대상을 조금 달리 해 보았습니다. 지금까지는 자신들과 비슷한 또래와 연관된 이야기였는데 할머니, 할아버지와 함께 식사할 때 무엇을 먹으면 좋겠냐는 질문에 처음엔 자신들이 좋아하는 음식을 이야기합니다. 그 다음에는 대상이 할아버지, 할머니라는 것을 다시 상기시켰을 때 약 가게라고 합니다. 아픈 할아버지, 할머니를 떠올렸던 거지요. 추천을 할 때 추천하는 대상에 대한 고려가 필요하다는 것을 다시 한 번 확인해 보았습니다.

교 사: 선생님의 엄마, 아빠가 용돈을 잘 안 주셔서 엄마랑 아빠를 바꾸고 싶은데, 누구를 엄마랑 아빠로 할지 추천해 줄 수 있니? 구체적 사례 속에서 판단을 요구하는 질문

유 나: 할머니. 의견 제시하기

교 사: 할머니를 엄마라고 부르고 엄마로 바꿀 수 있을까? 의견을 검증하기 위한 질문

준 우: 없어요. 의견 제시하기

교 사: 그리고 엄마가 아닌 다른 사람을 엄마로 바꿀 수 있는 걸까? 의견을 검증하기 위한 질문

슬 기: 그건 안 돼요. 의견 제시하기

재 윤: 그럼 외삼촌도 바꾸면 안 되니까 추천할 수 없는 거야? 토의된 내용의 결론을 검증하는 질문

준 우: 응. 추천하면 안 돼.

교 사: 엄마나 아빠, 외삼촌 같은 친척은 바꿀 수 없으니까 추천을 할 수도 없는 거구나. 토의된 내용 정리하기 그럼 장난감, 만화영화, 생일파티 음식 같은 거는 왜 추천할 수 있었니? 토의된 내용의 결론을 검증하는 질문

슬 기: 우리가 잘 아니까요. 이유 대기

교 사: 그럼 추천할 수 없는 것은 어떤 것일까? 토의된 내용의 결론을 검증하는 질문

주 현: 잘 모르는 거. 의견 제시하기

준 우: 안 좋은 거. 의견 제시하기

추천은 선택을 전제로 합니다. 추천을 받는다는 것은 여러 선택지를 소개받는다는 것이지요. 우리의 모든 삶을 항상 선택할 수 있는 것은 아닙니다. 때로는 선택의 여지가 없는 경우도 있으며, 그럴 때는 추천이 이루어질 수 없다는 것을 살짝 이야기해 보았습니다.

유아들이 추천할 수 있다고 판단한 것과 추천할 수 없다고 판단한 것은 아래의 표와 같습니다. 그리고 선택할 수 없는 것이거나 추천하는 사람이 잘 모르는 것, 안 좋은 것 등에 대해서는 추천할 수 없다는 결론을 내리게 되었습니다.

〈표 9-2〉 유아들이 추천할 수 있는 것과 없는 것들

우리가 추천할 수 있는 것들	우리가 추천할 수 없는 것들
선생님 조카에게 줄 선물 재미있는 만화영화 유치원생을 위한 생일파티 음식 맛있는 음식점	남아메리카 칠레의 여행지 올해에 새로 뽑을 대통령 후보 엄마, 아빠와 같은 가족이나 친척

토의를 통해 유아들은 잘 모르는 것, 안 좋은 것, 이미 정해져 바꿀 수 없는 것들은 추천할 수 없다는 결론을 내렸습니다. 추천할 수 있는 것으로 잘 아는 것, 경험해 본 것은 가능하다고 하네요. 잘 아는 것, 경험해 본 것을 추천해야 한다, 즉 추천이란 아무렇게나 마구 하는 것이 아니라 일정한 근거를 가지고 한다는 것을 유아들이 이해했음을 의미합니다.

이야기 5. 엄마는 왜 바다로 가자고 추천했을까?

이제 다시 처음의 질문으로 돌아가 보고자 합니다. 지금까지 추천의 의미와 추천의 이유, 추천할 때 고려해야 할 점에 대해서 이야기했으니 이를 바탕으로 이제 엄마의 입장이 되어 엄마가 바다를 추천한 이유에 대해 생각해 보고자 합니다.

교 사: 엄마는 왜 바다로 가자고 추천했을까? 이유를 묻는 질문
지 은: 바다에 가면 물놀이하면서 놀 수 있으니까. 이유 대기
교 사: 지은이는 바다에서 물놀이도 하면서 놀 수 있어서 엄마가 추천했을 것 같대. 그럼 지은이랑 같은 생각 말고 다르게 생각하는 친구 있니? 대안적인 관점을 탐색하는 질문
준 우: 바다가 나오는 책을 읽고 재미있는 게 나와서. 이유 대기
유 나: 여름에는 더우니까……. 바닷물은 시원해서. 이유 대기

재　윤: 물 미끄럼틀이 완전 재미있어서. 이유 대기

주　현: 엄마는 어렸을 때 바다를 좋아해서 바다를 추천했을 거 같아요. 이유 대기

교　사: 왜 엄마는 바다를 좋아하게 됐을까? 이유를 묻는 질문

슬　기: 우리 동생은 두 살인데 물을 좋아해. 예를 들어 설명하기

주　현: 바닷가에 가서 모래로 이불 같은 거, 사람이 누워서 이불 같은 거를 만들 수 있어요. 이유 대기

승　민: 바다에서 보드나 배를 타면 재미있으니까. 이유 대기

준　우: 배 같은 거 잘 안 타고, 낚시를 하는데…. 반대 의견 제시하기

한　솔: 아빠가 튜브에 줄을 달아서 나를 막 끌어 주니까 내가 막 와~아! 와~아! 했는데……. 이유 대기

교　사: 와~ 너희들은 정말 좋은 이유를 많이 생각하는구나.

엄마가 바다를 추천한 이유를 이야기하면서 유아들은 먼저 엄마가 책을 보고 추천하게 되었다는 이야기를 합니다. 그리고 어렸을 때 바다를 좋아해서 바다를 추천했다고 합니다. 이어서 유아들은 바다와 관련된 자신의 경험을 이야기합니다. 어떤 것을 추천할 때는 이렇게 간접경험이든 직접경험이든 경험과 지식에 기초하여 추천한다는 것을 유아들이 잘 이해하고 있음을 보여 줍니다.

이야기 6. 타당한 근거를 가지고 봄 소풍 장소를 추천하기

마지막으로 직접 추천을 해 보는 활동을 통해 지금까지 토의한 추천의 의미와 이유, 추천할 때 고려해야 할 점 등을 적용해 보고자 합니다.

교 사: 이번에는 너희들이 선생님에게 우리 동네에서 봄 소풍을 갈 수 있는 장소를 한 군데씩 추천을 해 주고, 추천을 한 이유를 말해줘. 우리가 이야기를 다 들은 다음에 어느 친구가 추천한 장소가 가장 좋은지 투표를 한 번 해 보자.

재 윤: 잔디밭이 많은 곳.

교 사: 왜 잔디밭이 많은 곳이 좋으니? 이유를 묻는 질문

재 윤: 이유는 시원하고……. 시원하니까. 이유 대기

교 사: 재윤이가 잔디밭이 많은 곳이 시원하다고 했는데, 너희들 생각에도 잔디밭이 시원할 거 같으니? 판단을 요구하는 질문

슬 기: 잔디밭은 뜨겁고, 나무가 많은 곳이 시원해. 반대 의견 제시하기

교 사: 재윤이는 잔디밭이 시원하다고 했고, 슬기는 나무가 많은 곳이 시원하다고 했는데, 너희들은 어떻게 생각하니? 판단을 요구하는 질문

지 은: 나무 밑이 더 시원해요. 의견 제시하기

교 사: 재윤아, 친구들이 잔디밭보다는 나무 밑이 더 시원하다고 말하네. 그래도 잔디밭이 많은 곳에 소풍을 가고 싶다면, 이유를 다시 설명해 줄래? 이유를 묻는 질문

재 윤: 잔디밭에서 축구하려고요. 나 축구 제일 좋아하거든……. 이유 대기

교 사: 다른 곳을 추천하고 싶은 친구 있니? 대안적인 관점을 묻는 질문

슬 기: 북서울 꿈의 숲. 대안 제시하기

교 사: 왜 꿈의 숲을 추천하고 싶니? 이유를 묻는 질문

슬 기: 봄에는 가서 씽씽카도 탈 수 있고, 자전거도 탈 수 있고 그래가지고……. 이유 대기

지 은: 벚꽃이 많은 곳. 대안 제시하기

슬 기: 왜? 이유를 묻는 질문

지 은: 이쁘니까. 이유 대기

슬 기: 여의도 벚꽃 축제?

지 은: 옛날에요. 벚꽃이 많은 곳에 갔는데요, 좋았어요.

교 사: 벚꽃 있는 곳이 왜 좋았어? 이유를 묻는 질문

유 나: 냄새가 향기로우니까. 이유 대기

지 은: 꽃으로 놀 수 있어서. 이유 대기

교 사: 벚꽃으로 어떻게 놀 수 있는지 궁금하다. 또 다른 곳을 추천하고 싶은 친구 있니? 대안적인 관점을 묻는 질문

주 현: 동물원. 의견 제시하기

슬 기: 왜? 이유를 묻는 질문

주 현: 동물이 귀여우니까. 이유 대기

준 우: 숲. 의견 제시하기

교 사: 왜 숲을 추천하고 싶니? 이유를 묻는 질문

준 우: 나무 향이 향기로워서. 이유 대기

교 사: 친구들이 말한 장소와 추천하는 이유를 들었으니, 어디로 가면 좋을지 투표를 해 볼까?

우리는 지금까지 토의를 통해 추천의 의미가 무엇인지를 명료하게 하고, 추천에는 타당한 근거가 있어야 함을 알았습니다. 이제 마지막으로 우리가 알게 된 것을 실제 사례에 적용해서 이야기해 보았습니다. 봄 소풍 가기에 적당한 곳을 추천해 달라는 이야기에 유아들은 잔디밭이 많은 곳, 북서울 꿈의 숲, 벚꽃이 많은 곳, 동물원, 숲을 추천했습니다. 이 중에서 봄 소풍 가고 싶은 장소를 뽑아 보았습니다. 유아들은 북서울 꿈의 숲에서 자전거와 씽씽카를 탈 수 있다는 이야기를 듣고는 '북서울 꿈의 숲'을 봄 소풍 장소로 뽑았습니다. 자신보다 먼저 경험을 한 사람에게 무엇인가에 대해 추천을 받는다면 훨씬 합리적인 결정이나 선택을 할 수 있습니다. 그렇지만 추천한 것을 선택하느냐, 하지 않느냐 하는 것은 추천을 받은 사람이 마지막으로 결정해야 합니다. 그리고 그 결정에 따른 책임은 추천한 사람이 아닌 선택한 사람에게 있습니다. 이 역시 추천과 관련하여 나누어야 할 중요한 이야기지만, 마쳐야 할 시간이 되어 더 이상 이야기를 나누지 못한 점이 아쉽습니다.

지금까지 두 차시로 나누어 진행한 탐구공동체 활동을 정리해 보면 다음과 같습니다.

〈표 9-3〉 철학적 탐구공동체 활동 전개과정

그림책 읽기	'『야! 여름이다』 – 탐구 1' 유아들이 앉은 순서대로 한 문장씩 읽음.
그림책의 내용과 관련해 궁금한 점 질문하기	• 자람이네 식구들은 어디로 여행을 갈까? • 방학에도 공부를 해야 하는데, 왜 형은 공부는 안하고 잠만 잤을까? • 집에서 에어컨을 틀고 쉬면 되지. 왜 굳이 여행을 갈까? • 아빠는 왜 TV에 나오는 사람처럼 말하셨을까? • 엄마는 왜 바다를 추천했을까? • 세계문화유산이 뭐예요? • 형은 왜 늦잠을 잤어요?
토의하고 싶은 질문 선정하기	"엄마는 왜 바다를 추천했을까?"
토의하기	유아들이 생각하는 '추천'의 개념 ↓ 추천을 하는 이유 ↓ 우리가 추천할 수 있는 것들 ↓ 추천을 하기 위해 필요한 것: 추천할 수 있는 것과 없는 것 ↓ 엄마가 바다를 추천한 이유 ↓ 타당한 근거를 가지고 봄 소풍 장소 추천해서 결정하기

심/화/활/동

유치원(어린이집)에서 먹어 본 음식들에는 어떤 것이 있었으며 맛은 어땠는지 이야기해 볼 수 있습니다. 유아들이 추천한 음식들을 기록한 후 왜 많은 음식들 중에 이 음식을 추천했는지 이야기함으로써 선택의 의미와 자신의 의견을 주장하는 경험을 해 볼 수 있습니다. 이후 선택한 음식들을 활동지에 기록하고, 기록한 여러 장의 활동지를 묶어서 책으로 만든 후 느낌을 이야기할 수 있습니다.

활동명: '우리 유치원(어린이집)의 맛있는 음식 추천하기'

활동 형태 대집단 활동

활동 영역 언어 영역

활동 목표
- 맛의 경험을 표현할 수 있다.
- 맛의 경험을 바르게 말하고 듣는다.

누리과정 관련요소
- 의사소통 〉듣기 〉바른 태도로 듣기
- 의사소통 〉말하기 〉느낌, 생각, 경험 말하기

활동 자료 유치원(어린이집) 식단표, 여러 가지 음식 그림, 활동지, 필기도구

활동 방법

1. 유치원(어린이집)에서 먹어본 음식들에 대해서 이야기 나눈다.
   - 유치원(어린이집)에서 먹어본 음식에는 어떤 것들이 있을까?
   - 맛은 어땠니?
2. 유아들이 추천한 음식들을 기록한다.
   - ○○는 어떤 음식을 추천하나요?
   - 추천하는 이유가 있나요?
3. 추천한 음식을 소개하는 내용을 활동지에 기록한다.
4. 추천음식 활동지를 묶어 유치원(어린이집) 추천음식 책으로 만든다.
5. 추천음식을 소개하는 활동을 하며 느낀 점을 이야기 나눈다.
   - 추천음식을 알아보고 활동지를 만들어 보니 어떤 느낌이 들었니?
   - 가장 먹고 싶은 음식은 어떤 것이니?

활동의 유의점

- 식단표를 확대하여 유아들에게 제시한다.
- 유치원(어린이집)에서 가장 인기 있는 메뉴에 관한 그래프 만들기 활동과 연계할 수 있다.

04 두 번째 교사회의: 평가하기

"엄마는 왜 바다를 추천했을까?"라는 질문에서 '추천'의 의미를 중심주제로 삼고, 추천에 대해 알아본 다음 토의계획을 수립했습니다. 먼저, 추천의 의미에 대해 이야기해 보았지요. 유아들은 추천의 의미를 알고 있는 것 같지 않았습니다. 하지만 단어를 들어본 경험은 있는 듯합니다. 재미있는 동화를 추천한다는 유아의 말을 통해 추천은 자기가 해 봐서 좋은 걸 다른 사람에게 알리는 것이라는 의미를 함께 찾을 수 있었습니다.

추천의 의미에 이어 추천을 하는 이유에 대해서 이야기해 보고자 했으나, 추천의 경험이 없는 유아들은 그 이유를 알기 어려웠던 것 같습니다. 추천을 하는 이유는 무엇일까요? 자신이 경험한 것, 자신이 알고 있는 것을 나누고 싶기 때문이 아닐까요? 그런 점에서 보면 추천은 서로가 서로를 돕고, 서로에게 기여하고 싶은 욕구에서 비롯된다고 할 수 있습니다.

무엇을 추천할 수 있는가 하는 질문은 추천의 의미를 좀 더 구체적으로 생각해 볼 수 있는 질문입니다. 유아들은 이야기를 통해 추천할 수 있는 것은 좋거나 알맞다고 생각하는 것이지 나쁜 것은 추천할 수 없다는 결론을 내렸습니다. 이 대목에서 추천의 목적은 타인에게 기여하는 데 있음을 알 수 있습니다.

무엇을 추천할 수 있는가에 관한 이야기를 통해 추천의 의미를 보다 명료하고 구체적으로 알게 된 유아들과 함께 추천할 수 있는 것과 없는 것을 함께 이야기해 보았습니다. 여기서 중요한 것은 상대에게 알맞아야 하며 동시에 자신이 잘 알고 있어야 한다는 점입니다. 이 점을 바탕으로 "엄마는 왜 바다를 추천했을까?" 하는 질문에 유아들은 엄마가 알고 있거나 좋아했다는 것을 중심으로 이야기했습니다. 앞서 이야기했던 '상대에게 알맞기 때문'이라는 이유는 잘 나오지 않네요.

마지막으로 추천을 직접 해 보기로 했습니다. 이때도 자신의 경험을 추천의 근거로 하지만 상대방의 입장이나 맥락을 고려하는 이야기는 별로 나오지 않았습니다. 유아들의 자기중심적 사고 특성과도 연관이 있는 것으로 보입니다. 하지만 일반적으로 알려진 것처럼 유아들이 자기중심적으로만 사고하지는 않습니다. 추천이 타인의 입장을 고려해야 함을 유아들은 이미 이해하고 이야기하였습니다. 어른들조차 머릿속에 이해한 바를 곧바로 삶 속에 표현하거나 온전하게 적용하지 못하는 경우가 많지요. 추천이라는 의미를 나름 이해하고 있지만, 유아들이 실제로 적절한 추천을 하기 위해서는 추천에 필요한 요건을 다각도로 사고하고 생활 속에서 추천이 필요한 기회에 실제로 실천해 보며 꾸준히 연습해야 할 필요가 있겠습니다.

C/H/A/P/T/E/R/ 10

『야! 여름이다』- 탐구 2: '불공평'의 의미

01 1차시 철학적 탐구공동체 활동: 그림책 읽기와 질문 선정하기

선정된 질문 - "불공평은 무슨 뜻일까?"

오늘은 철학그림책 『야! 여름이다』의 두 번째 부분을 읽을 차례입니다. 편을 나누어 번갈아 가며 한 문장씩 읽었습니다. 편을 나눌 때에는 어떻게 나누면 공평한지 한바탕 갑론을박이 있었습니다. 이런 논의 자체는 함께 민주적 합의를 이루어 나가는 방법을 배울 좋은 기회가 될 것입니다.

"나는 놀이공원에 가고 싶은데요. 우람아, 놀이공원 가고 싶지 않니?"

형이 새로운 생각을 냈어.

"응, 나도 놀이공원 가고 싶어."

"이제 놀이공원에서 달나라 열차 타는 거 무섭지 않아?"

형이 내게 물었어.

내가 네 살 때 놀이공원에서 달나라 열차 타면서 많이 무서워했대.

"달나라 열차? 몰라. 그래도 놀이공원 가는 건 나도 대찬성이야."

형이랑 나랑은 놀이공원을 생각하며 신이 났어.

하지만 엄마가 아빠 편을 들었어.

"여름방학이니까, 멀리 여행하는 기분도 들고 경주 쪽이 좋을 것 같지 않니?"

때때로 형아 생각을 따르기도 하지만, 엄마는 아빠 의견에 반대하는 법이 없어.

그래서 우리도 거의 아빠 생각을 따르게 돼.

"엄마는 왜 항상 아빠 편만 들어요? 불공평해요."

형이 입을 삐죽거리며 한마디 말했어.

그런데 말이야.

여행이 시작되면, 금방 잊어버리고, 히히히 웃으며 좋다고 노래 부르고 제일 즐거워하는 사람이 누군지 아니?

바로 우리 형이야.

정말 알다가도 모를 형이야.

새벽 일찍, 하늘이 깜깜할 때 우리 가족은 여름 여행을 떠났어.

"차를 타고 가면서 잠자도 되니까, 일찍 떠나자. 휴가철이라 길이 많이 막히지 않겠어요? 우리 아들들, 그래도 되겠지?"

엄마가 말씀하시지 않아도, 형과 나는 차에 오르자마자 금방 잠들었어.

차를 타면 금방 졸려. 왜 차만 타면 잠이 더 잘 오는 거지?

"여기서부터는 제가 운전할까요?"

고속도로 휴게소에서 아빠와 순서를 바꿔 엄마가 운전을 시작하셨어.

"잠깐 눈 좀 붙이세요. 새벽에 일찍 나오고 계속 운전하시느라 힘드시죠?"

'아~함' 하품하시는 아빠를 보며 엄마가 핸들을 돌리기 시작하셨어.

자동차 뒷자리에 앉은 형이랑 나랑은 또다시 잠들었어.

글을 읽고 유아들이 제기한 질문은 다음과 같습니다.

"형은 왜 놀이공원에 가자고 했을까?"
"엄마는 왜 새벽 일찍 여행을 가자고 했을까?"
"형이 왜 새로운 생각을 했을까?"
"엄마는 왜 아빠편만 들까?"
"대찬성이 뭐예요?"
"왜 차를 타면 금방 잠이 들까?"
"놀이기구를 타면 왜 무서워할까?"
"하품은 왜 해요?"
"엄마는 왜 아빠와 순서를 바꿔 운전을 하셨을까?"
"불공평해요."

질문이 더 없냐고 물었더니 한 친구가 작은 소리로 "불공평해요"라는 문장을 읽었습니다. 그 문장에서 무엇이 궁금하냐고 물어도 대답을 하지 못하고 배시시 웃기만 하기에, 다시 조금 더 구체적으로 "불공평이 무슨 뜻인지 궁금한 거니?" 라고 물었더니 고개를 끄덕입니다. 그래서 이 질문을 칠판에 적었습니다. 결국 "불공평은 무슨 뜻일까?"라는 질문이 토의주제로 선정되었습니다.

TIP! 단어의 개념을 명료화하는 것의 중요성

단어의 의미를 밝히는 것은 철학적 토의에서 매우 중요한 과정입니다. 사실 우리가 생활 속에서 흔히 사용하는 단어도 그 의미에 대해 질문을 하면 머뭇거리게 됩니다. 알고 있는 것을 말로 표현하는 것이 어렵기 때문이기도 하지만, 명확한 의미를 알지 못한 채 습관적으로 사용하는 단어가 많기 때문이기도 합니다. 그렇기 때문에 사람들이 동일한 단어를 사용하더라도 말하는 사람에 따라서 서로 다른 의미로 이야기하는 경우가 종종 있으며, 함께 이야기를 나누어도 각자 다르게 해석하는 경우가 생기는 것입니다. 따라서 우리가 이야기하는 내용 중 중요한 단어의 의미를 밝히는 것은 생각을 공유하기 위한 출발점입니다.

02 첫 번째 교사회의: 중심주제 선정과 토의계획 세우기

중심주제 – '불공평'의 의미

오늘의 토의를 위해 선정된 질문은 "불공평은 무슨 뜻일까?"입니다. 그래서 이번에는 불공평에 대해 함께 생각해 보려고 합니다. 불공평하다는 것은 공평하지 않다는 것이지요. 그렇다면 공평하다는 건 뭘까요? 공평하다는 것을 사전에서는 '어느 한쪽에 치우치지 않고 바르다, 고르다'로 풀이하고 있습니다. 불공평한 것은 공평하지 않은 것, 즉 어느 한쪽에 치우쳐 바르지 않고 고르지 않은 것을 말하는 것이지요.

문제는 무엇을 보고 '어느 한쪽에 치우치지 않고 바르고 고르다'라고 말할 수 있는가 하는 것입니다. 사실 같은 현상을 보고도 사람들마다 생각이 다를 수 있으니까요. 예를 들어, 간식을 나눠 주려는 시점에 배고픈 아이가 있고 배부른 아이가 있다고 합시다. 그렇다면 이 아이들의 상태에 상관없이 똑같이 나눠 주는 것이 공평한 일일까요? 무엇을 기준으로 정하느냐에 따라 어떤 사람은 공평하다, 어떤 사람은 공평하지 않다고 말할 수 있을 것입니다. 공평함의 기준이 상대적일 수 있다는 의미이지요.

공평함이 때로는 상대적일 수도 있다는 것을 이해하는 것은 아주 중요합니다. 왜냐하면 사실 유아뿐만 아니라 어른들도 공평이란 똑같이 나누는 것이라고 생각하기 때문입니다. 다른 사람과 비교 했을 때 결과적으로 똑같지 않으면 그걸 불공평하다고 말할 때가 종종 있습니다. 예를 들어, "내 친구 소라는 강아지를 키우는데, 난 강아지를 못 키워. 이건 불공평해"라고 생각하기도 하지요. 가끔은 "달리기에서 준수가 맨날 일등을 해. 이건 불공평해"라고 투덜거리기도 합니다.

정말 이것이 불공평한 것일까요? 각자의 형편과 능력이 다를 뿐입니다.

기회가 똑같이 주어지는 것과 결과가 똑같은 것은 다릅니다. 예를 들어, 여자라고 학교를 다니지 못하게 하고, 남자들만 학교에 다닐 수 있다면 그건 분명 불공평한 일이지요. 하지만 똑같이 공부했는데 남자가 항상 일등을 한다고 그게 불공평한 일은 아닐 수 있습니다. 물론 그게 불공평한 일이 될 수도 있겠지요. 남자들은 집안일을 안 하고 집에서 공부하고, 여자들은 학교 끝나고 집에 가면 집안일을 해야 한다고 하면 남자들이 성적이 좋은 건 불공평한 상황을 반영하는 결과일 수 있습니다. 물론 반대상황일 경우도 가능합니다.

사실 인류의 역사는 불공평한 것에 끊임없이 저항해 온 역사라고 할 수 있습니다. 그렇지만 아직도 우리 사회 곳곳에는 불공평함이 남아 있습니다. 이런 불공평함은 우리가 스스로 나서서 고쳐 나가지 않으면 여전히 인간을 옥죄는 사슬이 되겠지요. 유아들도 일상생활 속에서 공평함에 대한 감각을 키우고 불공평함에 대해 근거를 가지고 판단하며 불공평한 것을 공평하게 바로잡기 위해 노력해야 할 필요가 있습니다. 어렸을 때부터 그런 노력 또는 경험을 한 유아들이 자라서 성인이 되었을 때 이 세상을 좀 더 공평한 사회로 만들어 나가리라 기대할 수 있겠습니다.

불공평하지 않은 사회를 만드는 일은 결국 인간의 존엄성이 지켜지는 사회를 만드는 일입니다. 이 세상에 태어난 모든 인간은 그 한 사람, 한 사람이 완전하고 고유한 존엄성을 가지고 있습니다. 한 사람, 한 사람이 존엄한 한 인간으로서의 권리를 지킬 수 있는 사회가 공평한 사회라고 할 수 있습니다. 그런 점에서 불공평에 대해 함께 생각하고 이야기하고 이를 계기로 일상 속에서 불공평한 일들을 찾고 이를 개선하려고 노력하는 일은 아주 중요하다고 할 수 있습니다.

불공평의 의미를 알고 이를 좀 더 확장, 심화하기 위해 교사회의를 거쳐 세운 토의계획은 다음과 같습니다.

〈표 10-1〉 철학적 탐구공동체 활동계획안

누리과정 영역과 관련된 활동 목표	▸ 공동체 구성원의 서로 다른 생각에 대해 관심을 가지고, 궁금한 것에 대해 질문할 수 있다. (의사소통 영역) ▸ 자신의 느낌과 생각을 적절한 낱말과 문장으로 표현할 수 있다. (의사소통 영역) ▸ 자신의 감정을 알고 표현하며, 다른 사람의 감정을 알고 공감하는 능력을 기른다. (사회관계 영역) ▸ 다른 사람과의 갈등을 긍정적인 방법으로 해결하는 능력을 기른다. (사회관계 영역) ▸ 궁금한 점을 알아보는 탐구과정에 참여하고 즐기는 태도를 기른다. (자연탐구 영역)	
시 간	토 의 내 용	준비물 및 유의점
도입 〈10분〉	1. 지난주 철학활동 시간에 읽은 이야기의 내용과 선정된 질문에 대해 회상한다. • 우리가 지난주에 읽었던 이야기의 내용이 기억나니? • 우리는 이 이야기를 읽고 나서 어떤 질문을 했었지? • 우리가 가장 궁금하다고 뽑은 질문은 무엇이었을까?	
전개 〈35분〉	2. '불공평'의 개념에 대해 생각해 본다. • '불공평'이란 말은 무슨 뜻일까? 3. '불공평'의 개념을 보다 분명히 하기 위해, 반대의 개념인 '공평'이라는 용어의 개념과 비교해 본다. 4. 집이나 유치원에서 불공평하다고 생각한 경우와 이때 느낀 기분에 대해 이야기 나눈다. 5. 몇 가지 사례를 보며 공평한지 불공평한지, 혹은 공평과 관련된 문제인지 아닌지에 대해 생각해 본다. • 우리 유치원 어린이들 중에 집에 장난감 로봇이 많은 어린이가 있고, 하나도 없는 어린이가 있는데 이것은 불공평한 것일까? • 선생님이 간식으로 준비한 요구르트를 어떤 어린이에게는 하나만 주고, 어떤 어린이에게 두 개를 주는 것은 불공평한 것일까? • 부모님은 늦게 주무시면서 어린이들에게 일찍 자라고 하는 것은 불공평한 것일까? • 아빠는 밥을 많이 먹고, 나는 조금만 먹는 것은 불공평한 것일까? • 동생이랑 언니가 싸울 때마다 부모님께서 언니만 야단치는 것은 불공평한 것일까?	
마무리 〈5분〉	6. 탐구공동체 활동 시간 동안 각자의 태도와 행동에 대해 되돌아보고 평가한다.	평가지

또 / 다 / 른 / 질 / 문

'『야! 여름이다』—탐구 2'의 1차시에서 선정된 질문은 "불공평은 무슨 뜻일까?"이며, 여기서 교사는 토의의 중심주제를 '불공평의 의미'로 계획하여 활동계획안을 수립하였습니다. 만약 유아들이 질문을 선정하는 과정에서 다른 질문을 선정했다면 다른 중심주제로 탐구공동체를 운영해야 하므로, 또 다른 질문과 관련된 중심주제와 토의계획을 소개해 드립니다.

▌선정 예상 질문 - 1. 놀이 기구를 타면 왜 무서워할까?

1. 중심주제: 무서움

유아들은 놀이공원에 가는 것을 즐거워하면서도 놀이기구를 막상 타려고 하면 무섭다고 합니다. 왜 놀이기구를 무서워할까요? 즐겁게 놀이기구를 타면서도 소리 지르고 더 심한 경우에는 눈물을 흘리면서도 또 줄을 서서 타곤 합니다. 이를 과학적으로 풀이하면 스트레스를 받을 때 나오는 아드레날린과 흥분성 물질인 도파민이 나와서라고 할 수 있지만, 여기에서는 유아들이 생각하는 근원적인 무서움이란 무엇이며 무서움의 원인은 무엇인지 이야기해 보고자 합니다.

무서움의 의미를 분명히 하기 위해 무서움과 비슷한 두려움을 놓고 함께 생각해 볼 수 있습니다. 무서움과 두려움은 어떻게 다를까요?

두려움이란 대상에 대해서 명확하지 않거나 예측하기 어렵기 때문에 생깁니다. 특히 죽음과 같은 경우를 예로 들 수 있습니다. 그와 반면에 무서움은 무서워하는 대상이 정확할 때 사용하는 단어입니다. 따라서 무서움과 두려움을 구분하여 사용하는 것은 중요하다 할 수 있습니다.

유아들이 생각하는 무서움의 대상과 이유를 알아보고 난 후 무서움이란 떨쳐버려야 할 극복의 대상인지, 극복해야 한다면 어떤 방법이 있는지 혹은 어느 정도의 무서움을 느끼는 것은 필요한지에 대해서 함께 토의할 수 있습니다.

2. 토의계획

1) 무서웠던 경험이 있는지 이야기 나눈다.

2) 무서워하는 이유가 있는지 이야기 나눈다.

3) 무서움을 느끼는 여러 가지 예를 들고, 이때 무서워하는 당사자들에게

어떤 이야기를 해 주고 싶은지 이야기 나눈다.

- 거미를 무서워하는 아이에게 어떤 말을 해 주고 싶니?
- 어둠을 무서워하는 아이에게 어떤 말을 해 주고 싶니?
- 귀신을 무서워해서 항상 불을 켜고 자는 아이가 있어요. 이 아이에게 어떤 말을 해 주고 싶니?

4) 무서움을 느끼는 것은 잘못된 것인지 이야기 나눈다.

5) 무서움은 꼭 극복해야 하는 것인지 이야기 나눈다.

6) 무서운 것이 하나도 없다면 어떻게 될지 생각해 본다.

▌선정 예상 질문 - 2. 하품은 왜 해요?

1. 중심주제: 심심하다

하품은 흔히 졸리거나 심심할 때 나도 모르게 입이 절로 벌어지는 깊은 호흡을 말합니다. 그렇다면 하품을 하면 졸리다는 것이며 심심해서 좀 더 재미있게 놀 방법을 찾아야 한다는 신호일까요? 그럼 하품과 함께 바로 잠을 자거나 재미있게 놀면 되지 않을까요? 하지만 그렇게 즉각적으로 환경을 변화시키기가 매번 쉽지는 않을 것입니다. 결국 하고 싶은 일을 할 수 없거나 하고 싶지 않은 일을 해야만 할 때 우리는 하품으로 나타낼 수 있으며 결국 이러한 상태를 '심심하다'라고 할 수 있습니다.

흔히 '심심해'라고 말할 때 유아들의 기분은 어떤 것일까요? 평소 자신이 좋아하던 텔레비전 프로그램도 왠지 재미없고, 친구들과 노는 것도 재미없을 때 지루하고 심심합니다. 결국 지루함의 원인이 무엇인지를 밝히고 지루함을 벗어나는 방법을 모색하는 것이 좋을 것입니다.

지루함 또는 심심함과 관련하여 유아들과 함께 하품에 대해 토의해 볼 수 있겠습니다. 언제 하품을 하는지 이야기해 보고, 심심한 상황의 예문을 들어 심심한지 아닌지를 생각해 보고, 심심하다면 심심한 이유에 대해 함께 토의할 수 있습니다. 다음으로 심심하지 않을 수 있는 방법이 있는지에 대해서도 함께 토의해 볼 수 있습니다.

2. 토의계획

1) 하품을 왜 하는지 이유를 생각해 본다.

2) 하품을 언제 하는지 알아본다.
3) 언제 심심한지 이야기해 본다.
4) 언제 재미있는지 이야기해 본다.
5) 심심하지 않을 수 있는 방법이 있을지 생각해 본다.

03 2차시 철학적 탐구공동체 활동: 토의하기

이야기 1. '불공평'이란 말은 무슨 뜻일까?

토의에 들어가기 전에 교사는 과자 한 봉지를 준비했습니다. 교사가 준비한 과자 봉지에는 12개의 낱개 포장 과자가 들어있었습니다. 유아들에게 이 과자 봉지를 주고, 7명의 유아가 어떻게 공평하게 나눌지에 대하여 생각해 보라고 하였습니다. 그랬더니 1개씩 나누어 먹고 나머지는 교사에게 먹으라고 합니다. 이 방법대로 나눈 다음 불공평하다고 느낀 사람이 있는지에 대하여 물었습니다. 그랬더니 한 유아가 교사에게 준 과자가 너무 많다고 나누어 가지겠다고 합니다. 어떻게 하면 이 문제를 해결할 수 있는지 다시 물었습니다. '가위바위보'를 해서 이긴 사람이 하나씩 먹겠다고 합니다. 그래서 교사는 유아들에게 가위바위보가 공평한 방법인지, 불공평하다고 생각하는 사람은 없는지에 대하여 물었습니다. 이때 한 유아가 심각하게 묻습니다.

유　나: 그런데 불공평한 게 뭐예요? 개념을 명료화하기 위한 질문

교　사: 선생님도 오늘 그거에 대해 이야기해 보고 싶었어. 너희들이 생각하기에 불공평한 게 뭐라고 생각해? 개념을 명료화하기 위한 질문

슬　기: 누구는 많고, 누구는 적게 가지는 거요. 정의 내리기

교　사: 불공평하다는 말의 반대말은 무엇일까? 개념을 명료화하기 위한 질문

한　솔: 불공평하지 않다?

교　사: 그래. 불공평하지 않은 걸 뭐라고 할까?

슬　기: 공평하다.

교　사: 그럼 공평하다는 것은 무슨 뜻이야? 개념을 명료화하기 위한 질문

슬　기: 똑같이 가지는 것이지요. 정의 내리기

한　솔: 똑같이 나누어 주는 거예요. 정의 내리기

교　사: 똑같이 가지는 것이 공평한 것이라는 말이니? 의견을 검증하기 위한 질문

유아들: 네.

교　사: 그럼 모두가 똑같이 가지면 불공평하지 않은 건가? 의견 확인을 위한 재질문

슬　기: 네, 똑같아야 돼요. 의견 제시하기

교　사: 예를 들면 뭐가 똑같아야 한다는 말이지? 예 제시를 요구하는 질문

슬　기: 장난감이나 피자 같은 거요. 예를 들어 설명하기

교　사: 만약에 일요일 저녁에 피자가 먹고 싶어서 배달을 시켰는데, 피자를 열어 보니 모두 여덟 조각이었어. 그런데 키도 덩치도 아주 큰 아빠랑 세 살짜리 어린 동생이랑 엄마랑 슬기 모두가 똑같이 두 조각씩 먹는다면 공평한 걸까? 아니면 몸집이 큰 아빠나 엄마가 많이 먹는 게 공평한 걸까? 구체적 사례 속에서 판단을 요구하는 질문

지　은: 아빠는 일을 많이 하시니까 많이 드려야 해. 의견 제시하기

준　우: 돈 내는 사람이 제일 많이 먹어요. 의견 제시하기

재　윤: 동생은 오이 피클 주고 저는 한 조각만 먹고 아빠는 네 조각 드려요. 동생은 어리고 조금 밖에 못 먹으니까요. 의견 제시하기

슬　기: 그래도 피클만 주는 건 너무하지. 반대 의견 제시하기

재　윤: 그럼 동생은 한 조각, 나는 두 조각, 엄마도 두 조각, 아빠는 나머지를 다 드려요. 의견 제시하기

교 사: 아빠에게 남은 세 조각을 다 드린다고? 그래야 하는 이유는 뭐지? 이유를 묻는 질문

재 윤: 네, 아빠는 덩치가 큰 어른이니까요. 이유 대기

교 사: 몸의 크기나 하는 일에 따라 피자를 다르게 나누는 것이 공평하다는 뜻이니? 토의된 내용의 결론을 검증하는 질문

교 사: 덩치가 큰 아빠가 많이 먹어야 한다고 했는데, 혹시 다른 생각이 있는 사람 있니? 대안적인 관점을 탐색하는 질문

유아들: 없어요.

많은 유아들이 공평하다는 것을 똑같다는 뜻으로 생각하고 있습니다. 공평한 것은 똑같은 것이 아닙니다. 공평함의 기준은 상대적일 수 있음을 유아들이 이해하는 것이 공평함을 이해하는 출발이 될 수 있습니다. 처음에 거리낌 없이 모두 똑같이 가져야 공평하다고 말한 친구는 실제 예를 놓고 다시 생각해 봤을 때, 똑같이 가지는 것과 공평한 것은 다를 수 있음을 이해합니다.

📖 이야기 2. 집이나 유치원에서 불공평하다고 생각한 적이 있니?

이번에는 유아들에게 일상생활 속에서 불공평을 느낀 경험이 있는지 질문합니다. 언제 불공평함을 느꼈는지, 그것이 정말 공평함과 관련된 문제인지 불공평을 해결할 수 있는 방안은 무엇인지 등을 유아의 경험을 토대로 토의하고자 합니다.

교 사: 혹시 집이나 유치원에서 불공평하다고 생각한 적이 있니? 상대방의 경험에 대한 질문

준 우: 아빠는 집에 와서 컴퓨터를 마음대로 해도 되는데, 나는 하루에 30분만 해야 돼요. 엄마가 못하게 해요. 자신의 경험 말하기

교 사: 아빠는 마음대로 해도 되는 것을 준우는 마음대로 할 수 없어서 불공평하다고 느꼈구나. 유아의 관점을 재진술하기

유 나: 언니는 예쁜 스티커가 많은데, 나는 조금밖에 없어서 불공평해요. 자신의 경험 말하기

승 민: 우리 선생님은 이야기 나누기 시간에 남자 아이들한테만 까분다고 뭐라고 그래요. 여자 아이들은 야단치지 않고……. 자신의 경험 말하기

교 사: 선생님이 남자 아이들만 야단치는 게 불공평하다고 생각되었구나. 유아의 관점을 재진술하기

한 솔: 동생은 갖고 싶은 것을 사 주시는데, 나는 갖고 싶은 것을 안 사 주세요. 자신의 경험 말하기

슬 기: 너희 엄마가 동생이 갖고 싶은 것을 사 주시는 이유가 있지 않을까? 착한 일 하는 개수를 세는 것 아니야? 이유를 추측하기

한 솔: 우리 집은 스티커 판 같은 것 없어. 반대 의견 제시하기

지 은: 동생은 어려서 떼를 많이 쓰지만, 너는 일곱 살이니까 참으라고 그러시는 게 아닐까? 이유를 추측하기

한 솔: 내 동생도 잘 참을 수 있어. 반대 의견 제시하기

재 윤: 동생을 사 준 장난감을 같이 가지고 놀면 되잖아? 해결 방안 제시하기

한 솔: 내가 도와주기는 하는데 내가 도와주면 동생이 같이 놀기 싫다고 해.

교 사: 이럴 땐 한솔이가 어떻게 하면 좋을까? 구체적 사례 속에서 판단을 요구하는 질문

지 은: 엄마에게 이유를 여쭤봐. 해결 방안 제시하기

재 윤: 아빠한테 말해. 해결 방안 제시하기

한 솔: 아빠는 늦게 오셔.

불공평하다고 생각한 실제 경험을 이야기해 보자고 했더니 집에서, 유치원에

서 겪은 자신들의 경험을 이야기합니다. 동생이 갖고 싶어 하는 건 엄마가 사 주시는데 자기는 안 사 준다는 이야기를 듣고 다른 유아들이 나름의 이유가 있지 않겠냐고 이야기를 합니다. 다르다고 해서 그것이 불공평한 것이 아니라는 앞의 이야기와 연결 지어 유아들은 공평함의 상대적 기준을 찾으려고 하고 있습니다. 이유가 타당하다면 다르다고 해서 그것이 꼭 불공평하지 않을 수 있음을 이해한 것이지요. 그러면서 나름의 해결방안을 생각해 봅니다. 엄마한테 이유를 물어보거나, 동생과 함께 놀거나, 아빠한테 이야기하는 방법 등을 제안합니다. 불공평하다고 생각하는 것이 있다면 그냥 가만히 있는 것이 아니라 나서서 해결하려고 노력해야 한다는 것을 유아들은 말해 주지 않아도 잘 알고 있었네요.

이야기 3. 불공평하다고 생각했을 때 기분이 어땠니?

불공평하다고 생각하는 경우, 우리는 보통 분노하거나 좌절하게 됩니다. 공평함에 대한 기본적인 욕구가 충족되지 않았을 때 생기는 감정에 대해 이야기해 보기로 하겠습니다.

교 사: 너희들이 집이나 유치원에서 불공평하다고 생각했던 경우에 대해서 말했는데, 그런 생각이 들었을 때 기분은 어땠니? 구체적인 설명을 요구하는 질문
준 우: 아주 화가 머리끝까지 많이 났어요. 자신의 경험 말하기
재 윤: 난 폭발할 것 같았어요. 자신의 경험 말하기
유 나: 언니도 밉고, 엄마도 미웠어요. 자신의 경험 말하기
교 사: 그래서 유나는 어떻게 했어? 구체적인 설명을 요구하는 질문
유 나: 엄마한테 스티커를 많이 사 달라고 했어요. 자신의 경험 말하기
교 사: 엄마가 사 주셨니? 구체적인 설명을 요구하는 질문
유 나: 아니요. 그래서 울었어요. 자신의 경험 말하기

불공평한 상황이나 불공평한 대접, 불공평한 처우는 분노, 화, 원망, 짜증과 같은 부정적인 감정들을 불러일으킵니다. 그러기에 더더욱 사태를 개선하려는 노력이 필요합니다. 그렇게 하지 않으면 내내 부정적 감정에 휘둘리게 되니까요. 불공평한 것을 개선하기 전에 먼저 이루어야 할 것은 무엇이 불공평한 것인지 명확하게 판단을 내릴 수 있어야 합니다.

이야기 4. 다음의 경우는 불공평한 것일까? 공평한 것일까?

실제로 생활 속에서 진짜 불공평한 상황이 있지만 불공평하지 않은 것을 불공평하게 생각하는 경우들이 있습니다. 앞서 토의한 불공평에 대한 개념을 기초로 생활 속에서 진정 불공평한 것이 어떤 것인지 함께 생각해 보기로 했습니다.

교 사: 우리 친구들이 집이나 유치원에서 불공평하다고 생각한 적도 많았고, 불공평한 일이 생기면 속상하다고 했는데, 선생님이 이야기하는 것은 불공평의 문제인지 아닌지 한 번 생각해 보자.

1. 우리 유치원 어린이들 중에 집에 장난감 로봇이 많은 어린이가 있고, 하나도 없는 어린이가 있는데 이것은 불공평한 것일까?
2. 선생님이 간식으로 준비한 요구르트를 어떤 어린이에게는 하나만 주고, 어떤 어린이에게 두 개를 주는 것은 불공평한 것일까?
3. 부모님은 늦게 주무시고, 어린이들에게만 일찍 자라고 하는 것은 불공평한 것일까?
4. 아빠는 밥을 많이 먹고, 나는 조금만 먹는 것은 불공평한 것일까?
5. 동생이랑 언니가 싸울 때마다 부모님께서 언니만 야단치는 것은 불공평한 것일까?

교 사: 우리 어린이들 중에 집에 장난감 로봇이 많은 어린이도 있고, 하나도 없는 어린이가 있는데 이것은 불공평한 것일까? 아닐까? 구체적 사례 속에서 판단을 요구하는 질문

한 솔: 불공평해요. 나도 많이 가지고 싶은데 엄마가 사 주시지 않아요. 의견 제시하기

교 사: 한솔이는 로봇을 많이 가지고 싶은데, 엄마가 사 주지 않으셔서 불공평하다고 느끼는구나. 혹시 친구들이 가지고 있는 로봇을 모두 모아서 우리 반 친구들에게 똑같이 나누어 주면 어떨까? 똑같이 나누어 주면 공평하지 않을까? 해결 방안 제시하기

승 민: 아~, 그건 안 돼요. 반대 의견 제시하기

준 우: 로봇을 좋아하지 않는 아이도 있어요. 난 레고가 더 좋아요. 반론 제기하기

슬 기: 나도 로봇 없어도 돼요. 지지하기

유 나: 나도 토끼 인형이 더 좋아요. 지지하기

교 사: 친구들이 좋아하는 장난감이 다 다르네. 그러니까 친구들 집에 있는 로봇을 모두 모아서 똑같이 나누는 것이 공평한 것은 아니네. 토의된 내용 정리하기

모두 똑같이 가지는 것이 공평한 것이 아님을 유아들이 이야기합니다. 그것보다는 자기가 갖고 싶은 것을 가지는 것이 더 좋다고 합니다. 공평하다는 것이 결과적으로 똑같이 갖는 것이 아니라 각자의 기호와 선택을 존중하는 것임을 유아들이 잘 알고 있네요.

교 사: 그럼 엄마와 아빠는 늦게 주무시고, 너희들한테 일찍 자라고 하는 건 불공평한 걸까? 구체적 사례 속에서 판단을 요구하는 질문

주 현: 네.

교 사: 왜 불공평하다고 생각해? 이유를 묻는 질문

주 현: 자기들은 늦게 자고, 우리 보고는 일찍 자라고 하니까. 이유 대기

교 사: 다르게 생각하는 사람? 대안적인 관점을 묻는 질문

유 나: 우리는 아직 커야 하잖아요. 키가 크려면 일찍 자야 해요. 의견 제시하기

교 사: 엄마, 아빠는 이미 성장이 끝났고 너희들은 아직 더 자라야 하기 때문에 자는 시간이 다른 건 불공평한 게 아니라는 이야기니? 의견을 검증하기 위한 질문

유 나: 네.

주 현: 그래도 불공평해요. 우리 엄마, 아빠는 우리 보고 일찍 자라고 해 놓고 자기들끼리 뭐 먹고 떠들고 그래서 잠도 잘 안 온단 말이에요. 반대의견 제시하기

교 사: 아~! 주현이는 너희들 재워 놓고 엄마, 아빠가 떠들고 노는 소리 때문에 잠을 깬 적이 있구나. 그런데, 아까 유나가 얘기한 부분에 대해서는 어떻게 생각해? 너희들은 아직 키가 많이 자라야 하니까 일찍 자야 한다는 말? 의견을 검증하기 위한 질문

주 현: 그건 맞는 말 같아요.

교 사: 그럼, 엄마, 아빠가 너희들 재워 놓고 떠들지만 않는다면 그건 공평한 거라고 생각해? 의견을 확인하기 위한 재질문

주 현: 그럼 괜찮을 것 같아요.

공평함과 공평하지 않음을 똑같다는 잣대로만 판단하는 것이 아니라 각자 처해 있는 상황과 조건을 고려해야 한다는 것을 유아들은 처음부터 알고 있었습니다. 피자를 나눌 때부터요. 하지만 각자 처한 상황과 조건을 객관적으로 고려하는 것은 쉽지 않습니다. 자신의 문제, 자신의 욕망과 욕구가 클 때는 다른 사람의 상황과 조건을 고려하고 싶은 의지가 약해집니다. 엄마와 아빠는 할 일이 많고, 엄마와 아빠는 성장이 끝났기에 자신들보다 늦게 자는 건 불공평한 일은 아

니라고 생각하다가도 자신이 늦게까지 놀고 싶은데 아이라는 이유로 빨리 자라고 한다면 그건 무척 불공평한 일이라고 여깁니다. 공평함과 공평하지 않음에 대한 판단이 이렇게 자신의 상황과 욕구에 따라 달라지면 안 되겠지요. 이 부분에 대한 이야기가 좀 더 이루어졌다면 좋았겠다는 생각이 듭니다.

교 사: 선생님이 들려줄 이야기가 몇 가지 더 있었는데, 벌써 집에 가야 할 시간이네. 오늘 우리가 불공평에 대해 토의를 했는데, 오늘 토의를 통해 무엇을 알게 되었는지 말해 줄 수 있니? 토의의 내용에 대한 질문

재 윤: 아빠랑 아이들이랑 똑같이 피자를 나누어 먹는 게 공평한 건 아니에요. 토의 내용 정리하기

슬 기: 약속을 안 지키는 건 불공평해요. 토의내용 정리하기

한 솔: 불공평한 일이 생각나서 화가 났어요. 토의내용 정리하기

교 사: 오늘 했던 이야기를 잘 기억하고 있구나. 선생님은 너희들이랑 많은 얘기를 나누면서 그동안 궁금하고 답답한 일들이 다 풀려서 기분이 좋아졌어.

우리 일상생활 속에서 만날 수 있는 불공평함의 예를 놓고 이야기하는 가운데 불공평함에 대한 우리의 이해가 점점 깊어지고, 분명해져 감을 알 수 있었습니다. 불공평함이라는 문제도 결과만을 놓고 이야기할 것이 아니라 출발과 과정, 그리고 이어지는 결과까지 모두 꼼꼼히 살펴보아야 함도 알 수 있었습니다. 불공평을 알고, 불공평한 것을 고쳐 나가려는 노력 역시 중요하다는 것도 알았습니다. 이 모든 앎이 유아들과 함께 이야기하면서 이루어진 것이라고 생각하니 마음이 벅차오릅니다.

지금까지 두 차시로 나누어 진행한 탐구공동체 활동을 정리해 보면 다음과 같습니다.

〈표 10-2〉 철학적 탐구공동체 활동 전개과정

그림책 읽기	'『야! 여름이다』 – 탐구 2' 두 팀으로 나누어 한 문장씩 번갈아 가며 읽음.
그림책의 내용과 관련해 궁금한 점 질문하기	• 형은 왜 놀이공원에 가자고 했을까? • 엄마는 왜 새벽 일찍 여행을 가자고 했을까? • 형이 왜 새로운 생각을 했을까? • 엄마는 왜 아빠편만 들까? • 대찬성이 뭐예요? • 왜 차를 타면 금방 잠이 들까? • 놀이기구를 타면 왜 무서워할까? • 하품은 왜 해요? • 엄마는 왜 아빠와 순서를 바꿔 운전을 하셨을까? • 불공평은 무슨 뜻일까?
토의하고 싶은 질문 선정하기	"불공평은 무슨 뜻일까?"
토의하기	유아들이 생각하는 '불공평'의 개념 불공평하다고 생각했던 경험 불공평했을 때의 기분 불공평한 경우와 그렇지 않은 경우에 대한 판단

심/화/활/동

유아들과 형제자매들 간에 흔하게 일어날 수 있는 일들을 이야기 나눈 후, 각각의 상황에서 엄마가 어떤 결정을 내리는 것이 공평할까에 대해서 생각해 볼 수 있습니다. 흔하게 있는 다툼이지만 그때마다 엄마가 내리는 결정이 공평했는지, 공평했다면 어떤 점이 공평했는지 말해보고, 공평하지 않았다면 왜 공평하지 않았는지 이야기할 수 있습니다. 유아들의 경험 속에서 공평함에 대해 구체적으로 찾아 생각해 보고, 이를 역할극으로 표현해 볼 수 있습니다. 내가 동생이 되어 보고 오빠, 언니가 되어 보는 경험을 통해 과연 어떻게 하는 것이 공평한 것인지 경험해 볼 수 있습니다.

활동명: '무엇이 공평한 걸까' 역할극

활동 형태 대집단 활동

활동 영역 역할 영역

활동 목표
- 판단을 하기 위해서는 적합한 근거와 기준이 있어야 함을 이해한다.
- 내 의견과 친구 의견 간에 차이가 있음을 안다.

누리과정 관련요소
- 의사소통 〉듣기 〉바른 태도로 듣기
- 의사소통 〉말하기 〉느낌, 생각, 경험 말하기
- 예술경험 〉예술적 표현하기 〉극놀이로 표현하기

활동 자료 형제들 간의 싸움과 관련된 이야기 자료

활동 방법

1. 유아들이 집에서 흔하게 경험하는 형제자매들과의 갈등 상황을 들려준다.
2. 내용에 대해 함께 이야기한다.
   - 형제자매들 간의 다툼에 대해 엄마는 어떤 결정을 내리는 것이 공평할까?
   - 너희들은 엄마가 내리는 결정에 대해 불공평하다고 느낀 적이 있니?
   - 너희가 만약 엄마라면 어떻게 했을 것 같아?

3. 이야기한 내용을 바탕으로 역할극을 해 본다.
   • 왜 엄마가 그렇게 해야 한다고 생각하니?
   • 다른 의견은 없니?

활동의 유의점

▸ 공평한 판단이란 어떤 것인지 이야기해 보고 이야기한 내용을 표현할 수 있도록 한다.

▸ 유아들이 함께 참여하여 만드는 역할극이 될 수 있도록 격려한다.

04 두 번째 교사회의: 평가하기

오늘은 "불공평이란 무슨 뜻일까?"라는 질문을 놓고 불공평의 의미에 대해 함께 이야기해 보았습니다. 불공평이란 어느 한쪽에 치우치는 것을 말합니다. 문제는 치우쳤다거나 치우치지 않았다는 판단을 무엇을 보고 할 것인가 하는 것입니다.

많은 유아들은 불공평의 개념을 '똑같지 않다'로, 공평의 개념을 '똑같다'로 생각하고 있었습니다. 하지만 실제의 사례를 놓고 이야기할 때는 똑같은 게 항상 공평한 건 아닐 수 있음을 충분히 이해하고 있었지요. 그러나 그런 이해를 실제 사례에 적용하는 건 또 쉽지 않은 일인 것 같습니다.

아빠만 컴퓨터를 마음대로 하고, 자신은 못 하는 것이 불공평한 것이라고 이야기합니다. 단순히 언니가 스티커를 더 많이 가졌다고 공평하지 않다고 말합니다. 실제로 공평하지 않다고 판단했을 때는 분노, 화, 미움, 억울함 같은 감정이 솟구칩니다. 이런 감정은 삶의 질을 떨어뜨리고 자신과 사회를 바라보는 시선을 비뚤어지게 만듭니다. 그러므로 공평함과 공평하지 않음을 제대로 판단하고, 공평하지 않을 때는 어떻게 공평하게 만들 수 있을지도 함께 고민하는 것이 중요합니다. 오늘의 토의 중에는 불공평한 것을 어떻게 공평하게 바꾸어 갈 것인가에 대해서는 논의하지 못했습니다. 공평함에 대해 토의할 또 다른 기회가 있다면 이 부분을 보다 집중적으로 이야기해 보면 좋을 듯합니다.

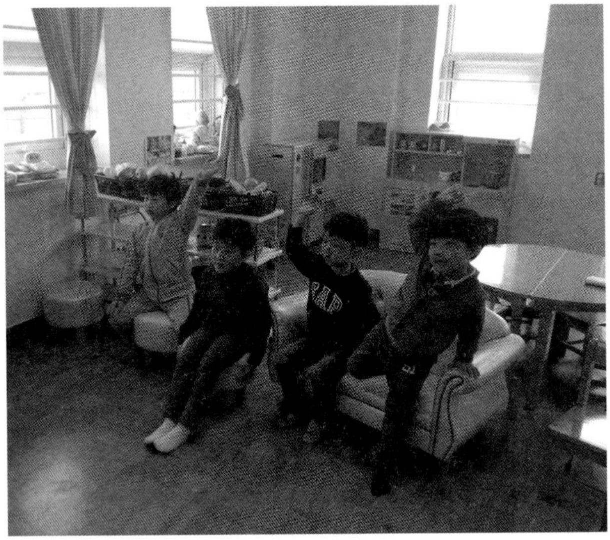

C/H/A/P/T/E/R/ 11

『야! 여름이다』 – 탐구 3: '환영'의 의미

01 1차시 철학적 탐구공동체 활동: 그림책 읽기와 질문 선정하기

선정된 질문 – "형은 왜 언제나 게임을 환영할까?"

오늘은 철학그림책 『야! 여름이다』의 세 번째 부분을 읽을 차례입니다. 교사는 글을 능숙하게 읽지 못하는 유아를 고려하여 '따라 읽기' 방법을 제안하였고 유아들이 이를 받아들여, 교사가 한 문장을 읽으면 유아들이 그 문장을 반복해서 읽는 방법으로 읽어 보았습니다.

"우리 끝말 이어 가기 할까? 노래 부를까?"

운전하시면서 엄마가 제안하셨어.

"끝말잇기 해요. 내가 먼저 할게요."

게임이라면 언제나 환영하는 형이 시작했어.

"자동차. 다음은 누가 해요? 어느 방향으로 돌아가죠?"

"아빠가 할게. '자동차'했지? 그럼, '차도'. 우람이 이어 볼까?"

"음~. '도로'. 이젠 엄마가 할 차례예요."

"로마."

"그럼 내 순서지? 마술."

형이 다시 잇고 식구들이 똑같은 순서대로 돌아가며 끝말을 이었어.

술래잡기, 기차, 차표, 표시, 시간, 간식, 식수, 수학, 학생, 생각, 각시, 시작, 작가, 가사, 사장, 장고, 고추, 추석, 석고.

"고드름. 헤헤, 끝말이 '름'이지? '름'으로 시작하는 말은 없지? 내가 이겼다."

형이 좋아하며 만세를 불렀어.

"'름'자로 끝나는 말이 또 뭐가 있지?"

아빠가 물으셨어.

"여름."

"끝말을 잇기 어려운 말이 또 있니? 생각해 보자."

"산기슭."

엄마가 대답하셨어.

"아냐, '슭'은 '슭곰발'로 이을 수 있어요. 맞지? 우람아. 지난번 TV프로그램에서 우리 같이 봤지?"

형이 나를 쳐다보며 동의를 구했어.

"슭곰발? 그게 무슨 말이야?"

"'슭곰발'은 산에 사는 큰곰의 발을 뜻한대요."

형이랑 나는 앞사람의 끝말이 무슨 말로 끝나는지 귀를 쫑긋 세우고 열심히 들었어.

그리고 다음 사람이 끝말을 잇지 못하도록 '여름'이나 '고드름'을 말해서 게임을 이기려고 생각을 많이 했어.

끝말잇기 게임은 계속 이어졌어.

이 글을 함께 읽고 나서 유아들이 제기한 질문들은 다음과 같습니다.

"여행갈 때 무슨 노래를 부를까?"
"왜 끝말잇기랑 노래 부르기 같은 놀이를 했을까?"
"형은 왜 언제나 게임을 환영할까?"
"왜 '생각해 보자'라고 했어요?"
"형은 왜 끝말잇기를 하자고 했을까?"
"슮곰발이 무슨 뜻이에요?"
"왜 귀를 쫑긋 세우고 들어야 해요?"
"형은 왜 게임할 때 먼저 하려고 해요?"

"형은 왜 언제나 게임을 환영할까?"라는 질문에 대해 한 유아가 "어렸을 때부터 게임을 좋아해서 게임을 언제나 환영하는 거 아닐까?"라고 대답하였지만, 다른 유아들이 이 질문에 대해 더 많이 탐구하고 싶어 해서 결국 이 질문이 토의 주제로 선정되었습니다. 이 질문에 대해 토의하기 위해서는 우리가 명확히 이해해야 하는 개념이 몇 가지 있습니다. '언제나', '게임', '환영'이 바로 그것이지요. 하지만, 세 가지 용어에 대한 토의를 50분이라는 시간 내에 마친다는 것은 무리라는 판단이 들어, 오늘 이 토의시간에는 우선 '환영'이라는 단어의 개념에 대해서 먼저 생각해 보려고 합니다.

TIP! 사고를 자극하는 교재로 사용할 수 있는 것들

이 책에서 탐구공동체 활동의 출발점은 『오월은 푸르구나』와 『야! 여름이다』라는 철학그림책이었습니다. 탐구공동체 활동에서 구성원의 사고를 자극하기 위한 매체는 철학그림책 외에도 다양한 것들을 활용할 수 있습니다. 유아교육현장과 가정에서 유아들이 쉽게 접할 수 있는 일반 그림책도 훌륭한 사고의 자극물이 될 수 있으며, 음악이나 그림, 사진 등의 예술작품과 속담이나 명언, 광고나 짧은 동영상 등을 함께 살펴보고 탐구공동체 활동을 할 수도 있습니다. 유아들이 관심과 흥미를 가질 수 있는 것이라면 무엇이든 사고의 자극물로 활용될 수 있습니다. 이러한 다양한 매체를 활용한 탐구공동체 활동은 유아로 하여금 일상생활 속의 모든 경험에 대해 의문을 제기하고 좋은 판단을 하기 위해 심사숙고하는 태도를 기르는 데 도움이 될 것입니다.

02 첫 번째 교사회의: 중심주제 선정과 토의계획 세우기

중심주제 – '환영'의 의미

'환영'이라는 단어는 사전에 '기쁜 마음으로 기꺼이 맞다, 오는 사람을 기쁜 마음으로 기꺼이 맞다'라고 정의되어 있습니다. '기꺼이'란 마음이 기쁜 것을 말합니다. 그러니 결국 환영이란 기쁜 마음으로 맞이하는 것을 말합니다.

그렇다면 우리는 언제, 무엇을, 혹은 누구를 기쁜 마음으로 맞이하는 걸까요? 이 문제를 해결하기 위해서 먼저 생각해 보아야 할 것은 언제 기쁜 마음이 생기는 것일까 하는 것과 뭔가를 맞이한다는 의미입니다.

살면서 기쁠 때는 참 많습니다. 뭔가를 이루려고 노력하다가 결국 이루게 되었을 때, 다른 사람의 칭찬을 들었을 때, 사랑하는 사람이 기뻐할 때 우리는 기쁜 마음을 갖습니다. 그러나 이런 기쁜 마음과는 달리 '환영'할 때의 기쁜 마음은 뭔가를 맞이할 때의 기쁜 마음을 말합니다. 뭔가를 맞이한다는 건 무슨 말일까요? 조금 전까지는 내 옆에, 혹은 내 앞에 없었는데 그 대상이 나에게로 온다는 것입니다. 여기서 환영의 대상이란 사람이 될 수도 있고, 어떤 제안이나 정책, 새로운 소식 같은 것이 될 수도 있습니다. 지금까지는 없었지만 이제 내게로 다가와 내가 기쁜 마음으로 맞이할 수 있으려면 어떤 조건이 필요할까요?

우선 이전에 이미 그 대상에 대해 알고 있어야 할 것 같습니다. 그 대상이 사람인 경우, 그 대상을 좋아하거나, 아니면 그 대상이 들고 올 뭔가 때문에 환영할 수 있습니다. 예를 들어, 좋아하는 친구가 집에 놀러 오면 그 친구를 환영합니다. 아빠가 선물을 사 가지고 오신다고 해서 마냥 아빠를 기다리다가 마침내 아빠가 돌아오시면 아빠를 환영합니다. 이때 우리는 아빠를 환영한다고 말할 수 있을까요? 아니면 선물을 사 가지고 오는 아빠를 환영하는 걸까요? 아니면 선물을 환영하는 걸까요?

환영하는 대상이 소식인 경우도 있습니다. 사람들이 어떤 소식이나 정책, 결정 등에 대해 환영할 때는 많이 바라고 기다리던 소식일 때가 대부분입니다. 사람들이 바라 왔던 것들이 이루어지게 되었다는 소식들을 환영하게 되지요.

그러나 항상 꼭 알고 있는 대상과 기다리던 소식만 환영할 수 있는 건 아닐 것 같습니다. 만약 숲 속에서 혼자 길을 잃고 헤매고 있다면, 누군가가 나에게로 다가오는 것이 무척 반가울 것입니다. 그 사람이 누구인지 알 수는 없지만 뭔가 나를 구조해 줄 수 있을 것 같은 기대만으로도 기쁠 수 있겠네요.

소식의 경우도 마찬가지입니다. 전혀 기대하지도, 바라지도 않았지만 듣고 보니 참 기쁜 소식일 때, 그럴 때 환영할 수 있을 것 같습니다.

대상을 잘 알 수 없거나, 기대하지 않았지만 누군가를 기쁘게 맞이하거나 어떤 소식을 듣고 기쁜 마음이 될 수 있다는 건, 그 사람이, 그 소식이 지금, 현재 나의 바람과 욕구를 충족하는 데 도움이 되는 경우일 것입니다.

지금까지 '환영'의 의미를 풀어서 살펴보았습니다. 이러한 의미 분석을 바탕으로 이제 유아들과 '환영'에 대한 이야기를 풀어 나가야 합니다.

유아들은 자신들의 경험과 연관 지어 이야기할 때 의미를 보다 분명하고 구체적으로 이해할 수 있습니다. 그러므로 먼저 유아들에게 '환영'과 관련된 경험을 물어보는 걸로 이야기를 시작해 나갈 수 있을 것입니다. 언제 환영해 보았는지 물어봅니다. 무엇을 환영했는지도요. 그리고 그때 그 마음이 어땠는지 이야기한다면 환영의 의미를 자신의 경험 내에서 재구성할 수 있을 것입니다.

환영과 관련하여 생각해 볼 문제들을 함께 더 이야기할 수 있습니다. 예를 들어, 싫어하는 친구가 내가 좋아하는 케이크를 들고 우리 집에 왔을 때, 그 친구를 환영할 수 있을까요? 문제는 환영이라는 단어의 의미를 탐구하고 진정으로 누군가를 환영한다는 것이 어떤 의미인지를 자신의 경험과 연관 지어 더 생각해 볼 수 있어야 한다는 것입니다.

유아들과 함께 이야기하기 위해서 수립한 계획안은 다음과 같습니다.

〈표 11-1〉 철학적 탐구공동체 활동계획안

누리과정 영역과 관련된 활동 목표	▸ 다른 사람의 이야기를 끝까지 주의 깊게 듣는 태도를 기른다. (의사소통 영역) ▸ 다른 사람의 감정을 알고 공감하며, 다른 사람을 배려하여 행동하는 태도를 기른다. (사회관계 영역) ▸ 친구와 어른께 예의바르게 행동해야 함을 이해한다. (사회관계 영역) ▸ 궁금한 점을 알아보는 탐구과정에 참여하고 즐기는 태도를 기른다. (자연탐구 영역)	
시 간	토 의 내 용	준비물 및 유의점
도입 〈10분〉	1. 지난주 철학활동 시간에 읽은 이야기의 내용과 선정된 질문에 대해 회상한다. • 우리가 지난주에 읽었던 이야기의 내용이 기억나니? • 우리는 이 이야기를 읽고 나서 어떤 질문을 했었지? • 우리가 가장 궁금하다고 뽑은 질문은 무엇이었을까?	
전개 〈35분〉	2. 이야기 속에 나오는 형처럼 무엇인가를 환영해 본 경험에 대해 이야기한다. 3. '환영'이라는 개념의 정의에 대해 생각해 본다. 4. 싫어하는 사람도 환영할 수 있는지에 대해 생각해 본다.	

마무리 〈5분〉	5. 유아들이 환영하고 싶은 대상이나 사람이 있는지를 생각해 보고, 그 이유에 대해 이야기 나눈다. 6. 유아들이 선정한 본래의 질문으로 돌아와 형이 게임을 환영하는 이유에 대해 토의한다. 7. 탐구공동체 활동 시간 동안 각자의 태도와 행동에 대해 되돌아보고 평가한다.	평가지

또/다/른/질/문

'『야! 여름이다』-탐구 3'의 1차시에서 선정된 질문은 "형은 왜 언제나 게임을 환영할까?"이며, 여기서 교사는 토의의 중심주제를 '환영'의 의미로 계획하여 활동계획안을 수립하였습니다. 만약 유아들이 질문을 선정하는 과정에서 다른 질문을 선정했다면 다른 중심주제로 탐구공동체를 운영해야 하므로, 다른 예상 질문과 관련된 중심주제와 토의계획을 소개해 드립니다.

▌선정 예상 질문 - 1. 형은 왜 게임할 때 먼저 하려고 해요?

1. 중심주제: 먼저(순서, 차례)

'먼저'의 사전적 정의는 '시간적으로나 순서상으로 다른 사람보다 앞서서'라는 의미입니다. 사람들은 먼저 하기를 좋아하는 경우도 있고 싫어하는 경우도 있지만 일반적으로 무언가가 이익이 될 때 먼저 하려는 경향을 나타냅니다. 반대로 자신에게 이득이 없거나 하고 싶지 않을 때는 최대한 늦게 하려고 하지요.

예를 들어, 백화점이나 마트에서 한정판매하는 경우, 상품을 먼저 선점하려고 사람들이 무질서하게 뛰어들다가 사고가 나기도 하는 반면, 병원에서 주사를 맞을 때는 경우에 따라 다르지만 대부분의 유아들은 뒤에 서서 늦게 맞고 싶어 합니다. 왜 이렇게 행동하는 걸까요? 물건은 늦게 가면 없어지기 때문에 먼저 사려고 하지만, 주사 맞는 것은 늦게 가도 맞을 수 있기 때문일까요? 먼저 또는 나중에 시도하는 것이 단순히 재화의 많고 적음 때문일까요?

유아들을 관찰해 보면 대부분 자신의 기호와 상관없이, 무엇을 할 때 먼저 하려는 경향을 발견할 수 있습니다. 간식이나 식사를 배식받을 때, 바깥놀이

간다고 줄을 서라고 할 때 뛰어오다가 넘어지는 사고가 나기도 합니다. 서로 앞에 서겠다고 다투기도 하고요. 천천히 걸어와도 기다려 주기 때문에 굳이 서두를 필요가 없는데도 말이죠.

유아들과 함께 먼저의 의미를 알아보고 언제 먼저 하고 싶은지 왜 먼저 하고 싶은지에 대해서 생각해 볼 수 있습니다. 그러고 난 후 좀 더 구체적으로 어떠한 경우에 먼저 하는 것이 좋은지 혹은 나중에 하는 것이 좋은지에 대해서도 이야기해 볼 수 있습니다.

2. 토의계획

1) '먼저'의 의미를 생각해 본다.
2) 언제 먼저 하고 싶은지 이야기 나눈다.
3) 왜 먼저 하고 싶은지 이유를 생각해 본다.
4) 다음의 경우 먼저 하는 것이 좋을지 나중에 하는 것이 좋을지 생각해 본다.
   - 주사 맞기
   - 간식 받기
   - 정리정돈하기
   - 바깥놀이 나가기

▌선정 예상 질문 - 2. 왜 '생각해 보자'라고 했어요?

1. 중심주제: 생각

'생각'이란 사전적 의미로 '우리가 어떤 경험이나 기억, 혹은 사고나 판단, 이해 등을 글이나 언어로 표현하기 전 마음속에 추상적으로 남아 있는 것'을 말합니다. 우리의 삶 전체가 생각에 의존하고 있으며, 생각이 행동을 명령하고 의사소통을 가능하게 하는 것이지요. 이러한 이유 때문에 생각을 잘해야 하고 생각하는 방법을 배워야 하는 것입니다.

'생각하기'는 올바른 답을 찾을 경우뿐만 아니라 생각의 단초가 되는 좋은 질문을 찾는 경우에도 중요한 과정입니다. 궁금하게 여기는 문제를 찾은 후,

그것에 대한 해답을 찾으려면 오랜 생각의 과정이 필요합니다. 답이 명확히 나올 수 있는 문제가 있는 반면에, 문제 자체가 복잡하고 신비스럽기 때문에 깊이 생각해 보는 것이 중요한 것들도 있습니다. 어떤 문제는 모든 것을 제대로 밝혀 낼 수 없음이 분명할지라도 탐구해 보는 과정 속에서 유아들은 정신적 만족을 가질 수 도 있습니다.

우선 유아들과 함께 생각이란 무엇인지, 생각이 필요하다면 왜 필요한지 이야기 나눈 후, 생각을 잘하려면 어떻게 해야 하는지에 대해서도 함께 이야기해 볼 수 있습니다.

2. 토의계획

1) 생각이 무엇인지 이야기 나눈다.
2) 무슨 생각이든 다 필요할까? 필요하다면 이유가 무엇일지 생각해 본다.
3) 필요 없는 생각이 있을까? 있다면 이유가 무엇인지 생각해 본다.
4) 다음 생각 중 키워야 할 생각과 버려야 할 생각은 무엇인지 이야기 나눈다.
   - 나는 왜 이렇게 못 생겼을까?
   - 사람은 왜 사는 걸까?
   - 착하다는 것은 무엇일까?
   - 우리 집은 왜 이렇게 가난할까?
   - 엄마는 왜 나만 혼낼까?
5) 생각을 잘하기 위한 방법이 무엇인지 이야기 나눈다.

03 2차시 철학적 탐구공동체 활동: 토의하기

이야기 1. 이 책에 나오는 형처럼 무엇인가를 환영해 본 적이 있니?

오늘의 토의는 환영과 관련된 개인적 경험을 이야기하는 것으로 시작하였습니다.

교 사: 지난주 질문이 어떤 것이 뽑혔는지 기억나는 사람?
준 우: 형은 왜 차에서 끝말잇기를 했을까?
교 사: 음, 조금 비슷한데……. 조금만 더 생각해 보자.
준 우: 형은 왜 게임을 찬성했을까?
교 사: 찬성이랑 좀 비슷한 말인데, 뭐였더라?
승 민: 환영했을까?
재 윤: 찬성은 이거예요. 찬성! 찬성! (손바닥을 펴서 높게 올리며, 찬성이라고 외친다.)
교 사: 너희들도 이 책에 나오는 형처럼 무언가를 환영한 적 있니? 상대방의 경험에 대한 질문
지 은: 환영이라는 말을 들어본 적이 없는데……. 자신의 경험 말하기
재 윤: 난 게임을 환영해요. 닌텐도 슈퍼마리오. 자신의 경험 말하기
준 우: 앵그리버드 스타워즈. 자신의 경험 말하기

한 유아가 환영이라는 단어를 찬성이라는 말로 표현하였는데, 사실 이 책에서는 환영이라는 말이 찬성과 매우 유사한 의미로 사용되었습니다. 유아들은 자신에게 낯설고 생소한 단어를 문장이나 말의 맥락에 비추어 이해한다는 것을 잘 보여 주는 장면입니다. 그리고 "난 게임을 환영해요"라는 유아의 말을 통해 환영의 의미를 어느 정도 알고 있음을 확인할 수 있습니다.

이야기 2. '환영'이란 말은 무슨 뜻일까?

'환영'과 관련된 경험을 이야기했으니, 이번에는 '환영'의 개념을 보다 명확하게 밝혀 보려고 합니다.

교 사: 환영이란 말은 무슨 뜻일까? 개념을 명료화하기 위한 질문
슬 기: 선택하는 거요. 정의 내리기
교 사: 어떤 점에서 선택하는 것이라고 생각하니? 근거를 요구하는 질문
슬 기: 게임을 하기로 했잖아요. 의견 제시하기
교 사: 형은 엄마가 게임을 하자고 할 때 어떤 마음이었을까? 개념을 명료화하기 위한 질문
유 나: 게임을 좋아하니까 기쁜 마음이죠. 의견 제시하기
교 사: 형이 게임을 좋아한다는 것을 어떻게 알았니? 의견을 검증하기 위한 질문
유 나: 환영한다고 했잖아요. 의견 제시하기
교 사: 환영한다는 것이 무엇이라고 생각하니? 개념을 명료화하기 위한 질문
한 솔: 기쁜 마음으로 하는 거요. 의견 제시하기
교 사: 환영이라는 말을 다르게 설명할 수 있니? 대안적인 관점을 묻는 질문
주 현: 사람들이 '어서 오세요' 하면서 모시는 거요. 정의 내리기
교 사: 어서 오세요. 우리 집에 오신 걸 환영합니다. 이러는 거? 의견을 검증하기 위한 질문
한 솔: 택시를 타는 거랑 똑같은 거네요. 의견 제시하기
교 사: 그럼 형이 게임을 환영했다는 말은 무슨 의미일까? 구체적인 설명을 요구하는 질문
준 우: 게임을 찬성했다는 뜻 아니에요? 의견 제시하기
교 사: 그럼 왜 찬성이라고 하지 않고 환영이라고 했을까? 이유를 묻는 질문
준 우: 찬성은 그냥 찬성이고 환영은 찬성보다 아주 많이 찬성하는 거예요. 의견 제시하기
교 사: 환영이란 아주 많이 찬성한다는 건 무슨 뜻이니? 의견을 확인하는 질문
준 우: 좋아한다는 거예요. 의견 제시하기
교 사: 아, 그러니까 환영은 아주 좋아하면서 찬성한다는 이야기로구나. 토의내용 정리하기

처음 에피소드에서 "너희들도 형처럼 무엇인가를 환영해 본 적이 있니?"라고 물었을 때 유아들은 환영이 무슨 뜻인지 잘 모르고 있었습니다. 이제 환영이 무슨 뜻인지 이야기해 보았습니다. 유아들은 환영을 기쁜 마음으로 좋아하는 것, 혹은 아주 많이 찬성하는 것으로 이야기했습니다. 환영이 기쁜 마음으로 맞이하는 것임을 유아들 스스로 잘 이야기하고 있네요.

이야기 3. 싫어하는 사람도 환영할 수 있을까?

싫어하는 사람도 환영할 수 있는지 물어봄으로써 환영이 기쁜 마음으로 맞이하는 것이라는 의미를 좀 더 명료화해 보고자 합니다.

교 사: 싫어하는 사람이 온다면 그 사람을 환영할 수 있을까? 구체적 사례 속에서 판단을 요구하는 질문

유아들: 아니요. 의견 제시하기

교 사: 왜 환영할 수 없어? 이유를 묻는 질문

슬 기: 싫어하니까요. 이유 대기

유 나: 마음씨가 착한 사람만 환영해요. 이유 대기

교 사: 환영할 수 있다고 생각하는 사람이 있니? 대안적인 관점을 묻는 질문

준 우: 저는 환영할 수 있어요. 의견 제시하기

교 사: 왜 그렇게 생각해? 이유를 묻는 질문

준 우: 만약에 그 형이 내가 좋아하는 장난감을 가지고 왔으면요. 연결된 의견 제시를 통해 토의 확장하기

교 사: 내가 싫어하는 사람이 내가 좋아하는 장난감을 가지고 와서 같이 놀자고 한다면 환영할 수 있을까? 의견을 검증하기 위한 질문

재 윤: 그 장난감도 형의 것이니까 안 환영해요. 의견 제시하기

교 사: 환영해 주지 않는다면 그 형이 장난감을 가지고 같이 놀게 해 줄까? 의견을 검증하기 위한 질문

지 은: 그러면 그냥 안 가지고 놀아도 돼요. 의견 제시하기

교 사: 싫어하는 사람은 아무리 내가 좋아하는 장난감을 가지고 와도 환영할 수 없다는 뜻이니? 의견을 검증하기 위한 질문

슬 기: 그래도 인사는 해야 돼요. 의견 제시하기

교 사: 인사를 하는 거랑 환영하는 것은 다른 거니? 의견을 검증하기 위한 질문

슬 기: 인사는 그냥 웃지 않고 '안녕!'하는 거고, 환영은 웃으면서 '안녕!'하는 거예요. 예를 들어 설명하기

교 사: 그럼 인사하는 거랑 환영의 차이는 웃느냐 웃지 않느냐의 차이라는 거니? 의견을 검증하기 위한 질문

슬 기: 네.

이럴 때 보면 유아들은 아주 똑똑합니다. 유아들이 자기중심적이며, 자기표현에 늘 솔직한 것 같지만 자신의 주관적 정서와 상관없이 사회적 규칙이나 관습 같은 것을 따라야 함을 이해하고 있습니다. 게다가 환영한다는 것은 의례적으로 인사하는 것과 달리 기쁜 마음으로 맞이하는 것이어야 함을 유아들이 이야기하고 있습니다.

이야기 4. 너희들은 무엇을 환영하고 싶니?

이제 나라면 무엇을 환영하고 싶은지 이야기해 봄으로써 환영을 자신의 경험에 결부시켜 보다 구체적으로 이해해 보고자 합니다.

교 사: 그럼 너희들이 환영하고 싶은 건 어떤 거니? 이 책에 나오는 형처럼 게임이나 물건을 환영해도 괜찮다면 무얼 환영하고 싶니?
승 민: 카트라이더.
교 사: 카트라이더를 환영하는 이유는 뭐니? 이유를 묻는 질문
승 민: 재미있으니까요. 이유 대기
재 윤: 슈퍼마리오 위.
교 사: 왜? 이유를 묻는 질문
재 윤: 내가 좋아하는 게임이거든요. 이유 대기
교 사: 또 다른 것을 환영하고 싶은 사람 있니? 대안적인 관점을 묻는 질문
지 은: 할머니, 할아버지. 대안 제시하기
교 사: 할머니, 할아버지를 환영하는 이유는? 이유를 묻는 질문
지 은: 할머니랑 할아버지가 우리 집에 오시면 환영해야 돼요. 이유 대기
교 사: 왜 환영해야 되는데? 이유를 묻는 질문
지 은: 할머니랑 할아버지가 나를 사랑하시니까요. 이유 대기
교 사: 또 다른 이유가 있을까? 대안적인 관점을 묻는 질문
지 은: 할머니, 할아버지께는 예의를 보여 드려야 해요. 이유 대기

유아들이 할머니와 할아버지를 환영하는 이유가 할머니와 할아버지가 나를 사랑하기 때문이라고 말합니다. 사람과의 관계가 서로 상호적이라는 것을 알고 있네요. 유아들은 어쩌면 어른들이 흔히 생각하는 것보다 훨씬 사회적일지도 모릅니다.

이야기 5. 형은 왜 언제나 게임을 환영했을까?

이제 다시 맨 처음 질문으로 돌아갑니다. 지금까지 이야기했던 것을 바탕으로 처음의 질문에 대해 다시 이야기해 보고자 합니다.

교 사: 그럼 우리 다시 원래의 질문으로 돌아가서 생각해 보자. 형은 왜 언제나 게임을 환영했을까? 이유를 묻는 질문

한 솔: 좋아하니까요. 이유 대기

주 현: 남자애들은 다 게임을 좋아해요. 의견 제시

유 나: 난 게임이란 게임은 다 싫어해요. 반대 의견 제시하기

교 사: 게임을 아주 좋아하는 사람이 있는가 하면 게임을 싫어하는 사람도 있구나. 게임을 좋아하는 사람은 왜 게임을 좋아하는지 이유를 한 번 말해 볼까? 이유를 묻는 질문

유아들: 재미있으니까. 좋으니까 좋죠. 신나니까. 이유 대기

준 우: 하고 싶은데 엄마가 하지 말라고 해요. 이유 대기

교 사: 엄마가 게임을 하지 말라고 하는 이유가 뭘까? 이유를 묻는 질문

준 우: 눈 나빠지니까. 이유 대기

교 사: 그러네. 지금 너희들은 형이 게임을 환영한 이유가 게임을 좋아해서 그런 거라고 했어. 만약 형이 게임을 좋아하지 않았다면 어땠을까? 의견을 검증하기 위한 질문

슬 기: 게임을 안 환영해요. 가설에 근거하여 판단하기

교 사: 벌써 철학을 마쳐야 할 시간인데 혹시 환영과 관련하여 질문하고 싶은 게 남은 친구 있니? 질문에 대한 질문

유아들: 없어요.

형이 게임을 환영한 이유는 좋으니까 그런 거라고 이야기합니다. 좋은 데는 딱히 이유가 없나 봅니다. 그럴까요? 뭔가를 좋아하는 건 이유가 없는 걸까요? 이유가 있을 때도 있고 이유가 없을 때도 있을 것 같습니다. 그리고 좋은 건 사람마다 다르다는 것도 유아들이 잘 알고 있습니다. 유아들과 좋아하는 것에 대해 다시 이야기를 해 보고 싶었지만, 시간은 이미 훌쩍 지나가 버렸습니다. 철학은 이렇게 꼬리에 꼬리를 물고 계속되는 네버엔딩 스토리입니다.

지금까지 두 차시로 나누어 진행한 탐구공동체 활동을 정리해 보면 다음과 같습니다.

〈표 11-2〉 철학적 탐구공동체 활동 전개과정

그림책 읽기	'『야! 여름이다』 – 탐구 3'의 내용을 교사가 한 문장 읽고 유아들이 반복해서 읽어 봄.
그림책의 내용과 관련해 궁금한 점 질문하기	• 여행갈 때 무슨 노래를 부를까? • 왜 끝말잇기랑 노래 부르기 같은 놀이를 했을까? • 왜 형은 게임을 언제나 환영할까? • 왜 '생각해 보자'라고 했어요? • 형은 왜 끝말잇기를 하자고 했을까? • '숡곰발'이 무슨 뜻이에요? • 왜 귀를 쫑긋 세우고 들어야 해요? • 형은 왜 게임할 때 먼저 하려고 해요?
토의하고 싶은 질문 선정하기	"형은 왜 언제나 게임을 환영할까?"
토의하기	무엇인가를 환영해 본 경험 ↓ 유아들이 생각하는 '환영'의 개념 ↓ 만약 싫어하는 사람이 온다면 환영할 수 있을까? ↓ 우리가 환영하고 싶은 대상과 그 이유 ↓ 형이 언제나 게임을 환영한 이유

심 / 화 / 활 / 동

유아들과 함께 가장 환영하고 싶은 사람이 어떤 사람인지 생각해 본 후 어떻게 환영하는 것이 좋을지 환영하는 방법에 대해서 이야기해 볼 수 있습니다. 또한 환영하는 마음을 어떻게 표현할지, 그리고 환영하는 분위기가 나도록 환경을 어떻게 꾸며야 할지도 생각해 볼 수 있습니다. 마지막으로 환영받는 사람과 환영해 주는 사람의 역할을 나누어 맡고 환영하기를 역할극으로 표현해 볼 수 있습니다.

활동명: '환영합니다' 역할극

활동 형태 대집단 활동

활동 영역 예술경험, 의사소통 영역

활동 목표
- 환영하는 마음을 표현하는 창의적인 방법에 대해 생각한다.
- 환영하는 마음을 직접 표현해 본다.
- 환영받았을 때의 느낌을 표현해 본다.

누리과정 관련요소
- 의사소통 〉 말하기 〉 느낌, 생각, 경험 말하기
- 예술경험 〉 예술적 표현하기 〉 극놀이로 표현하기

활동 자료 여러 가지 꾸미기 재료

활동 방법

1. 가장 환영하고 싶은 사람은 어떤 사람인지 생각해 본다.
   - 우리 유치원(어린이집)에 어떤 손님이 오셨으면 좋겠니?
   - 왜 환영하고 싶니?
2. 어떻게 환영하면 좋을지 그 방법을 이야기해 본다.
   - 우리 유치원(어린이집)에 환영하고 싶은 손님이 오신다면, 우리가 미리 준비할 게 있을까? 그 분이 오셨을 때 어떻게 환영하면 좋겠니?
3. 만났을 때 환영하는 마음을 어떤 식으로 표현할지 이야기해 본다.
   - 손님을 맞이할 때 어떻게 인사하고 반갑게 맞아 드리면 좋을까?

4. 환경을 꾸미고 역할극을 해 본다.
   • 환영하는 분위기의 환경을 꾸민다.
   • 손님이 왔다고 생각하고 환영식을 해 본다.
5. 역할극에 참여한 느낌에 대해 이야기 나눈다.
   • 환영을 받아 보니까 기분이 어떠니?

활동의 유의점
- 환영하는 것이 왜 중요한지 이야기를 나눈다.
- 환영받았을 때, 환영받지 못했을 때의 기분을 나누어서 이야기해 본다.
- 가능하다면 유아들이 원하는 손님이 직접 방문할 수 있도록 해 본다.

04 두 번째 교사회의: 평가하기

"형은 왜 언제나 게임을 환영했을까?"라는 질문 속에서 '환영'을 중심주제로 설정하고 환영에 대한 이야기를 풀어 보았습니다. 맨 처음 유아들에게 형처럼 무엇인가를 환영해 본 적이 있는지 물었습니다. 환영의 의미를 아는 유아들도 있고, 그렇지 않은 유아들도 있었습니다. 자연스럽게 환영의 의미에 대해 이야기하는 것으로 넘어갔지요. 환영의 의미에 대해 유아들은 좋아하는 것, 혹은 찬성이라고 설명했지만 환영이라고 말할 때는 반드시 기쁜 마음이 함께 해야 한다는 것을 분명히 이해하고 있었습니다.

기쁜 마음이 언제 생기는지를 좀 더 분명하게 이해하기 위해 '싫어하는 사람이 좋아하는 걸 가지고 왔을 경우' 환영할 수 있을지에 대해 이야기해 보았습니다. 유아들은 이 문제에 대해 싫어하는 사람은 환영할 수 없다고 자신들의 입장을 분명히 했습니다. 하지만 인사는 해야 한다는군요. 좋고, 싫음의 표현 역시 사회적으로 용인될 수 있는 테두리 안에서 이루어져야 함을 유아들이 이해하고 있다는 것을 알 수 있습니다.

실제로 언제 환영할 수 있는지 자신의 경험에 적용하여 이야기했을 때, 이 비슷한 이야기들을 합니다. 할머니, 할아버지는 환영해야 하는 것이 사회적 관습이고 유아들은 이를 당연히 받아들이고 있었습니다. 이 점에서 사회적 관습으로 환영하는 것과 기쁜 마음으로 환영하는 것을 다시 구분해서 살펴볼 수도 있을 것입니다. 진정으로 기쁜 마음이 된다는 것의 의미에 대해서는 이야기를 나누지 못했습니다. 다시 다음 기회를 기약해 보아야겠네요.

C/H/A/P/T/E/R/ 12

『야! 여름이다』– 탐구 4: '연구'의 의미

01 1차시 철학적 탐구공동체 활동: 그림책 읽기와 질문 선정하기

선정된 질문 – "엄마는 왜 놀이도 연구할까?"

오늘은 철학그림책 『야! 여름이다』의 네 번째 부분을 읽을 차례입니다. 오늘은 남자 팀, 여자 팀 나누어서 번갈아 가며 읽기로 했습니다. 팀을 나누어 하는 일은 뭔가 고무된 분위기를 만들어 줍니다. 왜 그런 분위기가 만들어지는지는 좀 더 생각해 보아야겠지요.

그런데 끝말잇기를 하면서 아까부터 계속 궁금한 게 있어.
머리에서 사라지지 않고 남아 있는 거야.
"슒곰발. 형, 누가 그런 말을 만들었을까? 형은 알아?"
"어떻게 그런 말을 생각해 냈을까요? 아빠는 아세요?"
형이 아빠를 향해 고개를 돌리며 다시 물었어.
"글쎄, 왜 그런 소리를 엮어서 말을 하게 되었을까? 아빠도 많이 궁금한데? 우람이 생각은 어떠니?"
또 나에게로 질문이 돌아왔네. 아빠도 모르시나 봐.
어떻게 그런 말이 처음 시작되었을까?
정말 궁금해.

"지금부터는 새로운 규칙을 만들어 볼까? 다음 사람이 내 끝말을 이어 갈 수 있는 글자로 끝나도록 할 수 있을까?"
엄마가 새로운 제안을 하셨어.
"뒷사람이 이을 수 있는 말을 생각하면서 끝말을 이어야 한다는 건가요?"
형이 다시 물었어.
"어때, 재미있겠지? 이번에는 뒷사람이 이어야 하는 말까지 생각해야 하는 거야. 한 번 더 생각하는 거지, 잘 생각해야 된다."
"와~. 어려워요."
생각만 해도 복잡할 것 같아.

나는 엄마가 이어야 할 말을 생각해서 대답해야 해.
내 끝말을 이으며 엄마는 형이 이어 갈 말을 생각해야 하고.
또 형은 엄마의 끝말을 받으면서 아빠가 이어 갈 말을 생각해야겠지?
그리고 아빠는 형의 끝말에 이어서 내가 새로운 말을 찾아낼 수 있는 글자로 끝나는 말을 생각해야 해.
모두들 앞사람의 끝말을 이으면서, 다음 사람이 자기의 끝말로 시작하는 말을 찾을 수 있도록 새 단어를 생각하는 데 시간이 한참씩 걸렸어.
'기슭'이나 '여름'처럼 다음 사람이 이을 수 없는 단어를 말하면 자기가 지는 거니까.
많이 생각해야 하지만, 정말 흥미진진한 게임이야.
엄마가 제안한 규칙이 우리들의 끝말잇기 게임을 아주 오랫동안 길게 이어 갈 수 있도록 만들었어.

다음 사람이 이을 수 있는 끝말잇기 게임을 하면서, 형이 한마디 했어.
"아우~, 머리에 쥐가 날 것 같아. 우람아, 넌 아무렇지도 않니?"
"이제는 '가운데 말 이어 가기'해요."
"'수수께끼'하자."
"동요 부르기 할까?"
"369 놀이 할래?"
차를 타고 가며, 엄마와 형은 끊임없이 놀이를 생각해 냈어.
"형은 어떻게 그렇게 놀이를 많이 알고 있어?"
"놀이 박사야? 엄마는 놀이도 연구해요?"

이 글을 읽고 유아들은 다음과 같은 질문을 했습니다.

"369 놀이가 뭐예요?"
"가운데 말 이어 가기가 뭐예요?"
"누가 '숡곰발'이라는 말을 처음 만들었어요?"
"형은 어떻게 해서 많은 놀이를 알게 되었어요?"
"369 놀이는 언제부터 시작되었어요?"
"규칙이 뭐예요?"
"엄마는 왜 놀이도 연구할까?"
"궁금한 것은 왜 머릿속에서 사라지지 않을까?"

이 중 "엄마는 왜 놀이도 연구할까?"를 다음 시간 토의를 위한 질문으로 선정하고 난 후, 유아들과 369 놀이, 끝말잇기 놀이, 가운데 말 잇기 놀이 등 여러 가지 놀이를 직접 체험하는 시간을 가졌습니다.

TIP! 토의에 적합한 질문 선정하기

함의가 풍부하며 토의하기에 적합한 질문을 선정하는 것은 탐구공동체 활동에서 매우 중요합니다. 탐구공동체 활동에 처음 참여하는 유아들은 토의에 적합한 질문을 고르는 안목이 부족하기 때문에 때로는 자신들이 정말 궁금한 정보가 있는 질문을 선택하기도 하며, 때로는 질문 선정의 과정이 질문자에 대한 인기투표가 되기도 합니다. 하지만, 이렇게 뽑은 질문으로 토의할 때, 토의가 더 이상 진전되지 않으며 사고의 즐거움을 느낄 수 없다는 것을 경험한 유아들은 점차 질문의 내용을 검토하며 토의할 질문을 선정하게 됩니다.

02 첫 번째 교사회의: 중심주제 선정과 토의계획 세우기

중심주제 – '연구'의 의미

"엄마는 왜 놀이도 연구할까?"라는 질문에 대한 토의계획을 수립하며 '연구'를 중심주제로 선정하였습니다. '연구'란 어떤 일이나 대상을 깊이 있게 조사하고 생각하여 이치나 진리를 밝히는 것을 말합니다. 그렇다면 언제 일이나 대상을 깊이 있게 조사하고 생각할 필요가 생길까요? 우리는 어떤 것을 알지 못할 때, 다른 무언가가 알고 싶을 때 어떤 일이나 대상을 깊이 있게 조사하고 생각할 필요가 있다고 생각합니다. 알지 못할 때 왜 알아야 할까요? 알지 못할 때 인간은 불안을 느낍니다. 대부분의 사람들은 대상이 무엇인지, 일이 어떻게 돌아가는지, 내가 있는 곳이 어디인지 분명히 알지 못할 때 무척 불안해합니다. 상대가 누군지, 일이 어떻게 돌아가는지, 내가 있는 곳이 어디인지 분명히 알 때 안심을 하게 되지요.

가끔은 그저 알고 싶어서 연구를 하기도 합니다. 많은 학자들은 물론, 어린 아이들도 그것을 왜 연구하고 싶은지 잘 이해할 수 없지만 뭔가 자신들이 경험한 자연현상과 사회현상에 대해 궁금증을 가지고 깊이 파 들어가곤 합니다. 알지 못해 생기는 존재적 불안이라기보다는 단순한 경이와 호기심 역시 연구의 출발이 될 수 있을 것 같습니다.

이렇게 불안, 혹은 호기심으로부터 출발하여 뭔가를 연구할 때 결국 알아내고자 하는 것은 무엇일까요? 연구란 깊이 있게 조사하고 생각하여 이치와 진리를 밝힌다고 했습니다. 그럼 이치는 무엇이고, 진리는 무엇일까요? 이치란 사물의 정당하고 당연한 논리라고 합니다. 진리란 참된 이치고요. 그렇다면 깊이 있게 조사하고 생각하여 밝혀낸 이치는 당연하고 논리적인 생각이어야 하겠지요. 그러나 이 당연하고 논리적인 이치가 참되지 않을 수도 있습니다. 논리적으로 문제는 없으나 진리가 아닌 경우도 흔히 있을 수 있으니까요. 우리가 연구를 통해 밝혀내고자 하는 것들은 당연하고 정당한 논리이며 나아가 참된 진리입니다.

사물의 정당하고 당연한 논리를 밝혀내기 위해서는 논리적 과정을 통해 연구가 이루어져야 할 것입니다. 그리고 한 발 더 나아가 밝혀낸 정당하고 당연한 논리가 참인지, 거짓인지를 판단할 수 있어야 합니다. 그러므로 '연구'가 무엇인지를 제대로 알기 위해서는 논리라는 것이 무엇인지, 어떤 것이 당연하고 정당한 논리가 될 수 있는지, 그리고 무엇이 참이고 거짓인지를 알아야 합니다.

우리는 세상을 살아가면서 여러 가지 자연현상이나 사회, 문화현상들을 접하게 됩니다. 그럴 때 자연스레 왜 그런 현상이 생기게 되었는지 그 이유와 본질에 대해 의심, 궁금증, 호기심, 놀라움 등을 느끼게 됩니다. 여기서 '연구'가 시작됩니다. 인간은 살아가는 동안 끊임없이 무엇이 문제인지, 어째서 그러한지 의구심과 궁금증을 안고 살아가게 됩니다. 이렇게 풀고 싶은 문제들을 하나하나 연구하여 풀어 나가는 사람들은 스스로 자신의 삶의 주인이 되어 적극적이며 능동적인 삶을 살 수 있습니다. 하지만 이런 연구의 필요성을 더 이상 느끼지 않게 될 수도 있습니다. 무엇을 스스로 알아내기보다는 남들이 알아낸 논리나 지식을 아무 의심 없이 받아들이며, 수동적으로 살아가는 사람들도 있습니다.

우리 유아들이 어렸을 때부터 연구의 필요성과 연구의 과정들을 알고, 스스로 연구하고자 하는 동기를 내면화할 수 있으면 좋겠습니다. 이런 바람을 안고, 이번 시간에는 '연구'라는 것이 어떤 의미인지 이야기해 보고, 연구하는 것이 왜 중요한지 함께 생각해 보고자 합니다.

〈표 12-1〉 철학적 탐구공동체 활동계획안

<table>
<tr><td>누리과정 영역과 관련된 활동 목표</td><td colspan="2">▸ 다른 사람의 이야기를 듣고 이해하며, 궁금한 것에 대해 질문하는 능력을 기른다. (의사소통 영역)
▸ 자신이 하고 싶은 일을 계획하고 스스로 하는 능력을 기른다. (사회관계 영역)
▸ 주변 사물과 자연세계에 대해 지속적으로 호기심을 갖고 알고자 하는 태도를 기른다. (자연탐구 영역)</td></tr>
<tr><td>시 간</td><td>토 의 내 용</td><td>준비물 및 유의점</td></tr>
<tr><td>도입 〈10분〉</td><td>1. 지난주 철학활동 시간에 읽은 이야기의 내용과 선정된 질문에 대해 회상한다.
• 우리가 지난주에 읽었던 이야기의 내용이 기억나니?
• 우리는 이 이야기를 읽고 나서 어떤 질문을 했었지?
• 우리가 가장 궁금하다고 뽑은 질문은 무엇이었을까?</td><td></td></tr>
<tr><td>전개 〈35분〉</td><td>2. '연구'라는 용어의 개념에 대해 이야기 나눈다.
• '연구'란 무엇일까?
3. '연구'를 하는 이유에 대해서 생각해 본다.
• '연구'는 왜 하는 것일까?
4. '안다'는 것과 '연구한다'의 차이점에 대해서 생각해 본다.
• '연구'는 언제 하는 것일까?
• '연구'는 누가 하는 것일까?
• '연구'는 어떻게 하는 것일까?
5. 자신이 연구하고 싶은 분야와 그 이유에 대해 이야기 나눈다.
6. 원래 토의를 위해 선정한 질문으로 되돌아가 이 질문의 전제(엄마는 놀이를 연구했다)를 확인하고, 엄마가 놀이를 연구했다면 그 이유는 무엇인지에 대해 토의한다.</td><td></td></tr>
<tr><td>마무리 〈5분〉</td><td>7. 탐구공동체 활동 시간 동안 각자의 태도와 행동에 대해 되돌아보고 평가한다.</td><td>평가지</td></tr>
</table>

또/다/른/질/문

'『야! 여름이다』-탐구 4'의 1차시에서 선정된 질문은 "엄마는 왜 놀이도 연구할까?"이며, 여기서 교사는 토의의 중심주제를 '연구의 의미'로 설정하여 활동계획안을 수립하였습니다. 만약 유아들이 질문을 선정하는 과정에서 다른 질문을 선정했다면 다른 중심주제로 탐구공동체를 운영해야 하므로, 토론 가능한 다른 질문과 관련된 중심주제와 토의계획을 소개해 드립니다.

▌선정 예상 질문 - 1. 누가 그런 말을 처음 만들었을까?

1. 중심주제: (맨)처음

맨 처음이란 최초라는 의미입니다. 우주가 빅뱅으로 만들어졌다면 그 빅뱅은 어떻게 생겼으며, 만약 신이 우주를 창조했다면 신은 또 맨 처음 어떻게 생겨났을까요? 맨 처음이란 가장 처음이라는 말인데 그 주장에 대한 답은 각 이론에 따라 다양하겠습니다. 이 질문을 통해 우리는 유아들과 함께 개인적인 맨 처음부터 형이상학적 맨 처음까지 함께 이야기할 수 있습니다. 이러한 대화를 통하여 꼬리에 꼬리를 무는 생각연습을 할 수 있으며 더 나아가 자신만의 이론과 근거를 세우는 기회가 될 수 있을 것입니다.

우선 유아들과 '맨 처음'을 넣어 이야기를 만들어 보고 예를 들어, 엄마에게 처음 혼났던 적이 언제였는지를 생각해 보면서 경험 속에서 맨 처음 기억을 떠올릴 수 있습니다. 그러고 난 후 주변에 있는 사물들(인형, 연필 등)은 맨 처음 어디에서 왔는지에 대해서 생각해 볼 수 있습니다. 마지막으로 결국 나는 어디에서 왔는지 함께 생각해 보면서 이야기를 마무리할 수 있습니다.

2. 토의계획

1) 맨 처음 엄마한테 혼난 적은 언제인지 생각해 본다.
2) '맨 처음'이라는 구를 넣어 이야기 짓기를 한다.
3) 인형은 맨 처음 어디에서 왔는지 생각해 본다.
4) 연필은 맨 처음 어디에서 왔는지 생각해 본다.
5) 나는 맨 처음 어디에서 왔는지 생각해 본다.

▌선정 예상 질문 - 2. 규칙이 뭐예요?

1. 중심주제: 규칙의 의미

일상생활 속에는 참으로 많은 규칙이 있습니다. 예를 들어, 운동경기를 할 때도 규칙이 있고 게임을 할 때도 규칙이 있습니다. 유아들이 생활하는 교실 안은 물론이고 가정 안에도 규칙은 있습니다. 이러한 규칙은 왜 만드는 걸까요? 아마도 많은 사람들이 함께 더불어 편안하게 생활하기 위한 것이 규칙들을 만든 이유일 것입니다.

규칙은 사람들에게 어떻게 행동해야 하는지를 안내해 주기도 하지만 때로는 행동을 하는 데 제약을 가하기도 합니다. 따라서 규칙이라는 것이 우리의 행동에 어떠한 영향을 주는지와 더불어 규칙은 보존되어야 하는지 혹은 잘못된 규칙이라면 바꿀 수 있는지도 함께 생각해 보면 좋을 것 같습니다.

유아들과 규칙의 의미를 함께 이야기해 보고, 각자 알고 있는 규칙을 이야기해 봅니다. 그러고 난 후 유아들이 말한 규칙을 꼭 지켜야 하는지를 생각해 보고 꼭 지켜야 한다면 그 이유는 무엇이며 어떻게 해야 그 규칙을 더 잘 지킬 수 있는지도 생각해 봅니다. 반대로 규칙을 지키지 않아도 된다면 왜 지키지 않아도 되는지에 대해서 이야기해 봅니다. 마지막으로 유아들이 만들고 싶은 규칙이 있다면 무엇인지 유아들이 있는 장소에 따라 규칙을 정해 보는 활동을 함께 하면 좋을 듯싶습니다.

2. 토의계획

1) 규칙이란 무엇일까 생각해 본다.
2) 우리가 알고 있는 규칙이 있는지 이야기 나눈다.
3) 그 규칙을 지키고 싶다면 그 이유는 무엇일지 생각해 본다.
4) 그 규칙을 지키고 싶지 않다면 왜 그러한지 이야기해 본다.
5) 우리가 스스로 만들고 싶은 규칙에 대해 이야기를 나눈다.

03 2차시 철학적 탐구공동체 활동: 토의하기

이야기 1. '연구'란 무슨 뜻일까?

유아들에게 오늘 토의할 질문을 기억하고 있는지 물었더니, 기억하고 있는 친구가 한 명도 없네요. 그래서 교사가 열심히 지난주에 읽었던 교재 내용에 대해 회상할 수 있도록 힌트를 주었습니다. 그랬더니 재윤이가 지난주에 했던 369 게임과 가운데 말 이어 가기 게임을 다시 해 보고 싶다고 제안을 해서, 게임들을 다시 해 보았습니다. 한 번 게임을 해 본 경험이 있어서인지 오늘은 게임의 규칙을 훨씬 잘 이해하면서 369 게임을 하였습니다. 그리고 슬기가 마침내 토의질문을 기억해 냅니다. 오늘 토의하기로 한 질문은 "엄마는 왜 놀이도 연구할까?" 였습니다.

교 사: 슬기가 말한 것처럼 지난주에 우리가 결정한 질문은 "엄마는 왜 놀이도 연구할까?"였는데, 우선 '연구'란 말은 무슨 뜻일까? **개념을 명료화하기 위한 질문**

승 민: 연구는 뭐를 만들고 과학자들이 실험하는 거. **정의 내리기**

재 윤: 연구를 해서 발명을 하는 거. **정의 내리기**

교 사: 승민이는 뭔가를 만들어 내고 실험하는 것이 연구라고 했고, 재윤이는 발명을 하는 것이 연구라고 설명해 줬어. 다르게 생각하는 사람이 있니? **대안적인 관점을 묻는 질문**

준 우: 바르는 거. **정의 내리기**

교 사: 상처 난 데 바르는 거?

한 솔: 그건 연구가 아니고 연고야.

승 민: 그런데 연구치도 있잖아요.

교 사: 영구치를 말하는 거야? 너희들이 어렸을 때 난 이는 지금 하나둘씩 빠지고 있잖아. 그런데 이를 뺀 자리에서 새롭게 나는 이는 앞으로 너희들이 죽을

때까지 계속 영원히 써야 하는 이여서 영구치라고 해. 슬기는 연구가 뭐라고 생각하니? 개념을 명료화하기 위한 질문

슬 기: 연구는 책이나 그런 걸 읽고서 그거랑 비슷한 책을 낼 건데 어떤 이야기를 낼 건지 생각하는 걸 연구라고 해요. 정의 내리기

주 현: 연구를 해서 중요한 사실을 알아내는 거예요. 정의 내리기

교 사: 우리가 나눈 이야기를 정리해 보면 연구는 중요하고 새로운 사실을 알아내기 위해서 실험도 하고, 발명도 하고, 책이나 자료를 조사하면서 생각하는 거로구나. 토의된 내용 정리하기

유아들과 연구의 의미에 대해 이야기했습니다. 유아들은 연구라는 말을 들었을 때 과학자들의 연구 같은 걸 떠올린 것 같습니다. 발명, 실험 같은 것이 연구라고 이야기합니다. 하지만 이야기가 계속되면서 창작 활동 같은 것도 연구라고 이야기합니다. 연구의 의미가 확대되고 있음을 알 수 있습니다. 연구의 비슷한 말인 연고라고 이야기하기도 했습니다. 그러자 다른 친구가 '연구치'라는 표현을 합니다. 연고를 들으며 비슷한 발음이 나는 다른 단어를 생각한 것 같습니다. 이렇게 다양한 생각을 하고, 생각이 심화되고, 확장되는 것은 다른 사람들과 함께할 때 훨씬 잘 이루어질 수 있습니다.

이야기 2. 연구는 왜 하는 것일까?

앞서 이야기한 연구의 의미를 바탕으로 연구를 왜 하는지 이야기해 보기로 했습니다.

교　사: 그런데 선생님이 너희들 이야기를 듣다 보니까 궁금한 게 생겼어. 사람들은 왜 연구를 하는 걸까? 이유를 묻는 질문

승　민: 과학자들은 위험한 액으로 실험을 하는 거예요. 의견 제시하기

교　사: 위험한 액체나 이런 걸 가지고 실험을 왜 하는데? 이유를 묻는 질문

승　민: 바이러스나 이런 걸 죽이려고 하는 과학자도 있고, 액으로 뭐를 만드는 과학자도 있어요. 이유 대기

교　사: 뭐를 만드는지 자세히 말해 줄 수 있니? 구체적 설명을 요구하는 질문

승　민: 약 같은 거를 만들어요. 구체적으로 설명하기

교　사: 약을 왜 만드는데? 이유를 묻는 질문

한　솔: 우리가 감기에 걸렸을 때 낫게 해 주려고. 이유 대기

교　사: 아픈 사람들을 도와주려고 연구를 하는 거구나. 그럼 과학자들은 어떤 걸 발명하니? 구체적 설명을 요구하는 질문

준　우: 벽돌. 의견 제시하기

교　사: 벽돌을 만드는 것도 발명일까? 의견을 검증하기 위한 질문

유아들: 아니에요. 의견 제시하기

교　사: 그럼 어떤 게 발명이야? 구체적인 설명을 요구하는 질문

슬　기: 설계도를 그린 다음에 필요한 재료로 만드는 거. 의견 제시하기

교　사: 과학자들은 그럼 왜 설계도를 그리고 여러 가지를 만드는 걸까? 이유를 묻는 질문

준　우: 똑똑하니까, 머리가 똑똑하니까. 이유 대기

한　솔: 과학자들은 어릴 때부터 똑똑한 아이로 태어났어. 지지하기

교　사: 준우가 지금 재미있는 이야기를 했네. 과학자는 원래 똑똑한 아이로 태어난 걸까? 똑똑한 아이로 태어나야지만 과학자가 되는 거니? 의견을 검증하기 위한 질문

슬　기: 크면서 공부를 열심히 하면 과학자가 될 수 있어요. 반대 의견 제시하기

준　우: 좋은 음식을 많이 먹으면 과학자가 될 수 있어요. 지지하기

교　사: 슬기는 너희랑 생각이 다르네. 준우랑 한솔이는 똑똑한 사람만 과학자가 될 수 있다고 했고, 슬기는 열심히 노력하면 된다고 생각했대. 너희들 생각은 어떠니? 판단을 요구하는 질문 (유아들이 이 질문에 별다른 반응을 보이지 않아서 더 이상 토의가 진행되지 않음)

교 사: 그렇다면 사람들은 왜 연구를 하는 걸까? 이유를 묻는 질문

준 우: 그냥 재미있으니까. 이유 대기

교 사: 연구하는 것 자체가 재미있을 수도 있지. 재미도 참 중요해. 또 연구를 하는 이유는? 대안적인 관점을 묻는 질문

슬 기: 연구를 하면 책을 만들 수도 있어요. 대안 제시하기

교 사: 왜 책을 만들고, 새로운 것들을 만들고 싶은 걸까? 이유를 묻는 질문

슬 기: 다른 사람들을 똑똑하게 해 주고 싶어서……. 이유 대기

교 사: 연구를 하는 이유는 그냥 재미있어서 할 수도 있고, 연구를 해서 책을 만들 수도 있고, 새로운 것을 만들어 낼 수도 있으면서 내가 한 연구를 통해 다른 사람을 더 똑똑하게 만들 수도 있기 때문이구나. 토의내용 정리하기

연구를 왜 하는지에 대해 유아들은 누군가를 도와주려고 한다고 이야기합니다. 그러나 뒤로 갈수록 재미를 위해서라는 개인적 이유도 등장합니다. 처음엔 연구의 의미에서처럼 과학적 연구에서 창작 작업도 연구가 될 수 있음을 이야기합니다. 연구의 의미가 확장되는 것으로 보입니다.

이야기 3. 연구는 언제, 누가 하는 걸까?

연구란 무엇인지, 연구를 왜 하는지에 대한 이야기를 바탕으로 연구에 대해 좀 더 자세히 이야기해 보고자 합니다. 연구는 언제 누가 하는 것일까 물었습니다.

교 사: 선생님도 연구가 뭔지 집에 가서 조사를 했거든. 모르는 말이 있으면 어떻게 조사를 할 수 있는지 아니? 혹시 사전이라는 책을 아니?

유아들: 우리 집에도 있어. 사전. 백과사전도 있어. 나도 알아.

교 사: 연구는 어떤 일이나 어떤 대상을 깊이 있게 조사하고 생각해서 왜 그런지 이치나 진리를 밝히고 알아내는 거래. 그럼 아는 거랑 연구는 같은 걸까 아니면 다른 걸까? 정의 내리기, 판단을 요구하는 질문

슬 기: 어른들이 생각하는 게 연구고 아이들이 생각하는 거는 아는 거예요. 의견 제시하기

교 사: 슬기가 어른들이 알아내는 것만 연구라고 말했는데, 혹시 다른 생각을 가진 사람이 있니? 대안적인 관점을 묻는 질문

재 윤: 애들도 연구하는데……. 반대 의견 제시하기

슬 기: 아이들도 연구하는 아이들이 있고, 연구가 하기 싫어서 안 하는 아이들도 있고, 연구가 하고 싶어도 못하는 아이들도 있어요. 지지하기

교 사: 연구하는 아이들도 있다는 뜻이니? 그럼 너희들도 연구를 해 본 적이 있니? 상대방의 경험에 대한 질문

재 윤: 로봇이 안 움직일 때 어떻게 하면 움직이나 연구했어요. 자신의 경험을 말하기

유 나: 우리 엄마는 언니한테 공부 안 할 연구만 한다고 그랬어요. 자신의 경험을 말하기

교 사: 그럼 공부 안 할 생각만 하는 것하고 공부 안 할 연구만 하는 것은 어떤 차이가 있을까? 구별을 요구하는 질문

준 우: 연구는 생각을 더 세게 하는 거고, 생각은 그냥 생각이죠. 의견 제시하기

교 사: 연구는 생각을 더 세게 하는 거라고 했는데 무슨 뜻이니? 구체적인 설명을 요구하는 질문

준 우: 생각을 계속 계속 한다는 거예요. 구체적인 설명하기

교 사: 아, 그러니까 연구는 생각을 아주 많이, 깊이, 오래 하는 거고 생각은 그냥 슬쩍 하는 거고? 유아의 관점을 재진술하기

준 우: 네.

연구는 어른들만 하는 거라는 유아들의 이야기에는 연구란 아주 심오하고 어려운 사고과정이라는 생각이 전제되어 있는 듯합니다. 그렇지만, 일상생활 속에서도 연구는 충분히 가능하죠. 유아들에게 연구를 해 본적이 있느냐고 물었더니 들었던 이야기나 뭔가 골똘히 생각했던 경험을 떠올려 이야기합니다. 그런 의미에서 보면 연구는 일상에서도 얼마든지 가능합니다. 로봇이 안 움직인다는 문제에 맞닥뜨렸을 때 그것을 해결하려고 하는 적극적 사고, 공부하기 싫은데 공부를 해야 한다면 그 문제를 어떻게 해결할 것인가 하는 사고과정, 그것이 바로 연구이지요.

이야기 4. 연구는 어떻게 하는 걸까?

누가, 언제 연구를 하는지 이야기하면서 연구의 의미가 보다 명료해졌습니다. 이제는 연구를 하는 방법에 대해서 생각해 보아야겠습니다.

교 사: 연구는 뭔가를 알아내기 위해 하는 거라고 했어. 왜 뭔가를 알아야 하지? 이유를 묻는 질문

주 현: 잘 모르니까요. 이유 대기

교 사: 잘 모르면 어떻게 되는데? 구체적 설명을 요구하는 질문

슬 기: 학교에서랑 유치원에서 물어보는 거에 대해서 대답을 못해요. 구체적으로 설명하기

교 사: 물어보는 것에 대답을 못하는 게 뭐가 문제일까? 판단을 요구하는 질문

지 은: 창피하잖아요. 의견 제시하기

주 현: 애들이 놀려요. 의견 제시하기

교 사: 그럼 창피하지 않고, 놀림 당하지 않으려고 연구를 하는 걸까? 혹시 다르게 생각하는 사람 있니? 대안적인 관점을 묻는 질문

재 윤: 자기가 알고 싶을 때도 연구를 해요. 대안 제시하기

교 사: 언제 알고 싶다는 생각이 드니? 구체적인 설명을 요구하는 질문

재 윤: 모를 때. 구체적으로 설명하기

교 사: 아! 그럼 우리는 모를 때 두 가지 생각을 할 수 있겠구나. 내가 모른다는 걸 다른 사람이 알면 창피하다는 것과 그냥 모르니까 알고 싶다는 거. 그런데 내가 모르고 있다는 걸 알고 나서 제대로 알아보고자 하는데 뭔가를 알려면 어떻게 해야 할까? 토의된 내용 정리하기, 구체적인 설명을 요구하는 질문

재 윤: 물어봐요. 의견 제시하기

슬 기: 책을 봐요. 의견 제시하기

유 나: 엄마, 아빠한테 물어봐요. 의견 제시하기

지 은: 컴퓨터에 물어봐요. 의견 제시하기

교 사: 그렇구나. 그런데 엄마, 아빠나 친구나 컴퓨터에 물어 봤는데 그 답이 맞는지 아닌지는 어떻게 알 수 있지? 진리 검증하는 방법에 대한 질문

유아들: …….

교 사: 너희들 아까 연구가 뭐냐고 했을 때 과학자들이 실험실에서 실험하는 거라고 했잖아. 실험은 누구한테 물어보는 것도 아니고, 컴퓨터에 물어보는 것도 아닌데? 판단을 요구하는 질문

준 우: 그건 그냥 실험이죠. 의견 제시하기

교 사: 그런데 실험을 통해 뭔가를 알아낼 수도 있는 걸까? 판단을 요구하는 질문

준 우: 당연하죠. 의견 제시하기

교 사: 그럼 뭔가 알 수 있는 방법에는 물어보는 거랑 실험하는 거 두 가지가 있고, 또 다른 방법은 없을까? 대안적인 관점을 묻는 질문

한 솔: 책을 봐요.

어떤 것을 모른다는 사실에서 유아들이 느끼는 불안 가운데는 대답을 제대로 하지 못할까봐 생기는 불안이 있다는 것을 오늘 이야기를 통해 알게 되었습니다. 누군가 물어보면 정답을 이야기해야 하고, 정답을 말하지 못했을 때는 창피하다는 것을 유아들은 벌써 경험을 통해 배운 모양입니다. 아마도 어른들이 심

어 준 결과겠지요. 이런 경험이 계속 되면 연구나 탐구가 별로 재미없어질 것 같습니다. 알고 싶어서가 아니라 모르면 창피할까봐 하는 연구가 재미있으면 얼마나 있을까 싶네요.

이런 점에서 다시 한 번 제 자신에 대해서 생각해 봅니다. 교사인 제가 유아들과 이야기하면서 혹시나 잘 모른다고 핀잔을 준 적은 없는지, 정답을 얘기하라고 채근한 적은 없는지…….

이야기 5. 내가 연구하고 싶은 분야는 무엇인가?

이제까지 이야기 나눈 것을 바탕으로 자신이 연구하고 싶은 분야를 이야기해 보기로 했습니다.

교 사: 어린이들도 연구를 할 수 있다고 했으니까, 너희들도 혹시 연구하고 싶은 게 있니? 의견을 묻는 질문

슬 기: 책을 연구하고 싶어요.

교 사: 책의 어떤 점을 연구하고 싶니? 구체적인 설명을 요구하는 질문

슬 기: 책의 이야기를 연구하고 싶어요. 구체적으로 설명하기

교 사: 왜 책을 연구하고 싶은 거야? 이유를 묻는 질문

슬 기: 책을 만들고 싶어요. 다른 사람이 똑똑해지라고 만들고 싶어요. 이유 대기

준 우: 신발 정리에 대해서 연구하고 싶어요. 의견 제시하기

교 사: 신발 정리의 어떤 걸 연구하고 싶은 거니? 구체적인 설명을 요구하는 질문

준 우: 신발을 팍팍팍팍. 구체적으로 설명하기

교 사: 신발을 빠르게 정리하는 방법을 연구하고 싶다는 거니? 구체적인 설명을 요구하는 질문

준 우: 네. 텔레비전에서 봤어요. 구체적으로 설명하기

승 민: 로켓을 연구해서 달 탐사도 하고 여러 곳을 탐사하고 싶어요. 의견 제시하기

재 윤: 토성을 연구하고 싶어요. 의견 제시하기
교 사: 왜 토성을 연구하고 싶니? 이유를 묻는 질문
재 윤: 토성에 사람이 있는지 없는지……. 이유 대기
교 사: 토성을 연구하려면 어떻게 해야 할까? 구체적인 설명을 요구하는 질문
재 윤: 토성에 가거나 토성에 관한 책, 우주에 관한 책을 찾아보면 돼요. 구체적으로 설명하기
준 우: 책이 없으면? 반론 제기하기
재 윤: 그러면 검색창에다 물어보면 돼. 의견 제시하기
준 우: 토성에는 어떻게 가? 반론 제기하기
재 윤: 우주선을 타거나……. 의견 제시하기
준 우: 우주선의 길을 모르면? 반론 제기하기
재 윤: 우주선에 내비게이션이 있지. 없으면 우주선이냐? 재반론 제기하기
슬 기: 토성은 우리 몸에 훌라후프가 있는 것처럼 띠가 있어요.

우리 유아들이 연구하고 싶은 분야나 주제가 참 다양하네요. 신발 정리에서 우주까지. 특히나 신발 정리를 연구하고 싶다는 이야기가 무척 반가웠습니다. 연구라는 것이 어떤 특정 상황이나 직업에 국한된 것이 아니며, 어른들만 할 수 있는 것이 아니라 우리 모두가 일상을 살아가면서 할 수 있다는 것을 유아들이 이해한 증거로 보였기 때문입니다.

이야기 6. 엄마가 놀이를 연구한 이유는 뭘까?

이제 처음의 질문으로 돌아가 엄마가 놀이를 연구한 이유에 대해 이야기해 보겠습니다.

교 사: 오늘의 질문, 우리가 원래 토의하고 싶었던 질문을 다시 살펴볼까? '엄마는 왜 놀이를 연구할까?'라고 질문했는데 사실 이 질문은 '엄마는 놀이도 연구해요?'라는 말을 보고 질문한 거야.
그러면 여러분이 보기에 엄마는 놀이를 연구한 걸까? 전제를 밝히기 위한 질문

준 우: 연구했어요. 의견 제시하기

교 사: 어떻게 알 수 있었니? 근거를 묻는 질문

재 윤: 여러 가지 게임을 많이 만들어 냈어요. 근거 대기

지 은: 놀이를 많이 알아요. 근거 대기

교 사: 아까 우리가 이야기한 것처럼 연구가 어떤 것에 대해서 깊이, 오랫동안 생각하고 알려고 노력하는 과정이라면 엄마는 놀이를 연구했다고 볼 수 있겠구나. 토의된 내용 정리하기

유아들: 네.

교 사: 그렇다면 엄마는 왜 놀이를 연구했을까? 이유를 묻는 질문

주 현: 아이랑 같이 재미있게 놀고 싶어서. 이유 대기

지 은: 놀이를 연구해서 아이들한테 놀이를 가르쳐 주려고. 이유 대기

슬 기: 왜냐하면, 놀이를 왜 연구하냐면 아이들이 놀이가 없으면 맨날 심심해서 책만 읽고 있으니까, 재미없으니까 놀이를 연구하는 것 같아. 이유 대기

교 사: 심심하고 재미없어 하는 아이들을 위해서 열심히 생각하고 조사를 해서 여러 가지 놀이 방법을 알아낸다는 이야기이구나. 너희들도 아까 연구하고 싶다고 얘기한 것들을 열심히 생각하고 노력해서 멋진 연구를 해 주길 바랄게. 선생님이 기대가 아주 많이 된다. 토의된 내용 정리하기

오늘은 연구에 대해 함께 생각해 보고 이야기 나누어 보았습니다. 연구가 무슨 뜻인지, 연구를 왜 하는 건지, 연구를 언제 하는 건지, 어떻게 하는 건지를 통해 연구란 사물과 대상에 대한 깊은 생각이고 연구를 하는 방법에는 물어보는 것과 직접 실험하는 것이 있음을 이야기했습니다. 토의의 도입단계에서 연구란 무엇인지 의견을 말할 때는 과학자들의 연구만 이야기했던 친구들이 점차 일상

생활 속에서도 연구가 가능함을 이해했고 이야기의 말미에서는 일상생활의 여러 장면들에 대해서도 연구가 가능함을 말했습니다. 연구에 대한 유아들의 이해가 그만큼 넓어지고 깊어지는 시간이었다고 할 수 있습니다.

마지막으로 평가 시간을 가졌습니다. 우리가 철학시간 동안 열심히 생각하고, 자신의 생각을 잘 이야기했는지, 순서를 지켜서 말을 했는지, 다른 사람의 이야기를 잘 들어 주었는지에 대해서 스스로를 평가하였습니다. 자신의 모습을 되돌아보고 어떤 점이 부족하였는지, 또 고칠 점은 없는지, 어떤 점을 잘 했는지 한 명씩 돌아가면서 이야기를 하였는데, 아이들도 스스로 자신의 모습을 객관적으로 평가하고 있다는 생각을 했습니다.

지금까지 두 차시로 나누어 진행한 탐구공동체 활동을 정리해 보면 다음과 같습니다.

〈표 12-2〉 철학적 탐구공동체 활동 전개과정

그림책 읽기	'『야! 여름이다』 – 탐구 4'를 남자 팀, 여자 팀으로 나누어서 번갈아 가며 읽음.
그림책의 내용과 관련해 궁금한 점 질문하기	• 369 놀이가 뭐예요? • 가운데 말 이어가기가 뭐예요? • 누가 '슭곰발'이라는 말을 처음 만들었어요? • 형은 어떻게 해서 많은 놀이를 알게 되었어요? • 369 놀이는 언제부터 시작되었어요? • 규칙이 뭐예요? • 엄마는 왜 놀이도 연구할까? • 궁금한 것은 왜 머릿속에서 사라지지 않을까?
토의하고 싶은 질문 선정하기	"엄마는 왜 놀이도 연구할까?"
토의하기	유아들이 생각하는 '연구'의 개념 ↓ 연구를 하는 이유 ↓ 연구를 하는 때와 사람 ↓ 연구를 하는 방법 ↓ 내가 연구하고 싶은 분야 ↓ 엄마가 놀이를 연구한 이유

심/화/활/동

유아들과 함께 각자 좋아하는 놀이에 대해서 생각해 볼 수 있습니다. 어떤 놀이를 좋아하는지, 왜 그 놀이가 재미있는지에 대해서 이야기해 본 후, 놀이를 기존의 방법이 아닌 색다른 놀이 방법으로 바꾸어 볼 수 있습니다. 이 놀이를 이렇게 바꾸면 어떨까, 어떤 방법으로 바꾸면 이 놀이가 더 재미있을까 등등 기존의 놀이 방식이 아닌 다르게 놀이하는 방법에 대해 창의적으로 생각해 볼 수 있습니다. 유아들과 함께 새로운 놀이를 만들고 그 새로운 놀이의 제목을 정해 본 후, 친구들과 새로운 놀이를 함께 해 보는 것으로 마무리할 수 있습니다.

활동명: '새로운 놀이를 소개합니다'

활동 형태 소집단 활동

활동 영역 언어 영역

활동 목표
- 새로운 놀이를 만들어 본다.
- 새로운 놀이에 대해 친구들에게 소개한다.
- 친구들과 새로운 놀이를 해 본다.

누리과정 관련요소
- 자연탐구 > 탐구하는 태도 기르기 > 탐구과정 즐기기
- 의사소통 > 말하기 > 느낌, 생각, 경험 말하기
- 사회관계 > 다른 사람과 더불어 생활하기 > 친구와 사이좋게 지내기

활동 자료 유치원(어린이집)에 있는 다양한 놀잇감 제공

활동 방법

1. 각자 좋아하는 놀이에 대해서 생각해 본다.
   - 우리 친구들은 어떤 놀이가 재미있어요?
   - 왜 ○○놀이가 재미있을까?
   - ○○놀이를 다르게 놀이하면 어떨까?
2. 기존 놀이를 바꾸어 놀이하는 방법을 알아본다.
   - 우리가 좋아하는 ○○놀이를 어떻게 바꾸면 더 재미있을까?
   - 왜 그렇게 생각하니?

- 또 다른 의견은 없을까?

3. 새로운 놀이를 만들어 본다.
4. 새로운 놀이를 친구들에게 소개한다.
   - 새로운 놀이의 제목이 뭐예요?
   - 어떻게 놀이하는 거예요?
5. 친구들과 함께 새로운 놀이를 한다.

활동의 유의점

- 새로운 놀이를 만들어 볼 수 있도록 유아들을 격려한다.
- 혼자 생각하기보다는 두세 명이 짝을 지어 의견을 나누어 보는 것도 더 새로운 생각을 하는 데 도움이 될 수 있다.

04 두 번째 교사회의: 평가하기

"엄마는 왜 놀이도 연구해요?"라는 질문을 가지고 이야기를 했습니다. 먼저 이 질문을 풀기 위한 중심적인 주제로 '연구'를 선정했습니다. 유아들은 자신들이 늘 하는 것이 놀이인데 어른인 엄마가 놀이를 왜 연구하는지 의아했던 것 같습니다. 연구란 과학자들이 하는 비일상적인 행위라는 전제가 있었던 모양입니다. 자신들이 하는 놀이하고는 차원이 다른 어렵고 심각한 것들이 연구 대상이어야 한다고요.

먼저 연구의 의미를 물어보았습니다. 처음엔 과학자들의 신약 개발이나 발명 같은 걸로 한정되어 연구를 이해하던 친구들도 점차 창작과 같은 작업에서도 연구가 필요함을 이야기했습니다. 나아가 연구의 목적에 대해서도 처음에는 누군가를 도와주려고 한다고 했다가 점차 개인의 취향이나 재미 때문에도 연구를 할 수 있다고 했습니다. 연구에 대한 이해가 점차 다양해지고 유연해짐을 알 수 있습니다. 또한 연구를 언제, 누가 할 수 있는지에 대해서는 어린이들도 연구의 주체가 되며 연구라는 것이 특정 전문인의 제한된 활동이 아니라 오랫동안, 곰곰이 생각하는 것일 수도 있음을 이야기했습니다. 이런 이야기를 바탕으로 스스로 연구하고 싶은 분야를 함께 찾아보았습니다. 책, 신발 정리, 토성에 이르기까지 연구하고 싶은 분야가 다양하네요.

끝으로 "엄마가 놀이를 왜 연구했을까?" 하는 처음의 질문으로 돌아가 보았습니다. 사실 이 질문은 '엄마가 놀이를 연구했다'라고 전제하고 있습니다. 그러나 이 전제가 사실인지 아닌지는 텍스트를 놓고 봐서는 알 수가 없습니다. 그래서 먼저 유아들에게 이 질문의 전제가 무엇인지를 밝히는 질문을 해 보았습니다. 유아들은 엄마가 놀이를 연구했다는 것을 자연스레 받아들이고 있습니다. 사실 유아들이 이 질문을 채택한 이유는 자신들이 생각하는 놀이의 개념과 연구가 잘 어울리지 않는다고 생각했기 때문인데, 연구가 무엇인지 이야기하는 과정을 통해 놀이를 연구할 수 있겠구나, 혹은 엄마가 놀이를 많이 알고 있으니 놀이를 연구한 것이겠구나 하면서 놀이와 연구를 자연스럽게 짝지을 수 있게 된 것이라고 볼 수 있습니다. 이렇듯 철학적 탐구공동체에서 철학적 탐구는 하나의 항해와 같습니다. 항구에 정박해있던 배가 질문이라는 바람을 타고 점차 앞으로 전진해 나아갑니다. 함께 노를 저으면서, 함께 이야기하면서 우리의 생각은 계속 변화하고 성장하는 것입니다.

C/H/A/P/T/E/R/ 13

『야! 여름이다』-탐구 5: '억지로'의 의미

01 1차시 철학적 탐구공동체 활동: 그림책 읽기와 질문 선정하기

선정된 질문 - "엄마랑 아빠는 무서운데 왜 우람이를 바다에 억지로 들어가게 했을까?"

오늘은 철학그림책『야! 여름이다』의 다섯 번째 부분을 읽을 차례입니다. 마지막으로 읽는 것이니 조금 특별하게 읽어 보기로 했습니다. 돌아가면서 한 문장씩 읽되 다른 친구들이 모두 그 문장을 따라 큰 소리로 읽어 보는 방법으로 읽기로 했습니다. 함께 읽기와 선도해서 읽기의 경험을 한꺼번에 경험할 수 있습니다.

차 속에서 할 수 있는 놀이가 정말 여러 가지야.

그리고 여러 번 반복해도 우리 가족이 함께 하는 놀이는 언제나 재미있어.

"형, 잘 지내!"

형을 여름 캠프 장소에 데려다 주었어.

돌아오는 길에 아빠, 엄마, 나는 바닷가에 갔어.

"우람아, 엄마가 사진 찍어 줄게. 저기 바닷물에 발 담가 볼래?"

바닷물 가까이에 가서 엄마를 향해 돌아섰어.

"더 들어가. 바닷물에 발을 담가야지."

"여기요?"

나는 바닷물에 발이 젖지 않을 만큼 다가서서 물었어.

"아니, 더 들어가. 바닷물이 발목 정도까지 올라와야지. 그래야 손도 담그고 발로 물방울을 튕겨 볼 수 있잖니?"

"아빠도 바닷물에 들어가실래요? 아들과 함께 사진 찍어 드릴게요."

엄마가 주문하자 아빠가 바지를 무릎까지 걷어 올리고 내 옆으로 다가오셨어.

그리곤 바닷물 속으로 내 손을 잡고 성큼성큼 걸어 들어가시는 거야.

"아~ 아빠. 됐어요. 그만 가요. 그만."

지금 나는 커다란 사진 한 장을 보고 있어.

바지를 무릎 위로 걷어 올리고 바닷물에 발을 담근 채, 아빠와 함께 바다를 바라보며 서 있는 사진이야.

이 사진을 보면 떠오르는 의문이 있어.

왜 사람들은 바닷가에 가면 꼭 바닷물 속에 들어가려 할까?

왜 꼭 바닷물에 발을 담가야 한다고 생각하지?

출렁거리는 바닷물에 들어가려면 나는 겁이 나는데…….

나는 그냥 파란 바다를 가만히 바라보는 게 훨씬 좋은데…….

TIP! 유아가 말한 질문의 내용을 명료화하기

유아들의 질문을 듣고 탐구공동체에서 해야 할 일은 질문의 의미를 보다 명확하게 하는 것입니다. 탐구공동체 활동에 익숙해지면 유아들이 스스로 질문의 의미를 밝히기 위해 질문했던 친구에게 다시 재질문하거나 반박 혹은 설명해 주는 것을 볼 수 있습니다. 그러나 탐구공동체 활동 초기에는 교사가 이러한 역할을 해 주어야 합니다.

특히 탐구공동체 활동의 초기에 유아들은 질문을 익숙하게 하지 못합니다. 궁금한 점을 이야기하라고 하면 단어를 말하거나 문장을 그냥 읽는 경우가 있습니다. 가만히 생각해 보면 유아들은 이야기 나누기 시간에 질문을 할 기회가 많지 않습니다. 주로 교사가 질문하면 유아들은 대답하는 형태의 대화가 많이 이루어지지요. 유아들이 질문해도 교사는 진지하게 그 질문에 대해 토의하기보다는 간단하게 대답하거나 그냥 대수롭지 않게 넘기곤 하기 때문에, 유아들에게 궁금한 점을 이야기하라고 하면 선뜻 질문을 하지 못하는 것 같습니다. 이렇게 단어만을 말하거나 문장을 읽는 유아들에게 교사는 다시 한 번 질문을 합니다. 예를 들어, "우리 가족이 하는 놀이는 언제나 재미있어!"라고 유아가 이야기한다면 교사는 이렇게 질문할 수 있겠죠. "ㅇㅇ이는 '우리 가족이 하는 놀이는 언제나 재미있어'라는 말에 대해 이야기하고 싶구나. 이 말에서 궁금한 게 뭐야?"라고 말이죠. 왜냐하면 이 문장에서 우리는 여러 가지 주제를 토의할 수 있습니다. '언제나'라는 단어에 대해서도 토의할 수 있고, '가족'의 범위에 대해서도 토의할 수 있으며, '가족끼리 함께 하는 놀이가 왜 재미있는지'에 대해서도 토의할 수 있습니다. 혹은 '재미있다'라는 감정에 대해서도 토의할 수 있습니다. 당시 유아의 대답은 바로 '재미있다'는 단어의 의미가 궁금하다는 것이었습니다.

이 글을 함께 읽고 난 다음 한 유아들이 한 질문들은 다음과 같습니다.

"형은 왜 여름 캠프에 갔을까?"
"엄마랑 아빠는 무서운데 왜 우람이를 바다에 억지로 들어가게 했을까?"
"왜 바닷물에 발을 담가야 할까?"
"바다에 왜 갔을까?"
"왜 사람들은 놀러 가면 사진을 찍을까?"

"왜 사람들은 바다에 가면 바닷물에 들어가고 싶어 할까?"
"우람이는 왜 바다를 바라보는 게 좋을까?"
"재미있다는 게 뭐예요?"

이 질문들 중에서 가장 많은 유아들이 궁금하다고 뽑은 질문은 "엄마랑 아빠는 무서운데 왜 우람이를 바다에 억지로 들어가게 했을까?"입니다.

02 첫 번째 교사회의: 중심주제 선정과 토의계획 세우기

중심주제 – '억지로'의 의미

'억지로'라는 말은 사전적 의미로 '내키지 않아 무리한 정도로'라는 뜻과 '겨우'라는 두 가지의 뜻이 있습니다. 마음이 내키지 않는데 어떤 행동을 하게 되는 이유는 여러 가지에서 비롯될 것입니다. 그것이 마음으로는 내키지 않지만 할 필요가 있다는 자신의 판단, 다른 사람의 판단에 따른 권유, 사회적 관습이나 타인에 대한 배려 때문이기도 합니다. 예를 들어, "나는 감기에 걸려 입맛이 없었지만, 억지로 밥을 먹었다"라는 말은 병이 낫기 위해서는 영양보충을 잘 해야 한다는 자신의 판단에 따라 입맛이 없어 먹고 싶지 않지만 힘들어도 밥을 먹는 행동을 한 것입니다. 두 번째, "민준이는 학원에 가기 싫은데, 엄마의 성화에 못 이겨 억지로 일어나서 태권도 학원에 갔다"라는 문장에서 억지로는 타인의 판단과 의지에 따라 마지못해 학원에 갔음을 의미합니다. 세 번째, "엄마는 피곤해서 낮잠을 자고 싶었지만, 낮잠을 자는 게 게을러 보일 수 있기 때문에 억지로 일어나 집안 청소를 했다"라는 문장에서 억지로는 자신의 판단 이전에 어렸을 때부터 받아온 교육에 의해 행동을 조절하였다는 의미가 됩니다.

첫 번째 경우처럼 자신의 판단과 의지에 따라 행동을 하였을 때는 힘이 들 수는 있지만, 기분이 나쁘지는 않습니다. 하지만 다른 사람의 의지나 사회적 관습 때문에 행동을 한 후에는 불편한 감정이 들 수도 있습니다. 따라서 자신의 판단에 따라 행동하는 것, 다른 사람이 제시하는 의견에 대해 반론을 제시할 수 있는 능력을 기르는 것이 필요합니다.

하지만 곰곰이 생각해 보면, 다른 사람의 권유로 어떤 일을 해서 좋은 결과를 얻게 된 경험들이 한두 번 쯤은 있을 것입니다. 자신의 판단과 의견만을 내세우고 주장하다가는 다른 사람이 권유해 주는 좋은 경험의 기회를 놓치게 될 수도 있는 것이지요. 따라서 다른 사람이 근거 있는 좋은 판단을 하고 의견을 제시해 주었을 때는, 나의 입장에서만 사고하고 고집을 부리기보다는 수용하는 태도도 필요합니다. 여기서 중요한 것은 다른 사람의 판단이 얼마나 근거 있고 합당한가 하는 것입니다. 어떤 문제가 생겼을 때 어떻게 풀어 나가는 것이 좋을지에 대해 논리적이고 실제적인 근거를 가지고 꼼꼼히 따져 보고 합당한 판단을 하는 것이 가장 중요합니다. 이럴 때 자신의 생각에 근거할 수도 있고, 다른 사람의 의견을 들어 볼 수도 있습니다. 때로는 문화적 관습으로부터 출발할 수도 있으나 그 전제를 그냥 받아들이는 것이 아니라 이치에 맞는지를 논리적으로 따져보고 합당하다 판단되면 그때 수용하는 것이 중요합니다. 이런 과정을 거쳤을 때 우리는 '억지로' 무엇인가를 하지 않고 스스로 자신의 선택과 행동의 주인이 될 수 있습니다.

'억지로'와 연관되어 유아들과 함께 자신들의 경험을 이야기하고, 경험과 연관된 기분에 대해 함께 이야기해 볼 수 있습니다. 이런 기분 안에 어떤 생각들이 들어 있는지 이야기해 보고, 결국 스스로 판단의 주체가 되면서 좋은 판단을 할 수 있는 방법에는 어떤 것이 있는지 함께 생각해 볼 수 있습니다.

유아들과 함께 이야기하기 위해서 수립한 계획안은 다음과 같습니다.

〈표 13-1〉 철학적 탐구공동체 활동계획안

<table>
<tr><td>누리과정 영역과 관련된 활동 목표</td><td colspan="2">▸ 주제와 관련된 자신의 느낌, 생각, 경험을 적절한 낱말과 문장으로 말하는 능력을 기른다. (의사소통 영역)
▸ 나와 다른 사람은 신체적, 사회적, 문화적 차이가 있기 때문에 나의 선택과 판단을 다른 사람에게 강요하지 않아야 함을 이해한다. (사회관계 영역)
▸ 탐구과정에서 서로 다른 생각에 관심을 가지고, 자신의 사고에 오류가 있을 때는 기꺼이 수정하는 태도를 기른다. (자연탐구 영역)</td></tr>
<tr><td>시 간</td><td>토 의 내 용</td><td>준비물 및 유의점</td></tr>
<tr><td>도입 〈10분〉</td><td>1. 지난주 철학활동 시간에 읽은 이야기의 내용과 선정된 질문을 회상한다.
• 우리가 지난주에 읽었던 이야기의 내용이 기억나니?
• 우리는 이 이야기를 읽고 나서 어떤 질문을 했었지?
• 우리가 가장 궁금하다고 뽑은 질문은 무엇이었을까?</td><td></td></tr>
<tr><td>전개 〈35분〉</td><td>2. '억지로'라는 용어의 개념을 정의해 본다.
• '억지로'란 무슨 말일까?
3. 자신이 하기 싫은 일을 억지로 했던 경험에 대해 이야기 나눈다.
4. 어떤 일을 억지로 했을 때의 기분에 대해 생각해 본다.
5. 어떤 일을 억지로 했을 때 일의 결과가 좋았던 경우와 좋지 않았던 경우를 이야기 나눈다.
• '억지로' 어떤 일을 했다가 좋은 결과가 있었던 적은 없니?
6. 자신과 다른 사람의 판단이 다를 때 어떻게 판단해야 하는지 토의한다.</td><td></td></tr>
<tr><td>마무리 〈5분〉</td><td>7. 탐구공동체 활동 시간 동안 각자의 태도와 행동에 대해 되돌아보고 평가한다.</td><td>평가지</td></tr>
</table>

또/다/른/질/문

'『야! 여름이다』-탐구 5』'의 1차시에서 선정된 질문은 "엄마랑 아빠는 무서운데, 왜 우람이를 바다에 억지로 들어가게 했을까?"이며, 여기서 교사는 토의의 중심주제를 '억지로'의 의미로 계획하여 활동계획안을 수립하였습니다. 만약 유아들이 질문을 선정하는 과정에서 다른 질문을 선정했다면 다른 중심주제로 탐구공동체를 운영해야 하므로, 다른 질문과 관련된 중심주제와 토의계획을 소개해 드립니다.

▌선정 예상 질문 - 1. '재미있다'는 게 뭐예요?

1. 중심주제: '재미'의 의미

'재미'란 아기자기하며 즐거운 기분을 말합니다. 흔히 재미있는 이야기, 재미있는 놀이, 재미있는 사진 등 우리는 '재미'라는 단어를 참으로 많이 사용하고 즐깁니다. 그런데 '재미'란 무엇일까요? 정의에서처럼 '아기자기하며 즐거운 기분'이란 정작 어떤 기분을 말하는 것일까요? 외부적인 즐거움으로 인한 재미를 추구하고 있는 걸까요? 능동적인 재미가 아닌 수동적인 재미를 추구할 수도 있나요?

프랑스의 국제 철학학교 교수인 로제 폴 드루와는 『일상에서 철학하기』라는 책에서 낯익은 세상을 낯설게 바꾸는 101가지 철학체험을 제시하고 있습니다. 이러한 철학놀이를 통해 색다른 재미를 추구할 수 있다고 생각합니다. 예를 들어, 내 이름 불러 보기, 상상으로 사과 깎기 등입니다. 이러한 내용이 무슨 재미를 가져오며 어떻게 생각을 키울 수 있을까 할 수도 있지만 익숙한 것을 낯설게 해 보는 과정을 통해 사소한 것에서 즐거움을 느끼고 재미를 느낄 수 있습니다. 더 나아가 창의적인 발상과도 연결될 수 있고요. 외부적인 것만 아니라 내 안의 세상을 낯설게 바라보는, 즉 나를 통해 재미를 추구하는 멋진 경험을 할 수 있을 것입니다.

우선 유아들과 재미란 무엇인지 이야기해 보고 무엇을 할 때 재미있는지, 혹은 재미가 없는지를 알아보며 왜 그런지도 함께 생각해 볼 수 있습니다. 그러고 나서 재미있는 활동을 각자 만들어 보고 그 활동을 함께 해 본 후 이 활동을 왜 만들었으며 이 활동을 통해 생각해 볼 수 있는 내용이 어떤 것인지 이야기해 볼 수 있습니다.

2. 토의계획

1) '재미'란 무엇인지 정의해 본다.
2) 무엇을 할 때 재미있었는지, 재미있다고 느낀 이유는 무엇인지 이야기 나눈다.
3) 무엇을 할 때 재미가 없었는지, 그 이유는 무엇인지 이야기 나눈다.
4) 재미있는 활동을 만들어 본다.

▌선정 예상 질문 - 2. 왜 놀러 가면 사진을 찍을까요?

1. 중심주제: 사진을 찍는 이유

사람들은 왜 사진을 찍을까요? 그 순간을 사진으로 남겨 기억하고자 하기 때문이겠지요. 그런데 왜 기억을 하려고 할까요? 그 기억이 좋은 기억이든 나쁜 기억이든 자신과 관련된 기록이 되기 때문일까요? 또는 지금의 내 모습을 사진으로 남겨 두었을 때 세월이 흐른 뒤에도 추억을 떠올릴 수 있기 때문일까요?

사진은 나의 현재나 미래의 모습이 아닌 과거의 모습입니다. 사진을 찍고자 하는 이유는 자기 정체성을 확인하려는 노력이 아닐까 합니다. 나는 나중에 어떤 사람으로 기억될 것인지 나 스스로에게 질문할 수 있는 좋은 기회가 될 것 같습니다.

유아 자신이 생각하는 좋은 기억과 나쁜 기억들이 무엇이며 그러한 기억은 지금의 나에게 어떤 영향을 주었는지 이야기해 볼 수 있습니다. 그리고 지금의 일들이 먼 훗날 어떤 기억으로 남을지에 대해서도 함께 생각해 볼 수 있을 것입니다.

2. 토의계획

1) 왜 사람들은 사진을 찍을까 생각해 본다.
2) 왜 사진을 찍어서 기억하려고 하는지 생각해 본다.
3) 기억하기에 좋은 다른 방법이 있는지 이야기 나눈다.
4) 내가 생각하는 아름다운 기억이 있는지, 있다면 무엇이며 그런 기억이 지금 나에게 어떤 영향을 주고 있는지 이야기 나눈다.
5) 지우고 싶은 기억이 있다면 무엇이며 그런 기억이 지금 나에게 어떤 영향을 주고 있는지 이야기 나눈다.
6) 오늘은 어떤 기억으로 남을 것 같은지 이야기 나눈다.
7) 사람들은 나를 어떻게 기억할까 생각해 본다.

03 2차시 철학적 탐구공동체 활동: 토의하기

이야기 1. '억지로'라는 말은 어떤 뜻일까?

오늘의 질문은 "엄마와 아빠는 무서운데 왜 우람이를 바다에 억지로 들어가게 했을까?"입니다. 이 질문을 해결하기 위한 중심주제를 '억지로'로 선정하고 먼저 '억지로'의 의미를 물어보았습니다.

교 사: 그런데 얘들아, 우리 질문 중에서 '억지로'라는 말은 무슨 뜻일까? 개념을 명료화하기 위한 질문

준 우: 막 하는 거. 정의 내리기

재 윤: 하기 싫은데 굳이 들어가라고 하는데……. 정의 내리기

준 우: '굳이'가 뭐야? 개념을 명료화하기 위한 질문

재 윤: 일부러. 정의 내리기

교 사: 다른 생각이 있는 사람? 대안적인 관점을 묻는 질문

슬 기: 다른 친구가 하기 싫은데 그냥 막 시키는 거. 정의 내리기

교 사: 하기 싫은데 시키는 거야? 만약에 하기 싫은 게 있는데 막 시키면 기분이 어떨 것 같으니? 구체적인 설명을 요구하는 질문

재 윤: 똑같이 해 주고 싶어요. 구체적으로 설명하기

교 사: 뭐를? 구체적인 설명을 요구하는 질문

재 윤: 그렇게 만든 사람을 똑같이 그렇게 만들고 싶어요.

교 사: 예를 들어서 설명해 줄래? 예 제시를 요구하는 질문

재 윤: 친구가 억지로 들어가라고 하면, 저도 억지로 친구를 들어가게 해 주고 싶어요. 예를 들어 설명하기

교 사: 그런데 만약에 그 친구가 바다에 들어가는 것을 좋아하면, 그건 억지로 들어가게 하는 걸까? 판단을 요구하는 질문

슬 기: 그건 친구한테 기분 좋은 말을 해 주는 거예요. 의견 제시하기

준 우: 그건 그냥 들어가는 거죠. 의견 제시하기

교 사: 그럼 기분 좋게 바다에 들어가는 거나, 일을 하는 거는 억지로 하는 거는 아닌 거네. 억지로는 하기 싫고 기분이 나쁜데 하는 거를 말하는 거니? 토의된 내용의 결론을 검증하기 위한 질문

유아들: 네.

유아들은 억지로의 의미가 하기 싫을 때 본인의 의사와 상관없이 뭔가를 강요하는 것이라고 이야기했습니다.

이야기 2. 억지로 어떤 일을 한 경험이 있니?

이제는 자신이 어떤 일을 억지로 했던 경험에 대해서 이야기해 보아야겠습니다. 자신의 경험에 대해 반성적으로 성찰하는 것이 사고의 가장 밑바탕이 되기 때문입니다.

교 사: 얘들아, 혹시 너희들이 하고 싶지 않은데, 누군가 억지로 시켜서 어떤 일을 한 경험이 있니? 상대방의 경험에 대한 질문

주 현: 오늘 아침에 엄마가 머리를 빡빡머리처럼 이렇게 해 주었는데(머리를 모두 넘겨서 묶어 주심), 핀도 꽂고 뭐도 바르고 이렇게 해 주었어요. 자신의 경험을 말하기

교 사: 그래서 주현이는 어떻게 했어? 구체적인 설명을 요구하는 질문

주 현: 그냥 그렇게 했어요.

교 사: 그런데 지금 머리는 네가 설명한 거랑 다른 모양인데? 핀도 없고…….

주 현: 엄마가 좀 있으면 머리가 내려올 거라고 했어요. 핀은 하다가 자꾸 내려와서 엄마가 그냥 뺐어요.

교 사: 엄마가 엄마 마음대로 머리를 묶어 주실 때 주현이는 뭐라고 했어? 구체적인 설명을 요구하는 질문

주 현: 싫다고 말했어요. 구체적으로 설명하기

교 사: 또 억지로 어떤 일을 해 본 적이 있는 사람? 상대방의 경험에 대한 질문

슬 기: 제가 어지른 거 아니고 동생이 어지른 건데, 할머니가 정리하라고 시켰어요. 자신의 경험을 말하기

교 사: 그래서 너는 어떻게 했니? 구체적인 설명을 요구하는 질문

슬 기: 정리를 하기는 했는데 귀찮았어요. 구체적으로 설명하기

유 나: 할머니한테 동생이 어지른 거여서 정리하고 싶지 않다고 말하지 그랬어. 해결 방안 제시하기

슬 기: 그냥 말 안했어.

교 사: 준우도 억지로 어떤 일을 한 적이 있니? 상대방의 경험에 대한 질문

준 우: 아침에 엄마가 유치원 갈 때 억지로 깨웠어요. 자신의 경험을 말하기

교 사: 준우는 아침에 일어나기가 힘들었구나?

준 우: 졸리니까요.

교 사: 그래서 준우는 어떻게 했니?

준 우: 일어나기 싫다고.

교 사: 엄마는?

준 우: 안 된다고 일어나라고 해서 일어났어요.

승 민: 놀이터에서 미끄럼틀 타고 있는데, 누가 밀쳐서 미끄럼틀 밑으로 떨어졌어요. 자신의 경험을 말하기

교 사: 그럴 때도 억지로 했다는 말을 사용하는 걸까? 의견을 검증하기 위한 질문

승 민: 네. 내가 싫은데 억지로 밀었어요. 밀지 말라고 했는데 계속 밀었어요. 의견 제시하기

교 사: 그 아이는 왜 밀은 거야? 이유를 묻는 질문

승 민: 몰라요. 빨리 내려가라고 그런 거 같아요. 이유 추측하기

교 사: 승민이가 내려가기 싫은데 빨리 내려가라고 억지로 밀었다는 뜻이니? 유아의 의견에 대한 정리 및 재진술

승 민: 네.
준 우: 누가 밀었어?
승 민: 몰라. 모르는 애가…….
교 사: 또 억지로 어떤 일을 해 본 친구는 이제 없니? (모두들 고개를 끄덕임)

억지로 뭔가를 해 본 경험들이 모두 한두 가지씩 있었습니다. 억지로 뭔가를 당했을 때를 떠올리며 유아들은 한결같이 불쾌감을 이야기합니다. 그렇지요. 억지로 뭔가를 하게 되는 건 상당히 불쾌합니다. 사람은 누구나 스스로 선택하고 스스로 행하고 싶은 욕구가 있는 것 같습니다.

이야기 3. 억지로 어떤 일을 했을 때의 감정과 생각은?

억지로 뭔가를 했을 때 생각이나 느낌에 대해 보다 구체적으로 이야기해 보고자 합니다.

교 사: 너희들이 억지로 어떤 일을 했을 때 어떤 생각이나 느낌이 들었니? 아까 주현이는 엄마가 억지로 주현이 마음에 안 드는 모양으로 머리를 묶으셨다고 했지? 그럴 때 주현이는 어떤 기분이 들었니? 구체적인 설명을 요구하는 질문
주 현: 속상하고, 유치원에 가기 싫었어요. 구체적으로 설명하기
교 사: 머리 모양이 마음에 들지 않아서 유치원에 가기 싫었대. 그럼 슬기는 할머니가 억지로 정리를 시킬 때 어떤 기분이 들었니? 구체적인 설명을 요구하는 질문
슬 기: 귀찮은 마음이 들었어요. 구체적으로 설명하기
교 사: 준우는 엄마가 억지로 깨울 때 어땠어? 구체적인 설명을 요구하는 질문
준 우: 잠이 아직 안 깨서 졸렸어요. 구체적으로 설명하기

교 사: 졸리고 또 마음은 어땠어?

준 우: 유치원에 가기 싫은 마음.

교 사: 승민이는 모르는 아이가 밀어서 어떤 마음이 들었니? 구체적인 설명을 요구하는 질문

승 민: 무릎이 아팠어요.

교 사: 무릎이 아픈 건 마음일까? 아닐까? (대답이 없어서 이 질문은 건너뜀) 판단을 요구하는 질문

억지로 뭔가를 해야 할 때 유아들이 느낀 기분은 싫거나, 귀찮다는 것입니다. 마지막 친구는 어떤 마음이 들었냐는 질문에 무릎이 아팠다고 이야기합니다. 무릎이 아픈 건 기분이 아니라는 이야기를 하고 싶었지만, 유아들이 반응을 보이지 않았습니다. 가끔은 교사가 하고 싶은 이야기와 유아들이 하고 싶은 이야기가 다를 때가 있습니다. 이럴 때는 무조건 유아들이 하고 싶은 이야기에 초점을 맞추는 게 좋습니다. 유아들과 함께 하는 이야기니까요.

이야기 4. 억지로 어떤 일을 했다가 기분이 좋았던 경험이 있니?

억지로 뭔가를 해서 기분이 안 좋았던 경우에 대해서 이야기를 나누었으니, 이번에는 억지로 뭔가를 했는데 좋은 결과를 얻었던 경험에 대해서 생각해 보아야겠습니다.

교 사: 얘들아, 그런데 혹시 하기 싫은 일을 억지로 했다가, 기분이 좋았던 경험은 없니? 반례를 탐색하기 위한 질문

재 윤: 아몬드가 먹기 싫었는데, 선생님이 "먹어 봐. 맛있어" 그래서 먹어 봤더니 맛있었어요. 반례 제시하기

교 사: 선생님이 먹어보라고 했는데, 재윤이가 싫어서 안 먹었다면 재윤이는 아몬드가 맛있다는 것을 알 수 있었을까? 판단을 요구하는 질문

재 윤: 아니요.

교 사: 그래. 재윤이는 아몬드가 먹기 싫었지만 용기를 내서 한 번 억지로 먹었더니 아몬드가 맛있다는 것을 발견했대. 또 억지로 어떤 일을 했다가 기분이 좋았던 사람 있니?

슬 기: 억지로 기린반 친구가 어깨동무했는데, 하고 나니까 기분이 좋았어요. 예 제시하기

교 사: 그랬구나. 그럼 우람이 얘기를 한번 생각해 볼까? 우람이가 싫다고 끝까지 안 들어갔을 수도 있고, 억지로 하긴 했지만 해 보니까 기분이 달라졌을 수도 있었을 것 같아. 그래서 선생님이 이런 표를 그려 봤어. 바다에 들어가지 않을 때, 바다에 잠깐만 들어갈 때, 바다에 들어가서 오랫동안 놀 때, 이렇게 세 가지 경우에 어떤 놀이를 할 수 있을지 또 무엇을 알 수 있을지 생각해 보자. 비교를 통해 결론에 도달하기

이렇게 세 가지 경우에 할 수 있는 놀이와 바다에 대해서 알 수 있는 것들에 대하여 생각해 보았습니다. 정말 우리 어린이들의 아이디어는 무궁무진하고 창의적이라는 것을 알 수 있었습니다. 바다에서 할 수 있는 놀이에 대한 우리 어린이들의 생각은 다음과 같습니다.

〈표 13-2〉 바다에서 할 수 있는 놀이와 알 수 있는 것들

	바닷물에 들어가지 않을 때	바닷물에 잠깐 들어갈 때	바닷물에 들어가서 오랫동안 놀이할 때
할 수 있는 놀이	모래 놀이 조개껍질 찾기/ 바닷물 구경 돌고래(물 위로 점프를 하니까)	물을 떠서 모래를 적신 후 모래성 쌓기(젖은 모래로 놀면 더 재미있어요)/ 물고기와 낙지 구경/ 바다 속 성(용궁) 여행	수영하기/ 사람들 만나기/ 낚시하기와 낙지 잡기/ 상어 피하기/ 배와 잠수함을 타기/ 실컷 놀기
알 수 있는 것들	파도의 모습	바닷물이 짜다는 것	소라게, 꽃게, 조개, 해마, 물고기를 많이 볼 수 있어요.

교 사: 너희들이 얘기한 내용을 선생님이 여기에 적었는데, 여기 적힌 내용을 보니 언제 할 수 있는 놀이가 가장 많지?

유아들: 바닷물에 들어가서 오래 놀았을 때.

교 사: 그렇구나. 싫다고 안 들어갔더라면 할 수 있는 게 별로 없었을 텐데 싫어도 한번 들어가서 경험해 보니까 많은 걸 할 수 있었네. 그렇다면 억지로 하는 건 항상 안 좋은 걸까? 토의된 내용의 결론을 검증하는 질문

유아들: 아니요.

교 사: 만약에 너희들이 처음 보는 음식이 있다면 한 번쯤 먹어 보는 게 좋을까? 아니면 생긴 모양이 마음에 들지 않는다면 그냥 절대로 안 먹는 게 좋을까? 의견 확인을 위한 질문

재 윤: 한 번쯤 먹어 보는 게 좋아요. 의견 제시하기

유아들: 한 번은 해 봐요. 의견 제시하기

교 사: 그 음식을 먹고서, 정말 맛이 없다면 어떻게 하지?

유아들: 먹지 않아요.

교 사: 그렇구나. 그럼 우리 엄마, 아빠가 왜 우람이더러 억지로 바다로 들어가라고 했는지 생각해 볼까?

재　윤: 한 번쯤 해 보라고요.

슬　기: 바다에 들어가서 노는 게 더 재미있잖아요. 엄마, 아빠는 그걸 아니까 그랬어요.

교　사: 그렇구나. 그러니까 낯설고 좀 힘든 일을 하게 되는 경우가 있어도 한 번쯤은 용기를 내서 도전을 할 필요가 있겠네. 토의된 내용 정리하기

'억지로'로 이야기를 시작했을 때는 억지로 뭔가를 했을 때의 불쾌감, 당혹감, 부당함을 이야기했지만 이야기를 하다 보니 때로는 하기 싫은 마음을 누르고 억지로라도 뭔가에 도전하는 것도 필요하다는 이야기를 하게 되었습니다. 어떤 일이 생겼을 때 하기 싫은 마음이 든다면, 하기 싫은 마음에 대해 생각해 볼 수 있을 것입니다. 내가 지금 왜 하기 싫을까? 그냥 하기 싫을 때도 있지만, 하기 싫은 이유가 있을 때도 있을 것입니다. 이럴 때 하기 싫은 이유가 과연 정당한지 생각하는 것도 필요합니다. 철학은 자신의 생각, 자신의 기분을 돌아보는 것입니다. 지금 기분의 아래, 저 밑바닥에 어떤 생각이 잠재되어 있을 때도 많이 있습니다.

우리 어린이들은 각자 어떤 결론을 내렸을까요? 새로운 일에 한 번쯤 도전하는 용기, 자신의 생각과 느낌을 당당하게 말하는 표현력, 그리고 한 가지 문제에 대해 다양한 관점이 있음을 인정하고 정확하게 바라보려는 판단력 등이 필요함을 느낄 수 있었기를 기대해 봅니다.

지금까지 두 차시로 나누어 진행한 탐구공동체 활동을 정리해 보면 다음과 같습니다.

〈표 13-3〉 철학적 탐구공동체 활동 전개과정

그림책 읽기	'『야! 여름이다』-탐구 5'를 유아들이 한 문장씩 돌아가면서 읽으면, 다른 친구들이 그 문장을 따라 큰 소리로 읽어 봄.
그림책의 내용과 관련해 궁금한 점 질문하기	• 형은 왜 여름캠프에 갔을까? • 엄마랑 아빠는 무서운데 왜 우람이를 바다에 억지로 들어가게 했을까? • 왜 바닷물에 발을 담가야 할까? • 바다에 왜 갔을까? • 왜 사람들은 놀러 가면 사진을 찍을까? • 왜 사람들은 바다에 가면 바닷물에 들어가고 싶어 할까? • 우람이는 왜 바다를 바라보는 게 좋을까? • '재미있다'는 게 뭐예요?
토의하고 싶은 질문 선정하기	"엄마랑 아빠는 무서운데 왜 우람이를 바다에 억지로 들어가게 했을까?"
토의하기	유아들이 생각하는 '억지로'의 개념 ↓ 억지로 했던 경험 ↓ 억지로 할 때의 생각과 감정 ↓ 억지로 했지만 기분 좋았던 경험

심/화/활/동

유아들과 함께 집이나 유치원(어린이집)에서 스스로 할 수 있는 일에 대해 이야기를 나눌 수 있습니다. 다음으로 좀 더 구체적으로 집에서는 어떤 일을 혼자서 해 보았는지 이야기 나누면서 스스로 할 수 있는 일들이 있음을 인지하고 실천해 볼 수 있습니다. 누가 시켜서가 아니라 스스로 할 수 있는 일들이 많음을 알고 직접해 봄으로써 성취감도 느낄 수 있을 것입니다. 마지막으로 스스로 할 수 있는 일들을 친구에게 소개하는 것으로 마무리할 수 있겠습니다.

활동명: '스스로 할 수 있는 일들' 책 만들기

활동 형태 대소집단 활동

활동 영역 언어 영역

활동 목표
- 유아 스스로 할 수 있는 일에 관심을 갖고 어떤 것이 있는지 알아본다.
- 유아 스스로 할 수 있는 일을 해야 하는 이유를 이해하고 실천한다.

누리과정 관련요소
- 의사소통 〉말하기 〉느낌, 생각, 경험 말하기
- 의사소통 〉쓰기 〉쓰기에 관심 가지기

활동 자료 혼자 할 수 있는 그림 자료, 8쪽 기본 책
(옷 입기, 놀잇감 정리하기, 밥 혼자 먹고 정리하기, 청소하기 등)

활동 방법
1. 스스로 할 수 있는 일들에 대해 이야기 나눈다.
   - 집에서 스스로 할 수 있는 일에는 어떤 일들이 있을까?
   - 유치원(어린이집)에서 스스로 할 수 있는 일에는 어떤 일들이 있을까?
2. 스스로 한 일을 구체적으로 말해 본다(그림자료 제시).
   - 아침에 일어나서 어떤 일을 혼자 힘으로 했을까?
   - 유치원(어린이집)에 등원해서 스스로 한 일이 무엇일까?
3. 유아가 할 수 있는 일을 왜 스스로 해야 하는지 말해 본다.
   - 왜 우리는 밥 먹기, 씻기, 옷 입고 벗기 등을 스스로 해야 할까?
   - 만약 스스로 할 수 있는 일을 스스로 하지 않으면 어떻게 될까?

4. 유아들이 스스로 할 수 있는 일을 적고 교사가 준비한 그림 자료를 붙이거나 그림을 그려 책을 만들어 본다.
5. 스스로 할 수 있는 일들을 친구에게 소개하기
   - 내가 계획한 것을 모두 성취해 낸다면 기분이 어떨까?
   - 스스로 할 수 있는 일 중에 또 무엇이 있을까?

활동의 유의점

- ▸ 스스로 할 수 있는 일들을 유아가 구체적으로 명기해 보도록 쓰기 자료 또는 그림그리기 자료를 제공한다.
- ▸ 계획한 일들을 실천할 수 있도록 연계활동을 계획한다.

04 두 번째 교사회의: 평가하기

오늘 함께 이야기한 질문은 “엄마랑 아빠는 무서운데 왜 우람이를 바다에 억지로 들어가게 했을까?”입니다. 이 문제를 이야기하기 위해서 ‘억지로’를 중심주제로 선정했지요. 억지로 한다는 것은 개인의 의사에 반하여 행하는 일을 의미한다고 이야기했습니다. 그리고 억지로 뭔가를 해 본 경험을 이야기했을 때 유아들은 대부분 불쾌했다고 말했습니다. 억지로 뭔가를 하는 건 무척이나 기분이 상하는 일입니다. 인간은 누구나 자신의 자유를 구속당했을 때 불쾌감을 느끼게 됩니다.

하지만 여기서 중요한 것은 그 개인의 의사라는 것이 무엇에 기초해 있느냐 하는 것입니다. 예를 들어, 하기 싫은 일을 하라고 억지로 시킬 때, 하기 싫다는 것이 어디에서 기인하느냐 하는 것을 생각해 볼 수 있습니다. 때로는 감정에 기초하여 싫다는 생각을 할 수 있고, 편견에 기초하여 싫다는 생각을 할 수도 있습니다. 자신이 왜 싫은지를 한 번 더 생각해 보는 것이 필요합니다.

글 속의 우람이의 경우 바다 안으로 들어가기를 싫어합니다. 우람이가 바다를 싫어하는 이유는 무섭기 때문이랍니다. 바다를 무서워하는 이유는 무엇일까요? 아마도 경험해 보지 못한 낯선 세계에 대한 공포 때문이겠지요. 이런 경우 공포감을 극복하는 것이 좋을까요? 아니면 그저 자신의 감정이 그러니 감정에 따르는 게 좋을까요? 유아들은 공포를 극복하고 새로운 경험을 해 보는 것이 더 좋다고 이야기합니다. 처음엔 억지로 하는 것이 무조건 나쁜 것이라 생각했는데 이야기를 하다 보니 가끔은 무서움도 이기고, 싫다는 생각도 누르고 뭔가를 해 볼 필요가 있다는 생각이 듭니다.

이 이야기를 좀 더 진전시킨다면 싫다는 것에 초점을 둘 수 있겠지요. 싫다는 감정은 왜 생기는 걸까? 내가 싫어하는 것들에는 어떤 것들이 있을까? 끝내야 하는 시간이기에 우리의 이야기를 여기서 접어야 했지만, 기회가 된다면 싫어도 억지로 해야 하는 것에 대해 좀 더 이야기를 해 보고 싶습니다.

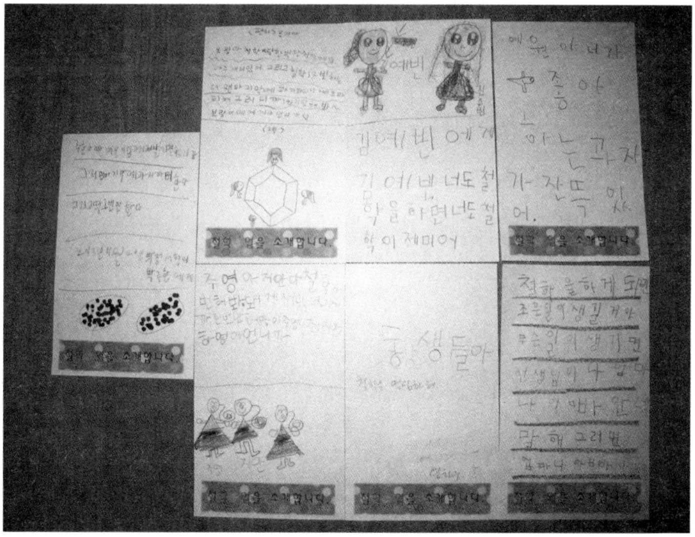

[부 록]

그림책 『룰루』를 활용한 철학적 탐구공동체 활동

01 그림책으로 하는 철학적 탐구공동체 활동의 절차

〈부록〉에서는 철학그림책이 아닌 일반 그림책으로 접근하는 철학적 탐구공동체 활동을 소개하고자 한다. 그림책은 대부분의 유아들이 좋아한다. 그림책 안에는 유아들이 함께 공감하고 생각할 수 있는 다양한 주제들이 담겨 있다. 유아들은 자신들이 흥미를 느끼는 이야기를 읽으며 자연스럽게 질문을 떠올리게 된다. 재미있는 그림책을 보면서 자신들의 모습을 돌아보고, 풀어야 할 삶의 문제들에 대해 탐구할 거리를 만나는 것이다.

앞서 소개한 철학적 탐구공동체 활동의 실례는 본 활동을 염두에 두고 창작한 철학그림책을 교재로 이루어진 것이다. P4C 프로그램에서는 기본적으로 철학교육을 위해 창작한 철학동화를 교재로 사용한다. 철학교육용 동화들에서는 각 동화의 독자층과 비슷한 연령대의 주인공이 등장하는데, 이 주인공들은 일상생활 속에서 자신이 겪는 경험의 의미에 대해 깊이 사고하며 많은 질문을 한다. 이 주인공을 통해 철학적 주제에 대한 사고하기와 질문하기의 모델을 보여 주는 것이다. 따라서 철학동화의 장점은 철학적 함의가 풍부하며 질문하는 방법을 자연스럽게 배울 수 있다는 데 있다.

한편 철학동화가 문학성이나 예술적 측면보다 이야기의 철학성에 초점을 두고 있는 만큼, 유아들이 재미삼아 쉽게 읽어 넘기기보다는 천천히 읽고 이야기에 집중하며 사고해야 한다는 점에서 철학적 탐구활동에 익숙해지기 전에는 철학그림책을 다소 어려워하거나 지루해할 수도 있다. 이런 점에서 유아들과 교사들의 접근성, 일상적인 교육과정 안에서의 조화, 유아들의 흥미 등을 고려할 때, 생각거리를 풍부하게 담은 기존의 좋은 그림책을 선정하여 철학적 탐구활동에 활용하는 것도 가능하다.

기존의 그림책으로 철학적 탐구공동체 활동을 진행할 때, 일반적으로 교사가 알아두면 좋을 점들을 살펴본다.

1) 그림책 선정하기

무엇보다 유아들의 흥미와 생활사적인 맥락을 고려해야 한다. 유아들이 일상생활 속에서 경험한 일을 반영하는 그림책이라면 유아들은 더욱 그림책에 몰입할 수 있다. 그림책을 읽고 유아들이 제기한 질문을 가지고 철학적 탐구를 진행해야 하므로, 이때 그림책을 선정하는 중요한 기준 가운데 하나는 유아들이 질문할 거리가 많은가 하는 것이다. 때로는 유아가 흥미를 보이는 그림책이라 하더라도 질문할 거리가 많지 않을 수도 있다. 교사가 먼저 여러 차례 읽어 보고 가능한 질문이 어떤 것이 있는지 찾아보는 것도 하나의 방법이다.

그림책에는 다양한 장르가 있다. 그림책 가운데 정보그림책으로 분류되는 그림책은 철학적 탐구를 진행하기에는 적절하지 않을 수 있다. 이 장르의 그림책들은 유아들이 궁금해 하는 물리적, 사회적 지식들을 설명하는 것이 대부분이기 때문이다.

2) 그림책 읽기

P4C 프로그램에서 텍스트를 제공할 때는 그림 없이 글만 제공하고, 이를 돌아가면서 읽는 방식이 전형적이다. 그림책의 경우 글과 그림이 유기적으로 결합되어 있어서 서로 분리하기 어려우며, 그림이 빠지면 전체적으로 텍스트의 내용 전달이 곤란할 수도 있다. 그림책에서는 글과 그림이 어우러져 또 하나의 이야기를 만들어 내기 때문에 글만으로 내용을 충분히 전달할 수 없는 경우가 대부분이다.

그러므로 그림책을 제공할 때는 교사가 유아들 모두에게 그림책을 처음부터 끝까지 한 호흡으로 읽어 주는 것이 좋다. P4C 프로그램의 철학동화 같은 경우는 1회 당 읽고 토론할 수 있는 하나의 이야기(에피소드)를 단위로 나뉘어 있어서, 매 회마다 한 부분씩 선택하여 읽을 수 있다. 그림책의 경우 한 권의 텍스트

분량 자체가 많지 않은 경우가 대부분이고, 이야기 내용에 있어서도 길이를 나누기 쉽지 않기 때문에, 한 번에 읽어 주는 것이 자연스럽다.

3) 질문 만들기

교사가 1차로 그림책을 읽어 준 후에도 유아들은 간혹 그림책을 다시 보고 싶어 하기도 한다. 그림책에 관한 질문이 생기긴 했지만, 그림책 내용을 정확하게 기억하지 못해 질문 내용이 불분명할 때는, 그림책을 다시 읽고 질문할 수 있게 한다. 어떤 그림책의 경우, 교사가 읽어 주는 것을 한 번만 듣고서는 유아들이 내용을 제대로 파악하지 못하는 경우도 있다. 그럴 때는 한 번 읽고 난 다음, 조금 빠른 속도로 교사가 다시 한 번 읽어 주는 것도 도움이 된다.

그림책을 읽어 줄 때도 그렇지만, 그림책을 다 읽고 난 후 교사는 유아들의 표정을 살펴 어떤 상태인지 판단할 필요가 있다. 유아가 빨리 질문하고 싶어 하는지, 내용이 조금 이해 안 된다는 표정을 하고 있는지 살펴 판단한 후, 다음 질문 만들기 단계로 넘어갈지 아니면 한 번 더 읽어 줄지를 결정해야 한다. 유아들에게 직접 물어보고 이를 결정할 수도 있다.

때로는 유아들이 그림책의 내용을 잘못 이해하거나 기억한 채 질문을 제기할 때도 있다. 이럴 때는 다시 그림책으로 돌아가 찬찬히 살펴보며, 유아들이 그림책의 내용과 어떤 부분을 다르게 이해하고 잘못 기억하고 있는지를 확인해 볼 수도 있다.

4) 질문 선정하기

질문 선정하기는 유아들이 제기한 여러 질문 가운데 하나를 고르는 단계이다. 유아들이 가장 많이 흥미를 보이는 질문을 다양한 방식으로 선정하면 된다.

5) 토의하기

토의할 주제가 되는 질문을 선정했으면, 다음 단계로 할 일은 질문에 대해 철학적으로 탐구하기이다. 토의하기는 질문 선정 이후 바로 이어서 할 수도 있고, 다른 날 할 수도 있다.

질문 선정 후 바로 이어서 토의할 때는, 내용을 생생히 기억하고 질문에 대한 호기심이 한창 일어날 때이므로, 토의가 보다 활발하게 이루어질 수 있다. 그러나 이미 그림책을 읽고, 질문을 선정하느라 많은 시간이 흘렀기에 계속 이어서 토의할 때 유아들의 집중력이 떨어질 수도 있다.

한편 질문에 대한 토의가 심층적으로 진행될 수 있도록 이끌어 가기 위해서는 교사가 시간을 가지고 질문에 대해 충분히 검토하고 준비할 필요가 있다. 특히 질문과 관련된 토의와 함께 그 내용과 연관된 심화활동으로 표현활동을 구상할 때는 별도의 준비과정이 필요하다. 그러므로 질문을 선정하여 철학적 탐구를 진행할 때, 교사는 토의가 어느 방향으로 어떻게 흘러갈 수 있을지 예측해 보고 토의주제를 설정하여 구체적인 계획을 세운 다음, 다른 날 토의를 진행하는 것이 좋을 수 있다.

6) 평가하기

철학적 탐구가 끝난 다음에는 교사와 유아가 함께 평가를 한다. 그림책을 읽고 질문한 날에는 자신의 생각을 잘 이야기했는지, 질문을 잘 했는지, 다른 사람의 이야기를 열심히 귀담아 들었는지 등을 묻고 스스로 답해 본다. 토의를 하는 날에는 역시 자신의 생각을 잘 이야기하고, 다른 사람의 이야기를 잘 들었는지, 토의과정을 통해 새롭게 배운 것이 있는지 등을 묻고 스스로 답해 보는 시간을 갖는다.

02 그림책으로 하는 철학적 탐구공동체 활동의 적용

지금부터는 유아들과 함께 진행한 그림책으로 하는 철학적 탐구공동체 활동의 예시를 보여 주고자 한다. 철학적 탐구공동체 활동을 위해 선정한 그림책은 『룰루』이다.

1) 제1차시 활동계획안

누리과정 영역과 관련된 활동 목표	• 주제와 관련된 자신의 느낌, 생각, 경험을 적절한 낱말과 문장으로 말하는 능력을 기른다. (의사소통 영역) • 나와 다른 사람은 신체적, 사회적, 문화적 차이가 있기 때문에 나의 선택과 판단을 다른 사람에게 강요하지 않아야 함을 이해한다. (사회관계 영역) • 탐구과정에서 서로 다른 생각에 관심을 가지고, 자신의 사고에 오류가 있을 때는 기꺼이 수정하는 태도를 기른다. (자연탐구 영역)	
시 간	토 의 내 용	준비물 및 유의점
도입 〈10분〉	1. 그림책을 소개한다. • 어떤 내용일까? • 이 제목은 무슨 뜻일까?  『룰루』 (그레고와르 솔로타레프 지음, 최윤정 옮김, 웅진주니어, 1997)	그림책: 『룰루』
전개 〈35분〉	2. 그림책을 읽어 준다. 3. 그림책을 읽고 궁금한 것을 질문한다. 4. 질문을 살펴보고, 질문을 명료화한 다음, 어떤 질문으로 토의할지 결정한다.	
마무리 〈5분〉	5. 탐구공동체 활동 시간 동안 각자의 태도에 대해 되돌아보고 평가한다.	평가지

2) 제1차시 철학적 탐구공동체 활동

▌그림책 읽어 주기

동그랗게 모여 앉은 다음 교사는 그림책의 표지를 보여 준다. 모두에게 잘 보이는지 확인한 다음 어떤 내용의 그림책일지 함께 추측해 본다. 이때 그림책을 이미 보아서 그 내용을 잘 알고 있는 유아들이 있을 수 있다. 그림책의 내용을 익히 알고 있는 유아들이 다른 유아들 앞에서 미리 말하지 않도록 부탁해야 한다. 유아들로 하여금 그림책 속 이야기를 추측하게 하여 호기심을 불러일으키려고 하는데, 이미 그림책을 읽은 유아들이 미리 내용을 말해 버리면, 처음 그림책을 접하는 유아들의 호기심도 사라져 버리기 때문이다.

▌질문 만들기

그림책을 읽은 다음 질문을 시작한다. 유아들이 질문을 할 때는 앞서 말한 것처럼 칠판에 유아 이름을 먼저 적어 주고 해당 질문을 적는다. 유아의 질문은 각자가 사용한 단어 그대로 적어 주어야 한다. 교사는 최대한 자연스럽고, 자유스럽게 유아들이 자신의 머릿속에 떠오른 질문들을 쏟아 낼 수 있도록 도와주어야 한다.

다음은 유아들이 제기한 질문들이다.

"왜 늑대와 토끼는 서로 맞지 않는 동물인데, 책 속에 친구로 등장했을까?"
"왜 아저씨 늑대는 천천히 가지 않고 돌에 부딪쳐 죽게 되었을까?"
"룰루는 왜 그동안 토끼를 한 번도 본 적이 없을까?"
"왜 룰루는 톰을 잡아먹지 않고, 싫다는데 계속 화해하자고 했을까?"
"톰의 가족은 어디 있을까?"
"룰루는 톰과 친구인데 왜 무섭게 했을까?"

"왜 다시 친구가 되었을까?"
"왜 토끼는 늑대를 한 번도 본 적이 없을까?"
"왜 룰루는 톰을 잡아먹지 않겠다고 맹세했을까?"

▌질문 선정하기

각자 제기한 질문을 모두 제시해 놓고, 그중에서 가장 궁금한 것, 즉 토의할 주제가 될 질문을 선정할 방법에 대해 이야기한다. 대부분의 경우 다수결로 결정하자는 의견이 나오지만 가끔 제비뽑기를 하거나 가위바위보를 하자는 의견도 나온다. 어떤 방법이든, 그 방법의 좋은 점과 나쁜 점 등을 이야기하고 모두가 합의하면 그 방법대로 따른다.

여기서 유아들은 다수결을 선택했고, 다수결로 뽑은 질문은 "왜 톰은 룰루를 잡아먹지 않고, 싫다고 하는데 계속 화해하고 싶었을까?"이다.

선정 질문 – "왜 톰은 룰루를 잡아먹지 않고, 싫다고 하는데 계속 화해하고 싶었을까?"

▌평가하기

마지막 5분 정도 남았을 때 평가를 시작한다. 1차시는 질문하기 단계이므로, 평가 질문도 앞서 토의에서 제기되었던 질문들과 관련하여 물어보도록 한다.

① 다른 사람들의 이야기를 잘 들었나요?
② 내 생각을 잘 이야기했나요?
③ 궁금한 것을 질문했나요?

유아로 하여금 평가하게 할 때는 각자의 평가지에 스티커 혹은 그림으로 표시하는 방법도 있고, 앉은 자리에서 살짝 눈을 감고 가슴 앞에 동그라미, 세모, 가위표를 살짝 표시하는 방법도 있다. 물론 그 밖의 방법도 얼마든지 가능하다. 평가를 하고 나서는 '가위표' 혹은 '그렇지 않다'라는 답이 많이 나온 질문에 대해서 교사가 한 번 더 물어볼 수 있다.

"왜 내 생각을 잘 이야기하지 못했다고 생각해?"
"내 생각을 잘 이야기하려면 어떻게 하면 좋을까?"

위의 질문을 통해 앞으로의 시간에 구체적으로 어떻게 하면 좋을지를 함께 공유하는 것으로 평가를 마치면 된다.

3) 제2차시 활동계획안

교사는 1차시에 선정된 질문을 토대로 동료 교사들과의 회의를 통해 제2차시 활동계획안을 다음과 같이 작성하였다.

〈철학적 탐구공동체 활동계획안〉

누리과정 영역과 관련된 활동 목표	▸ 주제와 관련된 자신의 느낌, 생각, 경험을 적절한 낱말과 문장으로 말하는 능력을 기른다. (의사소통 영역) ▸ 친구와 사이좋게 지내며, 친구와의 갈등을 긍정적인 방법으로 해결할 수 있다. (사회관계 영역) ▸ 자신의 경험이나 이야기를 소품을 이용하여 협력적으로 극놀이로 표현한다. (예술경험 영역)	
시 간	토 의 내 용	준비물 및 유의점
도입 〈10분〉	1. 지난주 철학활동 시간에 읽은 이야기의 내용과 선정된 질문을 회상한다. • 우리가 지난주에 읽었던 이야기의 내용이 기억나니? • 우리는 이 이야기를 읽고 나서 어떤 질문을 했었지? • 우리가 가장 궁금하다고 뽑은 질문은 무엇이었을까?	
전개 〈35분〉	2. 룰루가 톰을 잡아먹지 않고 계속 화해하자고 한 이유에 대해 이야기해 본다. • 룰루는 왜 계속 화해를 하자고 했을까? 3. 톰은 룰루의 이야기를 듣고 어떤 생각을 했을까? 4 내가 만약 톰이었다면, 내가 만약 룰루였다면 어땠을까? • 내가 만약 톰이었다면……. 어땠을지 이야기해 본다. • 내가 만약 룰루였다면……. 어땠을지 이야기해 본다. 5. 톰과 룰루의 입장이 되어 룰루가 톰에게 화해하자고 하는 장면을 역할극으로 표현해 본다. 6. 극을 하고 난 뒤의 느낌과 생각을 이야기해 본다.	역할극용 머리띠
마무리 〈5분〉	7. 탐구공동체 활동 시간 동안 각자의 태도와 행동에 대해 되돌아보고 평가한다.	평가지

4) 제2차시 철학적 탐구공동체 활동

▌토의하기

지난주에 정한 질문이 무엇이었는지 서로 상기하고, 질문을 칠판에 적은 다음, 교사가 그 질문을 던지는 것으로 토의를 시작한다.

교 사: 왜 룰루는 톰을 안 잡아먹고 계속 화해하자고 했을까?
이 우: 룰루는 토끼를 한 번도 안 잡아먹어 봐서 어떻게 하는지 몰랐어요.
지 민: 룰루는 아기 늑대잖아요. 톰은 처음에는 늑대가 무서운 줄 몰랐어요.
경 현: 친구가 없으니까.
주 현: 친구잖아요.
경 현: 토끼는 맛이 없을까봐 안 잡아먹은 거예요.
이 우: 친구는 잡아먹는 게 아니에요.

질문에 대한 유아들의 답은 '몰라서 그랬다'는 것과 '친구이기 때문이다'라는 두 의견으로 나뉘었다. 이 두 의견 사이에 어떤 연관이 있을까? 교사는 유아들이 두 의견 사이의 연관을 찾을 수 있도록 질문을 했다.

교 사: 몰라서 안 잡아먹은 건 언제일까?
이 우: 맨 처음에요.
경 현: 처음 만났을 때요.
교 사: 그럼 처음부터 친구였을까?
지 민: 아니요. 나중에 친구가 되었어요.
교 사: 그럼 처음에는 몰라서 안 잡아먹었고, 나중에는 친구가 되어서 안 잡아먹은 거라고 할 수 있을까?
이 우: 네.
주 현: 처음 만나서 친구로 사귀었는데, 친구를 잡아먹으면 친구가 없어서 외로워지잖아요.
교 사: 그렇구나.

늑대가 아기일 때는 토끼를 만났어도 잡아먹는 게 어떤 건지 잘 모르다가, 늑대가 커진 다음에도 토끼와 이미 친구가 되었기 때문에 친구라서 못 잡아먹었다는 이야기까지, 유아들의 생각이 진전되었다. 교사가 다음 질문으로 '친구란 어떤 사이인가?'를 물어보려는 찰나에 한 친구가 손을 들고 이야기를 시작했다.

경 현: 왜 안 잡아먹었는지 알아요? 룰루가 늑대의 숲에 갔잖아요. 룰루가 토끼인 줄 알고 잡아먹힐 뻔 했잖아요. 그래서 무서운 게 어떤 건지 깨닫게 된 거예요. 그래서 안 잡아먹겠다고 한 거예요.

이 우: 늑대 겁내기 놀이를 했잖아요. 룰루 이빨이 뾰족하고 그러니 톰은 너무 무서웠던 거예요. 룰루가 어릴 때는 풀을 먹을 수는 있었지만, 크면서 고기를 먹어야 하는데, 늑대의 숲에 갔잖아요. 그때 무서운 게 뭔지 알았으니까.

늑대의 '본능'과 친구를 잡아먹을 수 없다는 '이성'이 서로 충돌하는 상황이다. 이 문제를 어떻게 해결하면 좋을까? 유아들은 이야기를 하면서, 이 문제가 사실 쉽게 풀 수 없는 아주 복잡하고 어려운 문제라는 것을 감 잡은 듯, 점점 열을 올려 이야기하기 시작했다.

교 사: 그러니까 늑대는 토끼를 잡아먹는 것이 본능이고, 늑대의 숲에 가서 룰루는 톰이 얼마나 무서웠을지 이해하게 되었고, 그렇다면 이 문제를 어떻게 해결하면 좋을까?

지 민: 생명이 얼마나 중요한지 알게 되었으니까.

경 현: 누구를 죽이는 게 얼마나 위험한 것인지 알게 된 거예요. 게다가 친구니까 얼마나 마음이 아프겠어요.

교 사: 위험하고, 마음 아픈 일이라는 걸 알겠는데, 본능은 어떻게 하지? 너희들은 본능이 뭐라고 생각하니?

이 우: 태어날 때부터 가지고 있는 거요.
교 사: 중간에 없어지기도 하는 거니?
이 우: 아니요. 계속 남아 있는 거예요.
교 사: 그럼, 늑대가 토끼를 잡아먹는 게 본능이라면 룰루는 톰이 계속 먹고 싶을 수도 있는 걸까?
경 현: 친구를 먹을 수는 없으니까 본능을 줄여야죠.

오랜 세월 인간이 본능을 가지고 태어나느냐, 혹은 얼마나 많은 본능을 가지고 태어나느냐에 대한 학자들의 논쟁이 있어 왔다. 윌리엄 제임스는『심리학의 원리』에서 인간이 다른 동물에 비해 많은 본능성을 가지고 태어났기에 그만큼 이성을 발달시킬 필요가 있다고 말했다. 본능이 많은 만큼 본능을 조절하고 통제해야 할 필요성이 그만큼 커지기 때문이라는 뜻이다. 유아들이 언급한 이야기는 윌리엄 제임스의 관점과 유사하다. 사람들에게 본능이 있긴 하지만, 그 본능은 상황에 따라 또는 맥락에 따라 다른 본능들과 맞물려 통제 가능하다는 입장이다.

교 사: 좋아. 그럼 톰의 입장에서 생각해 보자. 룰루와 늑대 겁내기 놀이를 할 때 톰은 죽을 만큼 무서웠어. 그렇게 죽을 만큼 무섭게 한 룰루가 이제 와서 계속 친구로 지내자고 말하는 거야. 이럴 때 톰은 무슨 생각을 했을까?
주 현: 못 믿겠다고.
경 현: 그래도 친구였잖아요.
지 민: 겁나서 친구 못하겠다고.

유아들의 토의는 자연스럽게 톰 편, 룰루 편으로 나뉘어서 진행되었다.

▌심화활동

교사가 역할극을 위해 준비한 토끼와 늑대 인형 머리띠를 하나씩 내주자, 유아들은 돌아가면서 머리띠를 두르고 각각 톰과 룰루의 역할을 해 보기로 했다. 유아들은 톰의 입장, 룰루의 입장이 되어 열심히 이야기했다. 대다수의 유아들이 역할극을 통해 "친구니까 적당히 본능을 줄이면서 잘 지내보자"는 이야기로 마무리 지었다.

▌평가하기

토의와 심화활동이 끝난 다음, 교사와 유아들이 모두 둘러 앉아 평가시간을 가졌다. 다른 사람의 이야기를 잘 들었는지, 자신의 생각을 잘 이야기했는지, 토의를 하면서 새로운 생각을 하게 되었는지 등의 질문을 통해 오늘의 철학적 탐구공동체 활동을 반성해 보았다.

✎ 참고문헌

교육과학기술부(2009). 고등학교 교육과정 해설 총론.

김인규 · 오석원(2011). 명심보감. 서울: 성균관대학교출판부.

김주희(2011). 리모델링 접근법을 적용한 그림책 읽기 활동: 유아의 비판적 사고교육방법. 동덕여자대학교 박사학위 청구논문

보건복지부 · 교육과학기술부(2013). 3~5세 연령별 누리과정 해설서.

신종호 · 민지연 · 김수향 · 권수진(2013). 학교현장적용을 위한 고등사고력 교육의 원칙 및 제한점. 사고개발 9권, 2호, 71-98.

어은정 · 정대련(2013). 철학적 탐구공동체에 참여한 유아교사의 경험: "철학함"과 교육신념의 측면에서. 유아교육연구, 33. 409-433.

이상금(2005). 사랑의 선물-소파 방정환의 생애. 서울: 한림출판사.

이이(2007). 성학집요. 김태완 역. 서울: 청어람미디어.

이춘희(2008). 철학적 탐구공동체 활동을 통한 유아의 배려적 사고 증진에 관한 연구. 동덕여자대학교 박사학위 청구논문.

이춘희 · 정대련(2008). 철학적 탐구공동체 활동을 통한 유아의 배려적 사고 증진에 관한 연구. 유아교육연구, 28. 225-242.

이현주(2012). 플라톤의 『대화편』과 만 5세 유아들의 〈철학적 탐구공동체 활동〉의 토론과정 비교 연구. 동덕여자대학교 박사학위 청구논문.

이호중(2013). 철학적 탐구공동체 방법을 통한 논술교육연구. 경상대학교 박사학위 청구논문.

정대련(2007). 나는야 어린 철학자 시리즈 1~8. 서울: 아이코리아.

정대련(2014). 동화로 여는 유아의 논리논술(개정판). 서울: 창지사.

정인선(2010). 초등교육과 어린이철학교육에 관한 연구. 강원대학교 박사학위 청구논문.

Aries, P. (2003). *L'enfant et la vie familiale sous l'ancient régime*. 아동의 탄생. 문지영 역. 서울: 새물결.

Droit, R. P. (2012). *101 Experience de philosophie quotidienne*. 일상에서 철학하기. 박언주 역. 서울: 시공사.

Ende, M. (1999). *Momo*. 모모. 서울: 비룡소.

Fromm, E. (2006). *The Art of Loving*. 사랑의 기술. 황문수 역. 서울: 문예출판사.

Gopnick, A., Meltzoff, A. N., & Kuhl, P. K. (2008). *The Scientist in the Crib*. 아기들은 어떻게 배우는가. 곽금주 역. 경기: 동녘.

James, W. (2005). *The Principles of Psychology*. 심리학의 원리. 정양은 역. 서울: 아카넷.

Leclerq, J. (1986). *Elogy de la paresse*. 게으름의 찬양. 장 익 역. 서울: 분도출판사.

Lipman, M. (2005). *Thinking in Education*. 고차적 사고력 교육. 박진환 · 김혜숙 역. 경기: 인간사랑.

Montaigne, M. E. (1996). *Essais*. 수상록. 윤지선 역. 서울: 청목.

Paul, R., & Elder, L. (2002). *Critical Thinking*. New Jersey: Prentice Hall.

Piaget, J. (2005). *De la pedagogie*. 교육론. 서울: 동문선.

〈신 문〉

박지윤(2013. 5. 8). 2014 논술로 대학가기. ① 한국대학의 현주소와 논술전형. 내일신문. http:// blog.naver.com/PostView.nhn?blogId=pys6551&logNo=90172896100. 2014. 1. 9. 인출.

송현숙(2013. 1. 13). 신년기획-대학입시 현장 보고서. 경향신문. http://news.khan.co.kr/kh_news/khan_art_view.html?artid=201301132226345&code=210100&s_code=af131. 2014. 1. 9. 인출.

'일차부등식' 놓고 '왕따'를 생각 … 경기도 철학교육, 기사입력 2013-04-24 15:43. http://news.naver.com/main/read.nhn?mode=LSD&mid=sec&sid1=102&oid=001&aid=0006223014. 2013. 10. 15. 검색

〈웹사이트〉

다음 백과사전. http://100.daum.net/encyclopedia/. 2013. 10. 15. 검색

몽클레어 주립대학. http://www.montclair.edu/cehs/academics/centers-and-institutes/iapc

정 대 련

학력 이화여자대학교 대학원 졸업(교육철학전공, 문학박사)

약력 현재–동덕여자대학교 아동학과 교수, OMEP(세계유아교육기구) 한국위원회 회장, 동덕아동철학연구소 소장

역임–동덕여자대학교 부속유치원 원장, 한국어린이문학교육학회 회장, 교육철학회 편집위원장, 15th International Council Philosophical Inquiry with Children Conference (ICPIC) 실행위원

주요저서 동화로 여는 유아의 논리논술(창지사, 2009; 개정판, 2014),
3·4세 누리과정 교사용 지도서 8: 우리나라(책임집필자, 2013),
나는야 어린 철학자 시리즈 그림책 전 8권(아이코리아, 2007) 외

김 주 희

학력 동덕여자대학교 대학원 졸업(아동학전공, 아동학박사)

약력 현재 동덕아동철학연구소 책임연구원, 동덕여자대학교 아동학과 강사

박사논문 리모델링 접근법을 적용한 그림책 읽기 활동: 유아의 비판적 사고교육방법

주요저서 그림책 작가의 이해(공저, 창지사, 2013),
아이의 자존감을 살려주는 결정적 한마디(책이있는마을, 2013),
먹통가족의 소통캠프(길벗스쿨, 2012), 나에게는 꿈이 있습니다(길벗스쿨, 2008),
그림책 태담(한울림, 2007),
Reading Picture-Books Based on the Remodeling Approach: A Teaching Method for Children's Critical Thinking(공동, 학술발표, ICPIC, 2011) 외

어 은 정

학력 동덕여자대학교 대학원 졸업(아동학전공, 아동학박사)

약력 현재 농심어린이집 원장, 동덕아동철학연구소 객원연구원
동덕여자대학교 부속유치원 원감·교사 역임

박사논문 철학적 탐구공동체에 참여한 유아교사의 경험: '철학함', 교육신념, 교육실천의 측면에서

주요연구 교사의 목소리를 드러내는 원내장학: '발현적 장학'의 과정과 교사들의 체험(공동연구, 어린이교육비평, 2011),
Philosophical Community Of Inquiry Activities Of Young Children's Picture Books(공동, 학술발표, ICPIC, 2011) 외

이 춘 희

학력 동덕여자대학교 대학원 졸업(아동학전공, 아동학박사)

약력 현재 동덕여대 평생교육원 아동학전공 주임교수, 동덕아동철학연구소 객원연구원

박사논문 철학적 탐구공동체 활동을 통한 유아의 배려적 사고 증진에 관한 연구

주요연구 Philosophy for Children for Kindergarten Teachers(공동, 교사교육, ICPIC, 2011), Young Children's Caring Thinking(공동, 학술발표, XXII World Congress of Philosophy Rethinking Philosophy Today, 2008) 외

이 현 주

학력 동덕여자대학교 대학원 졸업(아동학전공, 아동학박사)

약력 현재 SK건설 행복날개 어린이집 원장, 동덕아동철학연구소 객원연구원

박사논문 플라톤의 대화편과 만 5세 유아들의 철학적 탐구공동체 활동의 토론과정 비교연구

주요연구 Young Children's Activities Of Philosophical Inquiry–focused on the Concepts of 'Love' and 'Beauty'(공동, 학술발표, ICPIC, 2011), A study on Activities of "the Community of Inquiry"–P4C at a Korean Kindergarten(공동, 학술발표, XXII World Congress of Philosophy Rethinking Philosophy Today, 2008) 외

논리적 사고와 의사소통을 돕는

유아들의 철학적 탐구공동체 활동

초판 1쇄 인쇄 2014년 8월 8일
초판 1쇄 발행 2014년 8월 14일

지은이 | 정대련 · 김주희 · 어은정 · 이춘희 · 이현주
펴낸이 | 김기섭
편집인 | 최명인
펴낸곳 | 창지사 www.changjisa.com
153-802 서울시 금천구 가산디지털 1로 83 파트너스타워 1차 (9F, B1F)
전화 (02) 719-2211~3
팩스 (02) 701-9386
등 록 | 1977년 4월 28일 · 제1-421호

ISBN 978-89-426-0782-2 (93370)

값 17,000원